개정판 **일본 문화의 이해**

저자 김 영

제이앤씨
Publishing Corporation

□ 머리말 ─────────────────────

그 옛날 삼국시대에는 우리나라에서 일본으로 문물을 전수하였다. 우리 조상들은 이미 선사 시대부터 일본지역에 진출하여, 그 곳의 정치·문화에 큰 영향을 주었다. 특히 우리의 문화가 직접 일본에 전해져 그들 문화를 한 차원 높은 단계로 끌어올리는 데 큰 구실을 하였다. 이처럼 고대 우리나라는 일본에 문물을 전해주던 입장이었다.

그러나 현재에 와서 우리는 일본문화에 대해 다소 열등감을 지닌 것이 아닌가 생각이 된다. 문화뿐 아니라 그들이 이루어낸 눈부신 경제성장과 국력, 거기에 일제시대라는 과거사에 대한 아픈 기억 때문인지 묘한 라이벌 의식과 경쟁심을 가진 것이 사실이다.

지난 50년간 우리 사회가 일본 대중문화를 취하는 태도는 이중성과 위선 그 자체였다. 한쪽으로는 문화단절과 함께 다른 한쪽으로는 몰래 받아들이는 그런 식의 태도를 취해왔다. 지금 현시점에서는 일본대중문화의 완전개방과 함께 한일 양국이 서로의 문화를 공유하면서 발전하고 있다.

그 중에서도 한일간 문화를 얘기하면서 빼놓을 수 없는 것이 '한류열풍'이다. '겨울연가(冬のソナタ)'로 집약되는 드라마와 스타 중심적인 유행으로서의 한류는 쇠퇴하고 영화, 음악, 방송, 문학, 생활 문화 등 개별 장르로 분화하면서 저변을 넓혀가고 있다.

한국 것에 대한 일본인의 호기심이 다양해진 결과로, 좋으면 즐기고 받아들이는 '문화'로서 한류가 자리 잡을 조짐이다. 한국 것에 쏠리는 호기심은 엔터테인먼트를 넘어서 한국인의 일상생활에까지 확대되고 있다. 지난해 11월 첫 출간 이후 6호를 낸 문화 월간지 '숟가라'(한국 정보를 푸는 숟가락의 뜻)는 한국의 보자기, 새우젓 담그기, 선물 문화 등 한국에 관심이 있는 일본인들이 궁금해하는 정보를 담고 있는데 매월 5만부씩 팔린다. 뿐만 아니라 보수적인 학풍으로 유명한 국립 교토대 대학원에 지난 4월 한류 강좌가 개설됐다. 이 대학원 인간환경학연구과는 내년부터 한국문화를 연구하려는 석·박사 학생을 모집한다.

　다시 한번 일본이 우리의 문화를 받아들이는 추세에 들어선듯하다. 물론 우리도 일본의 문화를 많이 받아들이고 있는 것도 사실이다.

　습관은 곧 문화이다. "사람은 아무리 없어도 일곱 가지 습관(버릇)을 가지고 있다"고 할 만큼 누구나 습관을 가지고 있다. 개인의 습관은 단순하지만 공동체가 빚어내는 습관은 문화를 이룬다. 문화는 지역, 직업, 민족이 갖는 독특한 습관이다. 우리 서점가에 나와 있는 일본 문화와 관련된 책의 대부분은 겉으로 드러난 문화현상 자체에만 관심을 두고 있다. 그래서 이런 종류의 책들은 사람들의 말초적 신경을 건드려, 일본 문화를 무조건 배격하고 왜곡하고 오해하게 만들 우려가 있다. 그러나 과연 이것이 다른 문화를 대하는 태도로서 올바른 것인가.

　어느 나라든 문화현상에는 이유가 있고, 문화는 그 자체만으로 존중받아야 한다. 우리가 일본문화를 받아들이기 전에 우리들이 생각해야 할 것은 바로 우리자신의 올바른 의식 갖기가 아닐까 생각한다. 그리고 문화를 만들어 가는 사람들의 올바른 자세가 필요할 것이라는 생각이 든다. 필자는 일본 고전문학 학자로서 예부터 전해오는 문헌과 전통사상을 바탕으로 일본인의 자잘한 습관을 진지하고 신중한 태도로 추적하여, 그 이유를 밝혀내고자 하였다.

　그런 관점에서 이 책은 <일본의 지리와 자연 환경>, <일본인의 생활>, <일본의 전통문화>, <일본의 대중문화> 순으로 구성되어 있다. 이 입문서가 기존의 표피적이고 추상적인 일본 문화 접근에서 벗어나 세세하고 심층적인 접근을 통해 진정한 일본과 일본문화를 이해할 수 있는 계기가 되기를 소망한다.

저자 김 영

목차

Ⅰ. 일본의 지리와 자연 환경

1. 일본은 어디에 있을까. | 9
2. 일본의 기후와 자연환경은 어떨까. | 12
3. 일본의 수도와 주요도시는 어떤 곳일까. | 15

Ⅱ. 일본인의 생활

1. 일본인의 일생 | 23
   1) 탄생과 성장과정 … 23
   2) 성인과 결혼 … 29
   3) 죽음과 장례식 … 34

2. 계절로 보는 1년 연중행사 | 40
   1) 봄의 연중행사 … 41
   2) 여름의 연중행사 … 46
   3) 가을의 연중행사 … 49
   4) 겨울의 연중행사 … 52

3. 일본의 음식문화 | 56
   1) 일본 음식의 역사 … 56
   2) 일본 음식의 특색 … 59
   3) 일본음식의 지역적 특색 … 60
   4) 일본 음식의 종류 … 61

4

5) 일본의 대표적 음식 … 64

6) 일본음식의 식사예절 … 70

7) 일본의 술 문화 … 72

8) 우리 식생활에 있어서 일본음식 … 76

4. 일본의 전통의상 기모노 | 77

1) 기모노(着物)란 무엇인가. … 77

2) 기모노의 역사 … 79

3) 기모노의 종류 … 84

4) 기모노 입기 … 90

5) 기모노(着物)에 관한 문양, 각 명칭 및 액세서리 … 90

6) 기모노(着物)에 대한 5가지 상식 … 93

5. 일본의 주거문화 | 95

1) 일본의 주택 사정 … 95

2) 변화하는 일본인의 주택관 … 96

3) 일본식의 건물의 특징과 주거형태 … 96

4) 현재 일본의 주택형태 … 98

5) 일본 주택의 내부 구조 … 99

6) 일본식 주택에서 주의할 점 … 105

7) 일본의 전통 가옥 … 107

6. 일본의 목욕문화 | 110

1) 목욕문화발달의 원인 … 111

2) 일본인에게 있어서의 목욕의 의미 … 113

3) 일본목욕문화의 역사 … 116

4) 독특한 일본의 목욕문화 … 121

5) 한국의 목욕문화와 비교 … 124

6) 일본의 온천 … 128

Ⅲ. 일본의 전통문화

1. 여장 남자들의 연극 - 가부키(歌舞伎) │ 131
   1) 가부키의 기원 ⋯ 132
   2) 가부키의 역사 ⋯ 133
   3) 가부키의 주제 ⋯ 137
   4) 가부키의 특수장치 ⋯ 139
   5) 현재의 가부키 ⋯ 144

2. 일본의 국기(国伎) - 스모 │ 146
   1) 백제와 관련되어 있는 스모의 기원 ⋯ 147
   2) 프로 리키시(力士)의 등장 ⋯ 148
   3) 스모의 종교성과 흥행성 ⋯ 152
   4) 스모의 특징 ⋯ 153
   5) 우리나라 씨름과 일본 스모의 공통점과 차이점 ⋯ 158
   6) 현대일본인과 스모 ⋯ 160

3. 예술과 일상의 가교 - 다도 │161
   1) 다도의 형성과 발전 ⋯ 161
   2) 다도란 무엇인가 ⋯ 163
   3) 다회의 진행 ⋯ 168
   4) 茶聖(다성) '千利休(센노리큐)' ⋯ 172
   5) 다실, 다도구와 차의 종류 ⋯ 174

4. 사상과 예술의 음미 - 정원 │ 180
   1) 일본 정원문화의 특성 - 한국 정원문화와의 비교 ⋯ 180
   2) 일본정원의 기원이 되는 신석 ⋯ 182
   3) 시대흐름의 관점에서 본 일본정원의 형식과 종류 ⋯ 183
   4) 일본정원에 담긴 사상 ⋯ 191

5) 현대의 일본정원 … 192

5. 꽃의 도(道) - 이케바나 | 194
  1) 이케바나의 의미 - 신에게 바치는 나무, 부처님에게 바치는 꽃 … 195
  2) 이케바나 양식 … 196
  3) 이케바나의 기본이론과 기법 … 205
  4) 이케바나를 통한 수양과 감상 … 210
  5) 생활 속의 이케바나 … 212
  6) 발전, 확산 되고 있는 이케바나 … 214

6. 전통과 상업성의 결합 - 마츠리(祭り) | 215
  1) 마츠리란 무엇인가? … 216
  2) 마츠리의 변천 … 217
  3) 마츠리의 성격과 기능 … 219
  4) 일본의 3대 마츠리 … 222
  5) 마츠리를 통해 본 일본문화 … 225

7. 일본의 정신세계 - 무사도 | 227
  1) 무사도의 형성과정과 사상 … 227
  2) 무사도의 정의와 사상 … 229
  3) 무사도에서 가르치는 것 … 234
  4) 무사도와 일본인 … 238
  5) 일본인의 생활 속에 배어있는 사무라이 정신 … 240

IV. 일본의 대중문화

1. '아니메'의 나라, 일본 | 243
  1) 만화의 기원와 일본만화 … 244
  2) 현대 일본만화의 역사 … 245

  3) 일본만화와 오타쿠 문화 … 250

  4) 일본 만화와 애니메이션 … 258

  5) 변화를 거듭한 일본 애니메이션 … 262

  6) 애니메이션의 원점은 일본의 전통미술에 있었다 … 263

  7) 일본속의 만화 문화 … 265

  8) 재패니메이션의 성공 요소 … 269

2. 100년의 역사, 일본영화 │ 276

  1) 일본 영화의 역사 … 276

    (1) 태동기 : 무성영화&토키영화시대 … 276

    (2) 성장기 : 극영화 황금시대 … 277

    (3) 쇠퇴기 : 야쿠자, 핑크영화시대 … 279

    (4) 새로운 돌파구 : 재패니메이션&극영화부흥시대 … 280

    (5) 최근 일본 영화계 동향 … 281

    (6) 일본영화의 한국 개방 … 284

3. 세계적인 음반시장, 일본의 대중음악 │285

  1) 일본대중음악의 역사 … 285

  2) 일본 대중음악의 특색 … 288

  3) 일본 음악의 대표적인 Musician … 289

  4) 일본 대중음악의 장르 … 293

  5) 일본대중음악의 현황 … 296

  6) 일본 대중음악의 특징과 역사 … 297

  7) 일본 대중 음악계의 특징과 장점 … 301

4. 천황의 나라, 일본 │ 304

  1) 천황의 유래 … 304

  2) 천황의 의미 … 305

  3) 천황제의 역사 … 306

8

4) 천황의 지위 … 309

5) 천황 일가 … 313

6) 현대의 천황과 일본인 … 315

5. 일본인의 사생관, 죽음의 미학 | 319

1) 일본의 대표적 자살유형 … 320

2) 죽음의 문화 - 그 배경과 원인 … 324

6. 종교의 천국, 일본 | 327

1) 일본 종교의 특성 … 327

2) 일본인이 갖는 종교 - 생활 속의 종교 … 329

3) 일본 역사 속의 종교 … 337

4) 종교와 일본의 국민성 … 341

7. 개인주의 사고, 와리깡문화 | 345

1) '와리깡'의 의미 … 345

2) 와리깡의 방식 … 346

3) 와리깡 속의 일본문화 … 348

8. 벤토(도시락)의 천국, 일본 | 352

1) 벤토(도시락)의 천국, 일본 … 352

2) 일본 도시락 문화의 발달이유 … 354

3) 현대 일본인들의 도시락문화 … 355

4) 에키벤 - 가장 널리 사랑 받는 도시락, 여행의 또 다른 재미 … 356

참고문헌 / 364

참고사이트 / 365

I. 일본의 지리와 자연 환경

1. 일본은 어디에 있을까.

일본열도

비행기를 타고 내려다보는 일본은 일부 평야를 제외하고는 거의 평평한 평지를 찾아볼 수 없을 정도로 전 국토의 70%가 산이고 나머지 30%가 평야이다. 이렇게 좁은 평지에 1억2천 정도의 일본인이 살고 있다.

일본은 동아시아 대륙의 동쪽에 남북으로 길게 뻗은 모양의 섬이다. 큰 섬은 **홋카이도, 혼슈, 시코쿠, 규슈**의 4개로 이루어져 있지만, 그 외 오키나와를 비롯하여 크고 작은 섬들이 1000개 이상이나 된다.

* **홋카이도(北海道)** – 북단에 위치한 섬 83,000㎢
* **혼슈(本州)** – 본도 231,000㎢
* **시코쿠(四国)** – 제일 작은 섬 19,000㎢
* **규슈(九州)** – 남단에 위치한 섬 42,000㎢

국토의 면적은 약 38만 평방 킬로로 한국과 북한을 합한 한반도 총면적(22만 평방킬로)의 1.7배 정도이나 경지율은 17%에 불과하다.

국토는 남북으로 길게 뻗어 있어 북쪽은 한대, 남쪽은 아열대에 속해있다. 따라서 북쪽과 남쪽은 같은 나라라고 생각할 수 없을 정도로 기후풍토가 다르며, 사람들의 생활상이나 기질에도 많은 차이가 있다.

특히 화산이 많고, 산지나 산릉에는 침식에 의한 작은 계곡이 많고 복잡한 지형으로 되어있다. 산지가 차지하는 비중이 높고 평지가 적은 것이 특징이다.

일본의 해안선은 일반적으로 복잡하며 그 중에서도 태평양쪽('오모테니혼'이라고도 함)은 리아스식 해안으로 굴곡이 심한 해안선을 이루고 있다. 반대로 동해쪽('우라니혼'이라고도 함)은 모래사장이나 모래해변이 이어지는 단조로운 해안이 많다.

인구

　인구를 보면 현재 일본의 인구는 1억 2,600만 명에 이른다. 대부분은 도시부의 인구 밀집 지역에 거주하고 있다. 수도는 도쿄(東京)로, 인구는 약 1,200만 명이다. 다른 선진산업국들과 같이 일본의 인구는 계속 사망률이 감소함에도 불구하고 최근의 인구 증가율도 감소추세에 있다.

　일본 인구의 연령층 구성은 종래에는 전통적인 피라밋형이었으나 점차로 변화하고 있다. 전형적인 전전(戰前)의 구조는 14세 이하의 연소(年少)인구가 폭넓은 저변을 구성했으나, 출생률의 저하로 그 구조가 기둥 형태를 이루어 왔다. 1995년 일본 인구의 14.4%는 65세 이상의 노인들이었다. 이는 서구 국가들에 비해서는 낮은 편인데, 스웨덴의 경우는 거의 18%이며, 영국은 15%가 넘는다. 그러나 일본의 평균수명이 여자의 경우는 83세, 남자는 76.6세이며 2020년경에는 노령인구가 25.5%에 달할 것으로 예상된다.

일본 주요 도시의 인구

도쿄(東京)	12,059,000명
요코하마(横浜)	3,426,000명
오사카(大阪)	2,598,000명
나고야(名古屋)	2,171,000명
삿포로(札幌)	1,822,000명
고베(神戸)	1,493,000명
후쿠오카(福岡)	1,290,000명
사이타마(埼玉)	1,023,000명
센다이(仙台)	1,008,000명

2. 일본의 기후와 자연환경은 어떨까.

✵ 일본의 기후

　일본은 홋카이도와 혼슈 북부 및 중부 내륙고지(內陸高地)가 아한대다우기후(亞寒帶多雨気候)에 속할 뿐, 그 밖의 모든 지역이 온대다우기후에 포함된다. 그러나 아시아대륙 동쪽의 몬순아시아 지역에 들어 있으나, 해양의 영향을 크게 받아 같은 위도에 있는 대륙보다 겨울에는 따뜻하고 여름에는 더위가 심하지 않다. 한편 일본열도는 남북으로 길어 홋카이도 북단에서 난세이제도 남단까지는 위도차가 22℃나 되고, 따라서 연평균기온도 홋카이도의 와카나이[稚內]에서 6.3℃, 오키나와섬[沖縄島]의 나하[那覇]에서 22.3℃를 보여 남북차는 16℃에 달한다.

　연강수량은 1,600~1,700mm로 세계의 연평균강수량 1,000mm에 비해 상당히 많다. 특히 그와 같은 많은 강수를 가져오는 원인이 되는 것은 장마와 태풍이다.

　장마와 태풍이 가져오는 강수량은 해에 따라 지역에 따라 차이가 있으나, 장마가 연강수량의 10~40%, 태풍이 10~35%로서, 비율은 남쪽으로 갈수록 커진다. 그 외 남부와 중부지방에서는 초여름에 장마가 잦다. 장마와 태풍은 일본의 수자원 확보에 크게 기여하는 반면 자연재해의 요인이 되기도 한다. 즉, 장마가 길어지면 동북일본을 중심으로 냉해가 발생하고, 또 태풍이 잦거나 강한 태풍이 내습하면 상습적인 풍수해를 일으켜서 세계적으로 기상재해가 많은 나라가 된다.

계절별 기후

일본은 섬들이 남북으로 길게 뻗어 있어, 날씨 변화가 심하다. 북쪽으로는 매서운 추위의 홋카이도에서 남쪽으로는 아열대성 기후를 나타내는 작은 섬들에 이르기까지 기후가 다양하다. 일본은 4계절이 뚜렷하며, 계절마다 다양한 특징과 매력을 가지고 있다.

* 봄(3~5월)

추운 겨울이 지난 후, 복숭아꽃이 봄이 왔음을 알려주며, 3월 말에서 4월 초순에는 사쿠라(벚꽃)가 만개해 봄의 정취를 더해준다. 벚나무 아래서는 꽃놀이(하나미)가 벌어지며, 은은한 분홍빛의 벚꽃은 1~2주 정도 피었다 지면서 온난한 남쪽부터 사쿠라 전선(벚꽃 전선)이 북상하며 벚꽃이 만개해 간다. 그 이후로는 등꽃을 비롯한 봄꽃들이 다투어 핀다.

* 여름(6~8월)

초여름은 짧으며, 맑고 따뜻하다. 이어지는 장마(츠유)동안에는 3~4주간 거의 매일 비가 온다. 여름 내내 일본 전역은, 꽤 온화한 기후의 홋카이도를 제외하고는 기온과 습도가 높다. 7월부터 본격적인 여름의 무더위가 시작된다. 한여름에 속하는 8월에는 덥지만 맑은 날씨를 나타내므로 사람들은 캠핑, 하이킹, 또는 수영을 즐긴다. 일본의 여름은 다양한 축제나 이벤트가 많이 개최된다.

* 가을(9월~11월)

무더운 여름이 지나고, 쾌적한 기후의 가을이 시작된다. 가끔 비가 오지만 날씨는 점점 건조하고 서늘해지며, 강풍과 태풍을 겪기도 한다. 그러면 단풍이 들게 된다. 가을에는 쌀 및 기타 농작물을 거둬들이고, 지방마다 특유의 추수감사 행사가 벌어진다. 숲은 단풍으로 뒤덮이고, 공원과 정원에는 막 피어나기 시작한 국화가 아름다운 풍경을 이룬다.

* 겨울(12월~2월)

11월말부터 2월까지로 시베리아 및 몽고의 차가운 바람이 일본에 불어온다. 도쿄의 기온은 대체로 영하를 조금 웃도는 정도이고, 태평양연안 부근 평야의 겨울 온도는 대부분 영상을 유지하며, 건조하면서도 햇빛이 따사롭다. 일본 중부와 북부지방은, 겨울 스포츠를 즐기기에 적합한 날씨가 계속된다. 따라서 추운 날씨에도 불구하고 매년 2월에 열리는 유키마츠리(눈축제)에는 삿포로에서 전시되는 얼음 조각품을 보기 위해 전 세계에서 관광객들이 몰려든다.

3. 일본의 수도와 주요도시는 어떤 곳일까.

일본은 수도인 도쿄(東京都)과 한 개의 도 홋카이도(北海道), 그리고 2개의 부 오사카, 교토(大阪府, 京都府), 그리고 43개의 현(県)으로 이루어져 있다.

일본을 지방별로 구분할 때 홋카이도(北海道), 도호쿠(東北), 간토(関東), 츄부(中部), 간사이(関西), 츄고쿠(中国), 시코쿠(四国), 그리고 규슈(九州), 이렇게 8개로 나눈다.

✱ 홋카이도(北海道) 지방

이 지역은 4개의 주요 섬들 중 두 번째로 크면서 가장 북쪽에 위치한 홋카이도 섬과 여러 개의 인접하는 섬들로 구성되어 있다. 이 섬은 쓰가루 해협(津軽海峡)을 사이에 두고 혼슈를 비롯한 남부지역과 분리되어 있는데(1988년 해저터널을 통한 철도로 2개의 섬은 연결되었다), 이곳의 기후는 일본의 다른 지역들과 매우 달라서 일반적으로 여름에는 비교적 시원하고 겨울에는 매우 춥다.

홋카이도는 산맥이 섬을 가로지르고 있어 원시림, 활화산 등의 아름다운 자연경관으로도 유명하다. 그곳의 토착민인 아이누족들과 통상을 시작한 일본인들이 홋카이도에 처음으로 정

홋카이도

착한 때는 16세기지만 메이지정부에 의해 이 섬의 전반적인 개발이 시작된 때는 19세기 후반이었다.

수렵과 임업은 홋카이도의 농업에 있어 중요한 부분이며 식품가공, 목공업, 펄프, 제지산업과 같은 많은 산업 활동의 기반이 된다.

중심 도시인 삿포로(札幌)는 매년 2월초에 개최되는 눈 축제(유키마츠리)로 유명한데, 눈과 얼음으로 만들어진 수많은 대형 조각품들이 전시되어 볼거리를 제공해준다.

하코다테(函館)는 츠가루[津軽] 해협을 사이에 두고 혼슈[本州]와 마주하는 홋카이도의 관문이다. 부채꼴 모양의 아름다운 야경으로 유명하고 러시아 문물을 받아들인 첫 개항도시이기도 하다. 구미문화와 일본의 전통문화가 믹스된 독특한 경관을 갖는 항구도시로 발전하고 있다.

❀ 도호쿠(東北) 지방

이 산지지역은 혼슈의 북동부에 위치하며 면적은 전국의 20%를 차지하지만 인구는 10%에 미치지 못한다. 벼농사와 과수재배가 이 지방 농업의 중요한 역할을 담당하고 있고, 쌀 생산은 전국의 70%에 달한다.

도호쿠지방은 후쿠시마(福島)·야마가타(山形)·미야기(宮城)·아오모리(青森)·이와테(岩手)·아키타(秋田) 등 여섯 현(県)으로 이루어져 있다.

지리적으로 산이 많고 또한 홋카이도와 인접해 있기 때문에 다른 지역보다 상대적으로 추운 겨울을 보내게 된다. 그리고 중앙

도호쿠

정부와 떨어져 있기 때문에 이 곳에는 예부터 일본 민족과는 다른 '에조'라는 종족이 살고 있었다.

에조족은 강력한 자치 정부를 구성하면서 오랫동안 중앙 정부에 복종하기를 거부했지만, 결국 12세기 가마쿠라(鎌倉) 시대에 중앙의 통제 하에 놓이게 되었다.

메이지 유신 후에도 이 지역은 여전히 중앙 정부로부터 푸대접을 받아 왔다. 그러나 도호쿠 신칸센(東北新幹線)이 개통되어, 다른 지역과의 교통이 편해지고 연계가 빨라지면서 타 지역 못지않은 많은 관광객을 끌고 있다.

센다이(仙台)는 이 지방에서 가장 큰 도시이다. 미야기(宮城)현의 260개 이상 작은 섬들을 일컫는 '마츠시마'(松島)는 일본 3대 경관의 하나로 손꼽힌다. 센다이에서 마츠시마까지는 기차로 1시간30분 정도 소요된다.

도호쿠 지방에는 매년 여름마다 세 개의 화려한 대규모 축제가 열리는데 아오모리현에서 열리는 '네부타 마츠리', 센다이의 '다나바타' 아키타현의 '간토 마츠리'가 그것이다.

✳ 간토(関東) 지방

간토(関東)지방은 혼슈의 중앙부에 위치하며 수도인 도쿄를 비롯하여, 요코하마, 가와사키를 포함하는 100만 도시로 구성된 게이힌공업지대는 세계적이다. 이 지방의 인구는 전국인구의 30%를 차지하며, 일본의 정치, 경제, 문화의 중추를 이루고 있다.

도쿄는 일본의 정치, 경제, 행정, 교육, 문화, 교통 및 세계 중심지로서 매우 중요한 위치를 차지하고 있다. 일본의 비즈니스 중심지인 마루노우치, 유흥가인 아카사카와 롯폰기, 그리고 쇼핑의 중심지인 긴자, 시부야, 신주쿠, 그리고 전통적인 분위기의 아사쿠사 등이 공존하고 있다. 도쿄라는 명칭은 1868년 메이지 유신에 에도에서 바뀐 것이며, 이 무렵 일본의 수도로 정해졌다.

도쿄는 또한 고쿄(皇居)를 중심으로 동서로 나눌 때 시타마치와 야마노테

간토

등의 두 지역으로 구분하기도 한다. 이러한 구분은 에도시대부터 전해진 전통적인 구분으로서, 시타마치가 서민이나 예술가, 상인 등의 서민적인 지역이라면, 야마노테는 봉건 영주와 무사들이 살았던 지역으로 오늘날도 그 흔적이 남아 있다.

　도시의 버스관광여행은 정기적으로 출발하며, 하토(비둘기)버스라고 불리는 이 버스는 도쿄타워, 긴자(銀座)거리, 아사쿠사(淺草)와 같은 유명한 곳들을 돌아다닌다. 많은 전통 이벤트와 축제가 열리는 아사쿠사는 여전히 옛 동경의 모습을 간직하고 있다.

✳ 츄부(中部) 지방

츄부

　혼슈 중부에 있는 츄부 지방은 니가타(新潟)·도야마(富山)·이시카와(石川)·후쿠이(福井)·나가노(長野)·야마나시(山梨)·시즈오카(靜岡)·기후(岐阜)·아이치(愛知)와 같은 9개의 현으로 되어있다.

　여러 개의 높은 산들이 있어서 일본의 지붕이라고 불리는 일본 알프스 산맥은 츄부지방의 남북을 길게 가로지르고 있다. 츄부지방에는 일본에서 가장 큰 호수들 중의 일부가 있으며, 일본 최대의 쌀 생산지이다. 또한, 쌀과 더불어 차, 밀감, 딸기, 포도, 복숭아, 사과 등의 농작물이 생산된다. 이곳에는 세 개의 산업지대가 있는데 도요타 자동차의 주요 설비본부가 있는 츄쿄(中京) 산업지대, 야마하의 기반인 도카이(東海) 산업지대, 호쿠리쿠(北陸) 산업지대가 그것이다.

　이곳에서 가장 잘 알려진 것은 후지산(富士山)이다. 후지산은 일본에서 가장 높으며(3,776미터) 가장 사랑 받는 산으로 일본인들이 신성시하고 있다. 그 원추형의 모습은 예술가들에게 영감을 주어 왔으며, 일본의 상징으로 세계적으로 알려져 있다. 7월 1일부터 8월 31일까지의 등반시즌 동안 이곳은 등반객들로 매우 붐빈다.

츄부지방의 또 다른 관광지로 시즈오카(静岡)현 '이즈(伊豆) 페닌슐라'가 있는데, 이곳은 아열대 기후와 아름다운 해안, 그리고 많은 온천들로 유명하며 나가노(長野)현의 젠코지는 유명한 사찰들 때문에 전 세계의 많은 관광객을 유치하고 있다.

긴키(近畿) 지방

옛 수도였던 교토(京都)와 오사카(大阪)와 고베(神戸) 같은 도시들이 일본 서부의 상업중심지로 자리하고 있다. 8세기부터 19세기까지 일본의 수도로써 천황이 있었던 교토는 사찰과 신사, 여러 가지 유적들로 유명하며 국보와 중요 문화재로 지정된 많은 문화유산의 보고이다. 인기 있는 관광지로 교토는 매년 일본뿐 아니라 외국에서 온 수백만의 관광객을 유치하고 있다.

오사카(大阪)는 일본 서부의 금융 중심지이다. 이곳은 또한 화학, 기계류, 철강, 금속부문이 유명한 산업의 중심지이기도

긴키

하다. 오사카는 또한 신칸센(新幹線-고속열차)을 통해 동경과 규슈를 연결하는 교통요지이다. '도카이도 신칸센'(東海道 新幹線)과 '산요 신칸센'(山陽 新幹線)은 신오사카역을 출발하여(동경 출발, 하카타(博多)와 규슈, 또는 히로시마(広島)를 통과하는 몇 개의 열차를 제외하고) 이곳으로 다시 되돌아온다.

간사이(関西)는 오사카와 교토, 고베를 총칭하는 지역을 일컫는 말이다. '긴키'가 확정되어 있는 경계선이고 지리학적인 구분이라면 '간사이'는 문화와 역사적인 구분으로 간토와 대비된다.

✸ 츄고쿠(中国) 지방

츄고쿠

츄고쿠지방은 혼슈의 서쪽 끝 전체를 이르며 많은 작은 분지와 연안평야가 있는 산지이다. 상업과 산업의 중심지인 내륙 해안은 이 지역에서 가장 인구가 많다. 따뜻하고 건조한 이곳 기후는 오렌지를 재배하는데 이상적이다.

일본 3대 경관 중 마지막은 '미야지마(宮島)로도 알려진 '이츠쿠시마'(厳島)로 히로시마현의 섬이다. 이곳은 이츠쿠시마 신사(神社)로 유명한 데 신사의 출입 통로가 섬과 혼슈 사이의 만(湾)에 있다.

츄고쿠 지방에 있는 히로시마와 규슈지방에 있는 나가사키(長崎)는 2차 대전 당시 원폭이 투하되었다. 히로시마에 있는 평화기념공원에는 원폭기념관이 세워져 있다.

✸ 시코쿠(四国) 지방

시코쿠

시코쿠는 일본의 4개 주요 섬 중에서 가장 작다. 높고 험준한 산맥 때문에 농업과 거주는 제한을 받고 있으며, 대규모 산업 또한 없는 편이다. 그러나 **혼슈와 시코쿠를 잇는 2개의 다리**(세토 오하시-瀬戸大橋)가 최근에 완성되었기 때문에 새로운 산업이 부흥할 것으로 기대된다. 도쿠시마(德島)현과 효고(兵庫) 현의 **'아와지시마'**를 연결하는 **'나루토 해협'**은 소용돌이 해류로 유명하다.

규슈(九州) 지방

4개의 주요 도서 중 가장 남쪽에 있는 규슈 섬과 1, 400개 이상의 주변 섬들이 규슈 지방을 이루고 있다. 규슈는 해안과 평야, 화산, 온천이 있는 산지로 아열대 기후이며 농업과 축산업, 양돈, 그리고 수산업이 활발하다. 이곳의 기타큐슈공업지대는 중화학공업의 집산지이다. 규슈는 다리와 해저터널, 도로와 철도로 혼슈와 연결되어 있다.

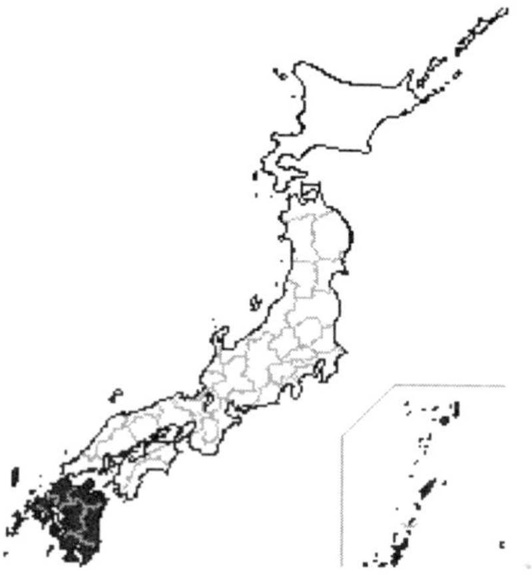
규슈

후쿠오카(福岡)현의 하카타(博多)역은 산요 신칸센(山陽 新幹線)의 터미널이다. 주요 관광지는 온천으로 유명한 오이타(大分)현의 '벳푸'(別府)와 구마모토(熊本)현에 있는 '아소산'(阿蘇山), 가고시마(鹿児島)현의 '사쿠라지마'(桜島)이다.

오끼나와(沖縄)현은 규슈 남부에서 멀리 떨어진 60개의 섬들이다. **'류큐'**(琉球)라 불려지던 오끼나와는 17세기까지 독립왕국으로 독자적인 방언과 문화적 전통을 발전시켰다. 2차 대전 이후부터 1972년 이후까지 오끼나와는 미군들의 지배를 받았다. 관광은 이곳의 주요 산업인데 연중 따뜻한 날씨 때문에 해상스포츠가 특히 인기 있다. 오끼나와에는 '이시가키지마'(石垣島)와 '미야코지마'(宮古島)와 같은 산호로 유명한 아름다운 섬들이 많이 있다.

II. 일본인의 생활

1. 일본인의 일생

일본인이 태어나서 죽을 때까지 어떤 형태로 일생을 보내게 되는지 알아보자. 즉 사람은 태어나서 죽을 때 까지 겪는 인생이라는 긴 과정을 보내게 되는데, 그 과정에서 일정한 의식과 의례를 치르게 된다. 그것을 **통과의례**라고 한다.

 **1. 탄생과 성장과정**

(1) 출생

요즘은 거의 병원에서 아이를 출산하지만 전통적으로는 친가가 아닌 외가에서 출산하는 것이 전통적 방식이다. 특히 첫아이인 경우엔 외가에서 출산하는 것이 전통적 관습이다. 그래서 그것이 변형되어 요즘엔 외가 근처의 산부인과에서 출산하는 일이 많다. 그리고 우리나라와도 비슷한 것은 태어날 때 자른 아이의 탯줄은 버리지 않고 보존해 두는 것이다. 아마 옛날에는 출생증명서 같은 것이 없었기 때문에 출생의 증명으로 사용되어 왔던 것 같다.

(2) 오시치야(お七夜)

아이가 태어나 7일째 되는 날에는 아이의 이름을 짓고 그것을 축하하는 일을 한다. 그것을 오시치야(お七夜)라고 하는데, 7일째 밤이란 뜻이다.

전통적 방식으로는 외조부나 존경하는 선생님께 부탁하여 아이의 이름을 짓는 일이 많았는데, 최근에는 부모가 직접 짓는 경우가 많아지고 있다. 작명을 하는 데에는 법률적 제한은 특별히 없지만 악마, 바보와 같은 혐오감을 주는 이름은 지을 수 없게 되어 있다. 몇 년 전 뉴스에서 어느 일본인 부부가 자기 아이의 이름을 '악마'라고 지어 구청에 제출한 경우가 있었는데, 물론 이와 같은 이름은 지을 수 없다.

일본식 이름은 한 글자, 두 글자, 세 글자까지 짓는 것이 보통이고, 이렇게 한지에 아이의 이름을 써서 가미다나(神棚) 혹은 도코노마(床の間)라는 곳에 걸어두고 축하를 한다.

'가마다나(神棚)'란 일본주택에만 있는 특이한 것인데 쉽게 말하면 신을 모신 신주라 생각하면 된다. 거의 모든 집에는 신주를 모셔놓고 공양하는 일이 일상화되어 있다.(p.102 사진 참조)

그리고 '도코노마(床の間)'란 꽃이나 분재, 그림 같은 것을 감상하기 위해 다다미방 벽면에 만들어 둔 공간을 말한다.(p.101 사진 참조) 방바닥을 약간 높여 족자를 걸고, 그 앞에 화병이나 장식품을 올려 놓는다. 하지만 최근에는 생활하기도 좁은데, 족자가 뭐고 화병이 무슨 소용이 있느냐, 집도 좁은데 그만한 공간이 있으면 차라리 텔레비전을 하나 사다 두겠다는 게 현재 일본인의 사고방식이 되어버렸다. 어느새 도코노마는 점점 사라지고 이제 도코노마가 갖추어진 집은 찾아보기 힘들게 되었다. 왜냐하면 일본의 주택구조는 우리나라에 비교하면 열악하기 때문에 그러한 공간을 애써 할애하지 않는다는 것이다.

(3) 첫 신전참배(오미야마이리)

아이가 태어나면 그 지역의 신에게 인사드리러 가는 **첫 신전 참배**(오미야마이리)가 있다. 보통 남자아이는 출산 31일째, 여아는 출산 32일째 신전에 가서 참배를 드린다. 신전에는 친할머니가 데리고 가는 일이 많다.

그리고 축하행사로는 '**이누하리코**(犬張り子)'라고 하는 것을 만들어 집에 장식한다. 이누하리코(犬張り子)란 종이로 만든 '장난감 강아지'라고 생각하면 되는데, 개가 다산하는 동물이며, 액을 쫓는 능력이 있다고 하는 민간신앙에서 만들어진 것이다. 즉 종이나 흙으로 강아지 형상을 만들어 태어난 아이 옆에 두면 액운을 쫓아 건강하게 자랄 수 있다는 미신에서 비롯된 것이다. 지금은 아이가 있는 집의 장식물이 되어 버렸다.

(4) 오쿠이조매(오하시조매)

출산 후, 100일정도 지나면 어느 정도 위험한 고비는 넘기고 성장한 시기라 할 수 있다. 그래서 이때에는 아기의 성장을 확인하는 의례로, **오쿠이조매**(오하시조매)라고 하는 것을 행한다. 이것은 아이가 처음으로 젖 이외에 어른과 똑같은 밥을 먹는 의식이다. 물론 직접 먹지는 못하고 입에 대는 흉내만 내게 된다. 보통 우리나라의 백일상 차리는 것처럼 아이 앞에 상을 차려 놓고 여러 가지를 올려놓게 된다. 보통 밥, 생선, 젓가락, 돌멩이를 올려놓는데, 이때부터 한사람분의 밥공기와 젓가락을 가지게 되

오쿠이조매세트

었다는 의미를 가지고 있다. 요즘에는 상점이나 백화점에서 상위에 올려놓는 식기 세트를 판매하고 있는 것이 보통이다.

(5) 하츠젯쿠(初節句)

출산 후 처음 맞는 3월 3일과 5월 5일은 하츠젯쿠(初節句)라고 하여 둘 다 음양오행으로 생각하면 양기가 풍성한 특별한 날이라는 중국적 음양오행설에서 나온 것이다. 그래서 일본에서도 여자아이가 태어나 처음 맞는 3월 3일에 축하행사를 하고, 남자아이가 태어나 처음 맞게 되는 5월 5일을 특별히 축하해주는 행사를 하는 것이다.

3월 3일에는 화려한 장식용 인형세트를 집에 장식하고 5월 5일 남자아이의 행사 때에는 무사인형을 장식하여 축하해주는 행사를 한다. 3월 3일에 행해지는 여자아이의 행사는 히나마츠리(ひな祭り)라 하는데 집에서는 아이 장래의 행복과 건강을 기원하는 마음으로 계단식으로 만든 붉은 단에 옛 궁중의 옷을 입은 작은 인형들을 각 단별로 장식해 준다.(p.45 사진 참조) 이러한 단은 3월 3일 마츠리가 시작되기 며칠 전부터 장식해 3월 3일이 지나면 바로 치워버리게 된다. 왜냐하면 장식해 두는 기간이 길면 길수록 시집을 늦게 간다는 말이 있기 때문이다.

또한 이날은 떡이나 감주를 마시면서 복숭아를 장식해 놓기도 하는데, 이때문에 3월3일을 복숭아명절이라고도 부른다.

여자아이들을 위해서는 히나마츠리가 있듯이, 5월 5일은 남자아이들을 위한 축일이다. 이때에는 일본의 무사인형을 장식하고 지붕위에 고이노보리(こいのぼり)란 것을 세운다.

고이노보리(こいのぼり)란 잉어모양의 인형을 막대에 붙여 하늘에 띄운 깃대이다. 잉어가 물속에서 힘차게 헤엄치는 모습을 연상시켜 남아가 건강하게 자라는 것을 기원하는 의미이다.(p.47 사진 참조)

일본은 전통적으로 무(武)를 숭상하는 나라이기 때문에 집안에는 무사인형을 장식함으로써 입신출세를 바라고, 집 밖에는 잉어형태의 장식인 고이노보리를 세우는 것이다. 우리나라에서도 옛날에 집안에 남자아이가 태어나면 이를 경축하여 고추를 대문밖에 걸었던 것처럼 일본에서도 잉어형태의 고이노보리를 지붕에 세웠다는데서 유래한다.

이날 먹는 음식으로는 가시와모찌(柏もち)가 있다. 가시와(柏)란 떡갈나무라는 의미로 흰 떡 안에 으깬 팥을 넣어 떡갈나무 잎으로 싼 것을 말한다.

(6) 첫돌

우리나라와 마찬가지로 출생 후 만 1년째에는 아이의 돌잔치를 행한다. 1년이 지나면 어느 정도 성장하며 걸을 수 있게 되고 간단한 말도 할 수 있게 된다. 이때에는 상위에 여러 가지 물건을 올려놓고 아이가 무엇을 집느냐에 따라 아이의 장래를 점쳐보는 행사를 행한다. 예를 들면, 남자아이 경우엔, 컴퓨터나 연필, 여자아이 경우엔 빗이나 반짇고리 등을 올려놓고 사업가가 될 것이냐, 학자가 될 것이냐와 같은 추측을 한다.

(7) 유년시절

일본의 어린아이는 어릴 때부터 인간과 인간사이의 예의범절을 포함하여 사회생활을 해 나가는데 있어서 배우고 교육받아야 할 모든 것을 배운다. 이것을 시츠케(しつけ)라고 한다. 일본의 부모들이 아이를 교육시킬 때 가장 중요하게 여기는 기본으로 삼는 것은 '다른 사람에게 폐를 끼치지 않는 것'이다. 아이가 공공장소에서 장난을 치면 엄마가 아이에게 '다른 사람한테 폐가 되잖아. 안돼'라는 말을 곧잘 듣게 된다. 그래서 일본의 시쯔케는 한 인간을 독립적이고 개성 있는 사회인으로 양성하는 게 아니라, 다른 사람과 비교했을 때 모나지 않고 길들여진 사회인으로 길러내는데 그 초점을 두고 있다.

(8) 시치고산(七五三)

우리가 백일잔치를 하는 것처럼 일본은 아이의 성장을 축하하고 건강을 바라는 마음에서 11월 15일에 시치고산(七五三)이라는 행사를 한다. 이날이 되면 3세와 5세가 되는 남자아이와 3세와 7살이 되는 여자아이들은 예쁜 옷을 입고 부모님과 함께 신사에 참배하러 간다. 특히 3세가 된 여자아이들은 기모노 위에 빨간 코트를 덧입기도 하는데 예부터 빨간 색은 재앙을 쫓는 색깔로 여겨져 왔기 때문이다. 신사에 가는 것은 신에게 인사를 드리고 행복한 앞날을 기원하는 통과의례적인 행사라 할 수 있다. 특히, 3살 때, 남아, 여아 모두 머리를 기르고, 5살 때, 남자아이는 하카마(はかま)라고 하는 남자의 예장복을 입게 된다.

그리고 7살 때, 여자아이는 오비이와이(帯祝い)라는 것을 행하는데, 돌띠를 떼고 기모노에 매는 정식 허리띠인 오비(帯)를 매기 시작하는 것을 의미한다.

7살이 되는 여자아이를 위한 행사가 가장 성대한데, 이는 7세까지는 운명이 어찌될지 모르는 신의 자식이었지만 이제야 비로소 인간으로서 삶을 누리게 되었다는 인식에서 나온 것이다.

(9) 청소년기

일본의 학제는 6/3/3/4학년제, 즉 초등학교 6년, 중학교 3년, 고등학교 3년, 대학 4년으로 되어있다. 초등학교, 중학교가 의무교육으로 무상교육이고, 고등학교 진학률은 95%, 대학진학률은 40%이상으로 고학력사회를 이루고 있다.

그리고 얼마 전부터 문제화되고 있는 것으로 '어린이 칩거현상(칩거-ひきこもり)'을 들 수 있다. 학교나 학원, 일본에서 학원을 쥬쿠(塾)라고 하는데, 이러한 사교육이 성행한 것도 한국과 비슷한 현상이다. 학교공부와 쥬쿠(塾)공부에 시달려 대인기피증을 보이는 것을 어린이 칩거현상이라 할 수 있다. 즉 자기 방에 처박혀 컴퓨터나 텔레비전만을 보는 현상인데, 이것은 **'학교 불등교(不登校)현상'**, 즉 학교를 가지 않으려는 현상까지 일으켜, 심각한 사회문제가 되고 있다. 여기에는 물론 어린이 **'이지메(いじめ-왕따)'**문제까지도 복잡하게 얽혀있다. 우리나라도 얼마 전부터 이러한 문제가 이슈화되기도 했는데 일본에서 보다 앞서 문제화되고 있는 현상이다.

그리고, 그 이면에는 명문학교에 가려는 **'입시경쟁'** 또한 치열하다. 특히, 명문유치원에 입학하면 명문대학까지 에스컬레이터 식으로 들어갈 수 있는 이점이 있어 유치원 때부터 입시경쟁이 시작된다고 말할 수 있다.

치열한 입시경쟁을 겪고 대학에 들어가게 되면, 대학시절에는 우리나라와 마찬가지로 가장 자유롭고 혜택 받는 시절이라 할 수 있다. 엄격한 교칙과 부모의 간섭에서 벗어나 자유를 만끽하게 된다. 보통 이때에는 자기의 취미나 흥미 있는 분야에 대해 몰두할 수 있는 시기이기 때문에 방학 때 아르바이트를 하여 그 돈으로 해외여행을 하거나 어학연수를 가기도 한다.

2. 성인과 결혼

(1) 성인식

만 20세가 되면 성인식을 거치게 되는데 이것은 중요한 행사의 하나로 중요한 의미를 가지고 있다. 성인식은 매년 1월 두 번째 월요일로 국경일로 지정되어 있다. 우리나라와 달리 전국에 있는 각 시나 구청에서 성인의 날 기념식을 성대하게 치르게 된다. **만20세가 되는 젊은이들은 시, 구청에서 보내는 초대장을 받고 화려한 전통복장을 차려입는다.**(p.43 사진 참조) 성인의 날이 되면 일본 각지에서 강연과 마라톤 축하 퍼레이드를 벌이며 성인이 된 것을 축하하는 행사를 행한다. 대부분의 행사는 시민회관이나 구민회관, 체육관, 문화센터 등에서 기념촬영, 음악, 파티, 회식, 그리고 성인증 수여, 게임 등의 순으로 진행된다.

특히, 화려한 성인식 때는 '역시 후리소데(振り袖)'라고 하는 말이 있을 정도로 기모노중 가장 화려한 의상의 하나인 후리소데를 입고, 남자는 하카마를 입는다. 최근에는 남자의 경우에는 거의 양복을 입고 있다.

(2) 맞선(오미아이)

맞선을 일본어로 오미아이(お見合い)라고 한다. 일본의 결혼은 우리나라와 마찬가지로 연애결혼과 중매결혼이 있다. 오미아이란, 중매결혼을 위해서 맞선보는 것을 말한다. 연애결혼과 중매결혼의 비율은 반반정도로 생각하면 되는데, 현대 시대상을 생각하면 맞선에 의한 중매결혼의 빈도가 높다는 것을 알 수 있다. 이때 중매쟁이라고 불리는 나코도(仲人)가 결혼하고 싶어하는 남녀를 소개하고 본인들이 서로 마음에 들면 결혼하게 되는 구조이다.

보통 부모는 결혼 적령기의 딸에게 권하여 사진관에서 맞선 사진을 찍게 하고, 맞선 사진이 완성되면 딸의 부모는 좋은 배필을 찾아주도록 부탁을 한다. 그때는 딸의 이력서와 신상서도 건네주게 된다. 부탁 받은 사람은 자신이 알고 있는 사람 중에 적당한 청년이 있으면 아가씨의 사진을 보이고, 그 아가씨 가정에 대해 이야기한다. 그 결과 서로 만나보고 싶다고 생각하면 맞선을 보게 되는 것이다. 이 맞선에서 취미나 가정에 관해 포부 등을 서로 이야기하고 자신의 결혼상대에 어울리는가, 어떤 가를 판단하게 된다. 이때 쌍방이 동의하면 약혼을 하게 되고 결혼까지 이른다. 물론 최근에는 결혼상담소와 같이 인위적으로 남녀를 소개, 중매시켜 주는 결혼전문기관이 많이 늘어나 그 역할을 대신하기도 한다.

(3) 결혼

일본인도 길일(吉日)이라고 하는 날을 잡아 결혼날짜를 정하게 되는데, 최근에는 공휴일이나 토, 일요일로 정하는 것이 보통이다. 물론 길일과 휴일이 겹쳐진 날은 대부분 예식장이 초만원을 이루기도 한다.

결혼식은 **결혼 전용 예식장이나 호텔, 신사, 교회** 등에서 올린다. 그리고 결혼식의 증인이면서 중요한 역할을 하는 사람을 **나코도(仲人)**라 하는데, 한국의 주례에 해당한다고 생각하면 된다. 원래 두 사람을 소개시켜 준 중개인을 뜻했는데, 현재는 선배, 상사, 은사가 많고 그런 사람이 없을 때에는 전문 나코도에게 부탁하기도 한다.

신전결혼식

피로연에 초대하는 사람은 약 80명 정도인데, 대체로 신랑신부가 반반씩 초대한다. 우리나라 결혼식에 비교하면 초대받는 사람은 극소수이다. 초대 대상은 직장상사나 선배, 동료, 은사, 친척 등이며, 그 기준은 아주 친한 사람에 한정하는 것이 기본이다. 친척은 부모, 형제, 백부, 백모, 조부모 정도이다. 초대장은 보통 3개월 전에 보내 준비할 수 있게 한다.

결혼식이 끝나고 신혼여행 후에는 한국과 같이 결혼식에 참가했던 사람에게 전화나 편지, 선물을 통해 인사를 한다. 물론 양가 부모에게 인사하는 것이 먼저이고, 그 다음 중매인에게 인사하는 것이 예의이다. 이 경우 사례금과 선물을 준비해야 한다.

일본인이 결혼하는 평균연령은 남자 26~7세, 여자가 23~4세라는 것이 약 10년 전 통계인데, 최근에는 **만혼화(晩婚化)**라고 하여 여성의 사회적 지위가 향상되면서 늦게 결혼하는 사람들이 늘고 있는 추세이다. 요즘에는 오히려 결혼하지 않고 독신의 자유분방한 삶을 구가하려는 사람들이 증가하고 있다. 그리고 1945년 이전까지는 남편과 아내의 나이차이가 보통 4살 차이가 보통이었는데, 그 이후에는 남편과 아내의 연령이 가까워져서 3살이나 2살 차이 부부가 보통이 되더니 최근에는 오히려 아내의 나이가 연상인 부부가 늘고 있는 경향이다.

법률상으로는 남자 18세, 여자는 16세 이상이 되면 결혼을 할 수 있고, 구청에 혼인신고서만 제출하면 결혼이 성립되게 된다. 성(姓)은 법률상으로는 남편의 성이든 아내의 성이든 상관없이 바꿀 수 있지만, 현실상으로는 대부분 아내가 남편의 성으로 고치고 있다. 최근에는 사회활동을 하는 여성이 늘어나면서 결혼 전의 성을 그대로 쓰는 여성들도 꾸준히 늘고 있다. 그리고 동성(同姓)이라도 결혼할 수 있는 것이 우리나라와 다른 점이다.

결혼식 순서

일본의 중매결혼의 경우 '나코도(仲人)'는 중매의 역할을 할 뿐만 아니라 두 사람의 결혼을 보증하고 상담 역할까지 하는 것으로 우리의 주례와 같은 기능까지 포함한다. 맞선은 나코도의 집에서 양가 부모와 신랑 신부 후보가 함께 만나게 되는 것이 일반적이다. 연애결혼의 경우 맞선은 볼 필요가 없지만 나코도를 부탁하여 정해두어야 한다.

결혼 대상이 정해지면 유이노(結納)라 하여 혼약의 증표를 주고받는다. 한국의 함과 비슷하나 나코도가 정중하게 예를 갖춰 쌍방 모두 전달하는 것이 다르며 내용 또한 다르다. 유이노 비용은 월급의 2,3배 정도를 적당한 선으로 본다. 돈과 예물과 함께 장수, 백년해로, 발전, 건강 등을 상징하는 장식품을 함께 보내게 된다. 유이노를 위한 전문 상점에서 판매하는데 값은 결코 싸지 않다. 목록과 함께 보내면 받는 쪽에서는 받았다는 수령서를 보낸다. 여자 쪽의 경우 남자 쪽의 반 또는 1할 정도 선에서 답례를 한다.

결혼식 당일에는 집에서 신랑, 신부 예복을 차려 입고 각자의 부모에게 그 동안 고마웠다는 작별 인사를 한 뒤 식장으로 향한다. 결혼식에는 신전 결혼식이나 불교식, 기독교식을 막론하고 식장에 참여하는 것은 양가 가족만 참가한다. 식이 끝난 다음에 피로연석으로 향하는데 일반 하객은 피로연회장에 축의금을 들고 모이게 된다. 단, 피로연장에는 좌석에 이름이 모두 적혀 있어서 미리 통보된 사람만 참가할 수 있는 것이 우리와 다르다.

피로연석에는 본인의 회사 직원이나 가까운 친지 친구들만 초청하게 된다. 일반적으로 50명에서 100명 선이 일반적이다. 피로연석에서는 나코도를 중심으로 진행되는데 인사와 연회가 중심이고 도중에 '이로나오시(色直し)'라고 하여 신부가 드레스를 갈아입고 나오는 장면이 있다. 전통의상으로 식을 올린 다음 나중에 서양식 드레스로 갈아입고 등장하는 것이다. 이것은 신부가 피로연에서 여러 번 옷을 갈아입는 화려한 연출인데, 이것은 의상을 바꾸어 새로운 공간에 임한다는 뜻이며, 결국 아내가 친정을 떠나 시댁에 정착한다는 의미를 가지고 있다.

결혼식 형태

일본의 결혼식은 신도방식에 의한 신전식, 불교식, 교회에서 올리는 기독교식, 아는 사람들 앞에서 격식 없이 행하는 방식 등으로 나뉜다. 1982년에는 결혼식의 90%가 신도식으로 올렸다고 한다. 그러나 1994년에는 58.4%로 줄었다. 반면 기독교식은 5.1%에서 36.8%로 증가하였다. 물론 이것은 종교와는 상관이 없는 경우가 대부분이다. 예배당을 분위기 있는 예식장 정도로 이용하고 있는 셈이다.

일본 결혼식의 경우 접대비가 많이 드는데 하객 1인당 3~5만 엔이 소요되므로 100명을 초청하면 300에서 500만 엔 즉 삼천만원에서 오천만원의 비용이 필요하다. 따라서 최근에는 결혼식 겸 신혼여행을 합하여 해외에서 결혼식을 올리는 커플이 늘고 있는데 신혼여행 비용까지 합해서 7만 엔에서 20만 엔이면 충분하다고 한다. 피로연의 경우 하객의 식비가 평균 1만 엔에서 1만5천 엔 정도이고 답례품이 1인당 1만 엔 정도이니 참가자는 스스로 2만 엔 이상을 소비하게 된다. 따라서 축의금은 최소한 3만 엔 이상 준비하는 것이 일반적이다.

결혼식 의상

신전 결혼식이나 불교식 결혼의 경우 신부는 '츠노카쿠시(角隠し)'라 하여 커다란 수건을 쓴 모양의 전통의상을 입는다. 색깔은 흰색과 칼라가 있지만 원래는 때 묻지 않았다는 뜻으로 흰색을 입는다. 신랑은 일반 정장과 같은 하오리 하카마를 입게 된다. 기독교식의 경우 우리와 마찬가지로 드레스와 양복을 입는다. 결혼식에 참석하는 친척들은 물론 최고의 예복을 입는다.

결혼 관련 풍습

일본 결혼식의 경우에는 앞에서 설명한 대로 결혼식에는 가까운 친척만 참석하고, 피로연석에도 가까운 사람들만 한정하여 초대되므로 그냥 알고 지내는 정도의 사람들은 참석시키지 않는다. 대신 신혼여행을 다녀와서 엽서에 여행지에서의 사진과 함께 "결혼했습니다"라는 메시지를 인쇄하여 알리는 것이 일반적이다. 결혼과 함께 여자는 남편의 성을 쓰게 되는데, 최근에는 사회생활을 하는 여성들의 경우 사회적으로는 구성(旧姓)을 그대로 사용하는 사람들이 늘고 있다.

일본의 경우 법률적으로는 부모의 성씨 중 어머니 쪽 성씨를 따를 수도 있게 되어 있으나 대개는 아버지의 성을 따른다. 최근에는 여성들 쪽에서 남편의 성을 따르는 것에 대한 여성 차별을 들어 '부부별성(別姓)'사용을 주장하는 사람들이 늘고 있다.

3. 죽음과 장례식

일본인에게 뿌리 깊게 심어있는 죽음에 대한 사상은 샤머니즘과 선조숭배 사상을 들 수 있다. 샤머니즘이란 만물의 사물에는 모두 생명이 깃들여져 있다는 사상으로 한갓 돌이나 풀, 나무에도 신이 있다는 미신적 사상이다. 그리고 선조숭배사상은 보통 조상이 죽으면 유체는 관에 넣어 화장해서 묘지에 묻게 되는데, 자손이 제사를 지냄으로써 조상이 자신을 지켜주는 선조신이 된다는 사고방식이다. 이 두 가지 사상이 결합되어 일본인은 장례식을 성대하게 치른다.

장례식장

(1) 야쿠도시(厄年) · 도시이와이(年祝い)

야쿠도시(厄年)는 사람의 일생동안 특히 재난에 처하게 되는 연령을 의미한다. 이때 재난에 처하게 되는 연령은 남자의 경우 25세, 42세, 61세이고, 여자의 경우 19세, 33세, 37세이다. 특히 남자 42세와 여자 33세가 가장 위험한 고비에 해당한다. 이러한 야쿠도시를 무사히 넘기기 위해서 재액을 쫓는 의례를 행하게 되는 것이다. 그것을 야쿠바라이(厄払い)라고 한다. 주로 그 지역의 신사에 가서 재난을 쫓는 의례를 하게 된다.

한편, 그와는 반대로 일생에서 특정한 나이가 되는 해에 특별히 건강하기를 기원하고, 감사하는 의례를 행하기도 한다. 이것을 도시이와이(年祝い)라고 한다. 우리나라와 마찬가지로 61세의 환갑, 70세 고희, 77세를 희수, 88세를 미수라 하여 가족들이 부모의 장수를 기원하여 축하잔치를 한다.

(2) 장례식

▌ 혼부르기

임종 또는 숨이 끊긴 사람에게 주위 친척들이 격양된 어조로 그의 이름을 부르면서 육체로부터 유리되려는 혼을 멈추게 하거나 되돌아오게 하려는 것을 많은 지방에서 볼 수 있는데, 이를 '곤요비'(魂呼び - 혼 부르기)라 한다.

▌ 사수(死水)

일본에서는 사람이 죽으면 물을 먹이는데 이를 '마츠고노미즈'(末期の水)라 한다. 그러나 요즈음은 사람이 죽으면 그 가족이 나무젓가락에 탈지면을 감아 물을 적셔 죽은 사람의 입술을 적셔주는 것으로 대신한다. 옛날에는 '유칸'(湯灌)이라 하여 죽은 사람을 미지근한 물에 넣어 씻어 주었는데 지금은 뜨거운 물이나 알코올을 사용해 닦아준다. 이 때 사용했던 물은 햇빛이 비치지 않는 그늘진 응달에 흘려보내는 것이 일반적인 관습이다. 또 수의는 평상시와는 반대로 왼쪽을 앞으로 해서 여미고, 북쪽으로 머리를 향하게 눕힌다.

▌ 사자밥

죽은 것이 확인되면 곧바로 음식을 준비하여 사자의 베갯머리에 바치는데 이를 '마쿠라메시'(枕めし)라 한다. 이는 전국적으로 행해지고 있는데 경단을 만들어 바치는 지방도 있다. 이때의 밥이나 떡은 일상생활에서 사용하고 있는 불이 아닌, 따로 특별히 설치된 불로 만들어, 밥이 남지 않도록 그릇에 수북이 담는다든가, 떡을 만들 때에는 특별한 작법을 취하든가 한다.

4. 오츠야(お通夜)

장례식 전날 밤, 가까운 친척이나 친지들이 모여 사자와 함께 하룻밤을 지내는데, 이를 오츠야(お通夜)라고 한다. 최근에는 죽은 당일 밤에 하는 경우가 많아졌다. 오츠야에는 가까운 친척 이외에도 많은 사람들이 참석하는 것이 일반적이지만, 본래는 사자와 더불어 금기생활을 빈소에서 보내는 유족으로 한정되어 있다.

사람이 죽으면 그 집에서는 현관에 발을 뒤집어 달고 기중(忌中) 팻말을 붙인다. 그리고 죽은 사람에게는 스님에게 부탁하여 **계명(戒名)**을 지어준다. 영결식은 장례식 사이나 후에 행하는데, 영결식에 참석한 사람은 분향 또는 헌화한 뒤, 유족들에게 애도의 말을 전한다. 사람의 죽음을 맞이하여 친척이나 이웃 또는 그 외 친지들로부터 고인의 영전에 바치는 물품이나 금전을 넓은 의미에서 '고덴(香典)'이라 하는데 액수는 이웃인 경우 3~5천 엔, 동료, 친구인 경우에는 1만 엔 정도라 한다. 영결식 후, 화장터에 가서 화장을 하고 화장한 뼈는 고츠츠보(뼈단지)에 담는데, 이 때 젓가락으로 사람에서 사람으로 전해 담는다. 유골과 함께 귀가, 다음 날 납골(매장)한다. 묘지가 정식으로 정해지지 않았을 경우나 멀어서 바로 갈 수 없는 경우에는 사원의 납골당에 일단 맡겨 두었다가 후일 매장하는 경우도 있다. 또는 최대 재일인 49일재까지는 집안 불단에 모셔두기도 한다.

5. 장례식 복장

장례식에 참가할 때의 복장은 보통은 돌아가신 분의 집안사람 외에는 반드시 검은 옷을 입을 필요는 없다. 남성은 검은 양복에 검은 넥타이가 일반적이다. 그리고 여성은 검정이나 수수한 색의 정장이나 원피스를 입는다. 구두나 양말, 핸드백도 검은색 계통이 무난하다. 액세서리는 검은 보석이나 진

주만이 허용된다. 그리고 장례식에서 돌아오면, 집에 들어가기 전에 신성한 정화를 의미하는 소금을 온몸에 뿌리고 집안에 들어가도록 되어 있다. 이렇게 소금을 뿌리는 이유는 집안에 액운을 가지고 들어오지 않도록 한다는 의미를 가진다.

그리고 얼마 전까지 일본에서는 각 가정마다 **부츠단**(仏壇)이라는 것을 두었다.(p.104 사진 참조) 이것은 **일반가정에서 불상이나 조상의 위패를 모셔 두는 곳**을 말한다. 옷장이 당연히 있는 가구인 것처럼 부츠단 역시 당연히 집안에 존재하는 가구와 같은 것이다. 하지만 최근에는 집값이 워낙 비싸고 신앙심이나 조상경배사상이 상실되면서 부츠단을 두는 가정도 줄어들고 있다. 물론 아직도 노인들이 있는 가정에서는 부츠단을 모시는 가정이 많다고 할 수 있다.

6. 화장

시체는 일반적으로 화장을 한다. 시체를 처리하는 방법으로는 일본에서는 매장(토장), 화장(火葬), 풍장(風葬) 등 세 가지가 있다. 옛날에는 매장이 주를 이루었지만 근년에 와서는 화장을 하는 것이 일반화되면서 매장은 후쿠시마현 일부 등에 남아있을 뿐이다. 풍장은 가고시마현(鹿児島県), 아마미(天見), 오키나와(沖繩) 등지에서 행해지고 있는 것을 볼 수가 있다.

화장을 하는 것은 역사적으로 보면 불교 도래에 의하여 8세기경부터 시작되었을 것이라고 추정되고 있다. 불교식으로 장례식이 행해지기 시작한 것은 헤이안시대 이후인데, 신도에서는 죽음을 부정(不浄)한 것이라 하여 꺼리는 사고가 있어, 서민의 장례식이 불교식으로 많이 행해지면서 묘지도 절의 부수(附随)적인 것이 되었다. 화장한 유골은 절의 경내에 있는 가족 묘지나 공동묘지에 안장하게 된다. 즉 가족대대로 하나의 무덤을 대대로 물려주는 '납골당 형식'의 묘지제도를 가지고 있다. 따라서 하나의 묘는 개인의 묘가 아니라 한 집안의 묘, 가족의 묘가 되는 것이다. 화장시 유족들이 소각로 앞 사체 옆에 기다리고 있다가 다시 유골을 수습하는 습관은 일본인들만의 특징이라 할 수 있다.

7. 기일

옛날에는 사람이 죽으면 7일마다 공양을 했는데, 현재는 7일재, 35일재, 49일재 3번 공양을 하는 것이 보통이다. 고인의 의복, 유품 등을 친척이나 친지에게 나누어 주는 유품분배도 49일까지 마친다. 사람이 죽어 처음으로 맞이하는 오본(お盆)을 '아라본(新盆)'이라 한다. 오본이라는 것은 음력 7월 13~15일, 3일간 선조의 혼령을 집안으로 모셔 들이고 다시 보내는 의식이다.

8. 일본 장의시장

현재 일본에는 약 4천5백여 개의 장의사가 있는데, 이들 중에는 전화 한 통으로 주문만 받고 실제 장례식은 다른 회사에 위탁하는 장례식 브로커도 1백여 개사가 있다. 일본의 경제전문지 『다이아몬드』에 따르면 일본의 연간 장의시장 규모는 무려 3조 엔으로 추정되며, 불황을 모르는 산업으로 부상한 황금시장 장의업을 놓고 기존 전문장의업체를 비롯하여 호텔, 백화점, 보험사 등의 막강한 경쟁자들이 등장, 한판 격돌이 펼쳐지고 있다. 도쿄의 최고급 호텔 중의 하나인 뉴오타니호텔의 경우, '깨끗한 장소'라는 호텔 이미지를 훼손해 오히려 영업에 지장을 줄 수 있다는 내부반발도 있었으나, 장의행사가 갈수록 고급사교의 장으로 활용되는 추세이고 부수되는 연회수요가 엄청나다는 점에서 이 같은 새로운 사업을 강행하였다. 결과는 기대 이상으로 좋아 결혼행사에 버금가는 수입원으로 자리 잡았고 다른 호텔들도 앞 다퉈 장의업에 진출하는 계기가 되었다. 백화점업계에서는 음식이나 장례용품은 직접 공급하고 전문 장례행사는 기존 업체들과 제휴해 서비스를 하고 있다. 보험업계는 주로 장례비용과 관련한 보험 상품을 내놓고 있다. 장례보험에 가입해 두면 제반 장례비용을 지급해 주고, 여타 전문장례 서비스도 기존 업체들과 제휴해 보장해 준다. 이에 대해 기존 전문 업체들은 개인방문 판촉 및 장의식장 무료제공 등 가격파괴 전략으로 맞서고 있다.

2. 계절로 보는 1년 연중행사

1월 1일	정월 초하루
1월 둘째 월요일	성인의 날(成人の日)
2월 11일	건국 기념일
3월 21일	춘분
4월 29일	초록의 날(緑の日)
5월 3일	헌법 기념일
5월 5일	어린이날(子供の日)
7월 둘째 월요일	바다의 날(海の日)
9월 둘째 월요일	경노의 날(敬老の日)
9월 23일	추분
10월 둘째 월요일	체육의 날
11월 3일	문화의 날
12월 23일	천황탄생 기념일

* 성인의 날(成人の日) - 만 20세가 된 성인 남녀를 축하하는 날.
* 건국기념일(建国記念日) - 진무(神武)천황 즉위일을 설정한 기념일. 1872년에 설정
  해서 시행되었다. 2차 대전 패전을 계기로 폐지되었다가, 1967년부터 다시 시행되었다.
* 춘분(春分) - 자연을 찬양하고 생물을 사랑하는 날.
* 미도리노히(緑の日) - 죽은 쇼와(昭和) 천황의 생일. 자연의 은혜에 감사하고 풍요
  로운 마음을 기르는 날.
* 헌법기념일(憲法記念日) - 일본국 헌법의 시행을 기념하는 날.
* 어린이날(子供の日) - 어린이의 인격을 존중하고 어린이의 행복을 꾀하는 취지로 제
  정된 날.
* 바다의 날(海の日) - 원래는 7월에 휴일이 없었기에 설정한 날인데, 바다의 은혜에
  감사하고 해양국 일본의 번영을 기원하는 날. 1996년부터 시행되었다.
* 경노의 날(敬老の日) - 노인을 공경하기 위해 만든 날로 1966년부터 시행되었다.
* 추분의 날 (秋分) - 선조를 공양하고 죽은 사람을 추모하는 날.
* 체육의 날(体育の日) - 1966년 도쿄 올림픽 개최를 기념한 날로 1966년 제정했다.
  원래는 개최일 이었던 10월10일이었는데 2000년부터 10월 둘째 월요일로 바뀌었다.
* 문화의 날(文化の日) - 메이지(明治)천황의 탄생 기념일. 문화헌법의 의미를 기념하
  는 날.
* 천황탄생 기념일 (天皇誕生日) - 헤세이(平成)천황 탄생 기념일.

❋ 1. 봄의 연중행사

▌일본의 설날(お正月) ▌

한해의 첫날인 설날은 '도시가미(年神)'라는 신을 맞이하는 날이다. 이 신은 높은 곳에서 인간 세상에 내려와 인간들이 행복한 생활을 할 수 있도록 해준다고 한다. 그래서 사람들은 대문을 가도마츠(門松)로 장식하고, 가가미모치(鏡もち)를 만들어 신에게 바친다.

가도마쓰는 신이 내려올 수 있도록 문 옆에 세워둔 소나무 장식이다. '가가미모찌'는 신에게 올리는 떡이다. 또 사람들은 오세치(お節) 요리라는 특별한 음식을 만들어 먹기도 한다. 오세찌 요리는 야채나 생선을 달게 삶아서 만든 음식이다. 그리고 일본식 떡국인 오조니(お雑煮)를 만들어 먹는데, 채소, 버섯, 고기 등을 넣어 끓인 맑은 장국이나 된장국에 찹쌀떡을 구워 넣은 것이다. 설날에 일본인이 떡을 먹는 것은 쌀의 신이 깃든 음식을 먹음으로써 신비한 힘을 얻는다는 의미한다.

설날에는 또한 가족의 건강과 소원을 기원하러 신사나 사찰에 참배하는데 이것을 하츠모데(初詣で)라 한다.

설날을 상징하는 세뱃돈과 신사참배 등 설날 풍습연, 매화 등이 그려진 봉투에 담긴 세뱃돈(오토시다마 - お年玉)을 건네준다. 새해 첫 날 세뱃돈을 그냥 건네는 것은 예의에 어긋난 행동으로 치부하는 일본 사람들은 새 해를 상징하는 연, 매화 등이 그려져 있는 봉투에 세뱃돈을 넣어준다.

그리고 신년에는 연하장을 써서 주위의 지인이나 선배, 은사에게 보내는 것이 인간관계에 중요한 역할을 한다. 일본에서는 1871년 우편제도가 생기고 4년 후에 한 장짜리로 된 엽서가 발매되기 시작했으며 1900년에는 연하우편 특별제도가 시행되었다. 이것은 12월 24일까지 우체통에 연하장을 넣기만

하면 새해아침에 일제히 배달되어 지는 특별제도인데, 매해 배달되어지는 숫자가 40억장에 달한다. 이것은 많은 아르바이트 집배원이 동원되는 국민적 행사이지만 요즘에는 너무 형식화되어버린 경향이 많아 폐지하자는 움직임도 일어나고 있다.

가도마츠

가가미모치

* 가도마츠(門松) – 신년의 소나무와 대나무를 새끼줄로 묶어 문 옆에 세워둔 장식물로, 도시가미(年神)를 맞이하기 위한 것이다. 12월 26일경부터 1월 7일경까지 장식해 둔다. 소나무는 상서로운 상록수로 엄동겨울에도 변함이 없어 불로장수를 상징한다.
* 가가미모치(鏡餅) – 도시가미(年神)에게 바치는 동그란 모양의 찹쌀떡이다. 설날이 지나면 가가미비라키(鏡開き)라고 하여, 장식해 둔 딱딱해진 떡을 쪼개 먹는다. 이 때에는 칼을 대지 않고 망치로 때려 조각 난 떡을 구워 먹는다. 이 행사는 공식적인 정월의 끝을 의미함과 동시에 새해의 본격적인 활동이 시작됨을 의미한다. 특히 이 떡을 먹으면 1년간 병에 걸리지 않고 특히 이가 튼튼해진다고 하는 데에서 유래한다.(p.67 사진참조)
* 오세치(お節)요리 – 명절에 먹는 음식이다. 신을 맞이하는 동안 음식 만들기를 자제하는 한편, 신에게 공양한 음식을 여러 사람이 나누어 먹는 다는 의미를 갖는다. 기본 요리의 재료는 무, 당근, 우엉, 두부, 다시마 등으로 이를 양념을 넣고 오랜 시간 약한 불에 조려서 만들기 때문에 오랫동안 보관이 용이하다.
* 하츠모데(初詣で) – 정월 1일에서 7일경에 행하는 신사참배이다. 참배할 때는 테미즈(手水)라 하여 물로 손과 입을 씻고 사이센바코(賽銭箱)라는 세전통에 돈을 넣고 방울을 울린다. 그 후 2번 예의를 표하고 2번 박수를 치고 1번 예를 표하는 행위를 한다.

┃ 성인식 ┃

일본에서 성인식은 매년 1월 제 2월요일이다. 1999년까지는 1월 15일이었으나 2000년부터 1월 제2월요일이 성인식이다. 성인식의 뜻은 만20세가 되면 성인으로 인정하므로 앞으로 술 담배를 해도 되며, 성인으로 사회적인 책임도 있다는 것을 축하해 주는 것이다.

성인식 날은 여자들은 가장 화려한 기모노인 **후리소데**(振り袖)를, 남자들은 **양복 혹은 남자 기모노를 입는다.**

기념식은 주로 시(市)나 구(区)에서 하게 된다. 시청(市役所)이나 구청(区役所)에서 준비해 놓은 곳에 가서 식을 지내게 된다. 식순은 시장의 축하인사, 유명인의 강연 등이 있게 되고, 공연이 있는 곳도 있다. 경우에 따라서는 참석자에게 조그마한 선물도 들려 보네주곤하며, 연회장도 마련되는 곳도 있다. 또한 성인식에 나가면 오래간만에 그동안 만나지 못했던 초등학교·중학교·고등학교 친구들도 만나게 된다.

그런데 이 성인식이 매년 말썽이고, 그 정도가 점점 심해지고 있다. 성인식에 참가한 참석자들이 떠들어대는 것은 예사고, 식 진행 중에 휴대폰 전화가 울려대고, 혹독한 경우는 단상에 올라온 사람에게 욕설

까지 퍼부어 대는 패거리가 생겨나기도 해 일본당국은 골머리를 앓고 있다.

┃ 세츠분 ┃

세츠분은 원래 사계절이 바뀌는 계절의 경계를 의미하며, 넓게는 입춘(立春), 입하(立夏), 입추(立秋), 입동(立冬)의 전날을 가리키며 특히 입춘 전날(현재

는 2월 3~4일경)을 중요시하고 있다.

　이 세츠분에는 잡귀를 쫓는 뜻에서 「도깨비로 분장한 이를 쫓는 예능 형식의 행사」와 「볶은 콩을 되에 담아 뿌리는 형식의 행사」 2가지를 실시한다. 일반적으로는 한 집안의 가장이 「복은 집안으로, 잡귀는 집 밖으로(福は內, 鬼は外)」라고 외치면서 되에 들어 있는 볶은 콩을 뿌리는 콩뿌리기(마메마키 - 豆まき)가 세츠분 행사로 잘 알려져 있다. 또 잡귀 물리치기와 콩 뿌리기가 혼합된 형태로, 도깨비 가면을 쓴 아버지를 향해서 어린이들이 콩을 뿌리는 형태도 세츠분 행사의 하나로 잘 알려져 있다. 원래 곡물의 힘으로 재해나 병을 물리치는 행사는 중국에서 전래된 것으로, 신사나 사원에서 대중스타를 초대하여 몰려든 참배객을 향해 콩 뿌리기 행사를 하기도 한다.

　뿌려진 콩을 자신의 나이 수만큼 주워서 먹으면 병에 걸리지 않는다고 하며, 12개의 콩을 구워 그 구워진 상태를 보고 1년 동안 각 달의 운세를 점치는 콩점 등도 유명하다. 이 세츠분 행사는 예로부터 큰 변화를 겪으면서 현재까지 이어지고 있다. 규모는 가정에서 실시하는 작은 행사부터 절에서 실시하는 대규모의 행사까지 다양하며 지방에 따라 지방색도 풍부하다.

▌발렌타인데이 ▌

본래 3세기 경 순교한 성 발렌타인을 기리는 서양의 풍습이었으나 일본에 들어와서 여성이 남성에게 사랑의 고백으로 초콜릿을 선물로 주는 행사로 크게 변형되었다. 사랑의 고백뿐 아니라, **의리초쿄(義理チョコ)**라 하여 의리상 친구나 직장 상사에게 주는 초콜릿이 훨씬 더 많다. 이와 마찬가지로 3월 14일인 화이트데이도 역시 90년대 일본에서 만들어낸 날로 한국에서도 하나의 행사로 자리 잡게 되었다.

▌히나마츠리(雛祭り) ▌

히나마츠리는 매년 3월 3일, 히나단(雛段)에 인형과 여러 가지 장식물을 진열하여 여아의 건강과 행복 기원하는 행사이다. 히나단은 인형을 장식하는 장식단인데, 5단이나 7단의 홀수 단에 빨간 색의 주단을 깔고 인형을 장식한다. 최상 단에는 왕과 왕후인형을, 두 번째 단에는 궁녀인형, 세 번째 단에는 악사인형 등 신분별로 최상 단부터 장식한다. 히나마츠리에 히나인형을 장식하는 것은 여자아이가 예쁘게 성장하고 커서 좋은 인연을 만나 행복한 결혼 생활을 할 수 있도록 하는 바람과 인형에 좋지 않은 재난이나 재앙 등을 옮겨 그것들을 피할 수 있도록 하는데 그 의미가 있다. 그래서 3월 3일이 지나면 바로 치우는 것이 관습으로 되어 있다.

히나단

고대 일본에서는 신상에 일어날 수 있는 불결한 일이나 재난 등을 인형에 옮겨, 흐르는 강물에 떠내려 보내면서 액막이를 했는데 이를 히나나가시(ひな流し)라고 한다. 아와시마 신사에서는 3월 3일 전국에서 봉납된 인형을 배에 실어 바다로 떠내려 보낸다고 한다.

* **황금연휴(Golden Week)**

특별한 행사나 명절은 아니지만, 4월 29일 식목일부터 5월 3일 헌법기념일, 5월 4일 국민 휴일, 5월 5일 어린이 날까지 연휴가 이어지는 주간이다. 회사에 따라서는 사이에 끼인 날까지 휴무하여 8-9일간 휴일이 계속되기도 한다. 유원지나 행락지는 온통 사람들로 붐비고 공항은 해외여행을 즐기려는 사람들로 만원을 이룬다.

 2. 여름의 연중행사

▌단오(端午の節句) ▌

남자아이가 태어나서 처음으로 맞이하는 절구(節句)를 하츠젯쿠(初節句)라고 하고, 5월 5일이 이 날에 해당하며, 정식으로는 단오 절구(端午の節句)라고 한다. 나라(奈良)와 헤이안(平安)시대의 단오 날에는, 재난이나 신상에 일어날 수 있는 나쁜 일 들을 피하기 위한 행사가 열리는 중요한 날이었다. 궁정에서는 이 날, 처마에 창포나 쑥을 꼽아 달고, 신하들은 창포를 관에 장식하기도 하였다. 무사계급 사회에서도 여러 행사를 하게 되어 이후에는 남자아이를 위한 셋쿠(節句)로 바뀌었다.

이 날이 남자아이를 위한 날이 된 이유는 쇼부(菖蒲: 창포)라는 음이 「勝負: 승부」, 「尙武: 무예를 숭상함」이라는 뜻과 통하기 때문이다. 무로마치(室町) 시대에는 종이로 만든 투구에 창포 꽃을 장식하였고, 에도(江戶)중기가 되면서 무사의 집안 뿐 아니라 민간까지 퍼져서, 남자아이의 탄생을 축하하는 날이 되었다. 그리고 무사인형과 더불어, 서민들 사이에서 그들의 아이디어로 <잉어달기-고이노보리(鯉のぼり)>가 생겨났고 지금까지 남자아이의 축제로 이어지고 있다.

이 날에는 집밖과 집안에 두 가지 장식을 해 두는데, 집밖에는 태어난 남자아이의 출생과 장래에 입신양명을 기원하며 고이노보리를 하고, 집안에는 아이의 무사한 성장을 바라면서 무사인형(주로 갑옷과 투구)을 장식해 둔다.

Tip 고이노보리의 유래는?

잉어(고이)는 맑은 물은 물론, 못이나 늪지대에서도 살 수 있는 생명력이 강한 물고기이다. 이 잉어가 급류를 거슬러 올라가 용문(龍門)이라는 폭포를 올라오면 용이 되어 하늘로 올라간다는 의미에서 어떠한 환경과 어려움도 견디고 이겨내기를 바라며, 더불어 아이의 입신양명을 기원하는 의미에서 장식해 두는 것이다.

Tip 왜 갑옷과 투구를 장식해 두는 것일까?

무사사회에서 갑옷과 투구는 남자에게 있어서 매우 중요한 것이었다. 전투에서 갑옷과 투구는 자신의 몸을 지키는 중요한 역할을 담당하고 있었기 때문에 그 정신을 소중히 여겨, 무사인형(五月人形)으로서 갑옷과 투구를 장식하게 되었다. 남자아이의 탄생을 축하하고 무사히 성장하여 강하고 훌륭한 남자가 되길 바라는 가족의 염원이 담겨 있는 것이다. 즉, 갑옷과 투구가 전투에서 몸을 지켜주듯이, 살아가면서 좋지 못한 일에 휩싸이지 않고 취직이나 결혼 등 모든 일이 잘 되어서 행복한 인생이 되길 바란다는 의미인 것이다.

┃ 다나바타(七夕) ┃

7월 7일의 밤에, 견우성과 직녀성이 만난다는 전설은 중국에서 생겨났고, 그 날 소원을 빌면 소원이 이루어진다고 하는 이야기의 발상지도 중국이다.

중국의 칠월칠석 전설이 일본에 전래된 것은 나라(奈良)시대라고 하며, 일본의 가장 오래된 시가집인 만엽집(万葉集)에는 실제로 약130수의 다나바타 노래가 있다.

다나바타 축제는 원래 음력 7월 7일에 행해지는데 지방에 따라서는 8월 7일인 곳도 있다. 다나바타 축제는 7월 15일의 오본(お盆)을 준비하는 날로서의 의미도 있다. 나라현(奈良県)남부에서는 다나바타가 오본의 시작으로서 자리 잡고 있는 지방도 있다. 이 때 오본에 내려오는 신이 입을 옷을 만들기 위해 뽑힌 신녀(神女-미코)가, 강이나 호수근처의 단상에서 그 옷을 만들었는데, 단상의 뜻인 '다나'와 베짜기의 뜻인 '하타오리'가 합쳐져서 <다나바타>라는 어원이 생겨났다고 한다. 중국의 견우와 직녀의 전설과 일본의 이러한 신앙이 어우러져 오늘날의 다나바타를 만들어 낸 것이라고 할 수 있다.

7월 7일 저녁에는 견우와 직녀가 만나고 다음날에는 하늘나라로 돌아간다. 그 때 냇물에 죄와 부정 등을 씻기 위해 몸을 씻고 더러움을 가져가기를 바라는 마음에서 대나무를 세워두는 풍습이 생겼다고 한다. 다나바타때에는 작은 대나무(사사다케)에 오색 단자쿠(노래나 문구가 쓰여진 종이)를 매다는 데 그 오색 단자쿠에 노래나 문구 등을 쓰고, 글자를 예쁘게 쓸 수 있도록 고구마 잎에 고인 이슬로 먹을 갈아 글자쓰기 연습을 하면 글씨를 잘 쓸 수 있게 된다고 하는 이야기도 생겨났다.

일본에서는 견우와 직녀가 만나는 칠월칠석에 자신의 소원을 빌면 이루어진다고 하여, 대나무를 장식하고 단자쿠라고 하는 종이에 자신의 소원 한 가지를 적어서 대나무에 단다. 일반가정에서는 베란다에 단자쿠를 다는 경우도 있다. 학교나 공공기관에서는 나름대로 대나무를 장식하여 다나바타를 즐긴다.

그리고 나서 대나무에 인형을 이어서 다나바타의 끝 무렵에 더러움이나

부정을 가져가도록 강이나 바다에 떠내려 보내는 습관도 생겨났다. 이것을 '다나바타나가시(七夕流し)'라고 부른다.

센다이(仙台)와 히라츠카(平塚)시의 다나바타는 상점가에서 열리는 대나무 장식등 그 규모나 모습이 매우 화려하여 유명하다.

단자쿠

* **단자쿠(短冊)** - 각자의 소원 한 가지를 붓으로 적은 종이. 원래는 와카를 쓰던 종이로 세로 36센티, 폭 6센티의 금 은박이 되어 있거나 밑그림이 그려져 있고 문양이 있는 것도 있다. 이것을 대나무인 사사다케에 매닮으로써 다나 바타 장식을 만든다.
* **사사다케(笹竹)** - 단자쿠나 색종이, 종이학 등을 장식한 대나무 가지.
* **다나바타 오쿠리(七夕送り)** - 7일 밤, 8일 아침에 사사다 케를 강, 바다에 흘려보냄으로써 액을 막는다고 한다.

 3. 가을의 연중행사

▌ 오추겐(お中元) ▌

오추겐(お中元)은 7월 15일을 중심으로 평소에 도움을 받았던 사람에게 선물을 하는 풍습이다. 본래 추겐은 선물하는 것을 의미하는 것이 아닌 날짜를 가리키는 말이다. 중국에서는 음력 1월 15일을 하원이라고 하고, 이 셋을 합하여 삼원이라 줄었다. 삼원은 신에게 공양하는 날이다. 신을 공양하는 날인 추겐이 일본에 전해지면서 조상을 공양하는 오본(お盆)과 결합하였다.

에도시대의 궁중에서는 오본 때 불단을 담당하는 시녀가 매일 공양물을

바꾸어 놓았으며, 쇼군은 조석으로 배례를 하였다. 한편 무사의 시녀 중에서 부모가 생존해 있는 사람을 축하하는 본의 행사를 이키본(生き盆), 이키미타마(生身靈)라고 하였으며 특히 생선을 선물로 보내는 풍습이 있었다. 오추겐은 도시 발달에 의한 생활양식의 변화로 교재 범위가 확대됨에 따라 오본 전에 평소에 신세를 진 사람들에게 선물을 보내는 습관으로 변화된 것이다.

7월 초부터 15일경에 선물이 도착되도록 하기 위해 6월 중순부터 각 백화점의 선물용 매장이 인기인데, 선물은 주로 식료품, 일용품이 중심이다.

Tip **일본인의 선물문화**

일본은 '증답천국'이라 불릴 만큼 선물 주고받기를 즐겨한다. 새해의 오토시다마(세뱃돈)에서 시작하여 더운 날 가까운 친지나 지인에게 하는 오주겐, 12월 연말에 하는 오세보(お歲暮), 입학이나 졸업, 이사 축하 등에도 빠짐없이 선물이 등장한다. 그리고 빼놓을 수 없는 것이 오미야게(お土産)라고 하는 것이다. 오미야게란, 지방의 특산품이란 뜻으로 출장이나 여행 등으로 지방에 가게 되었을 때에는 반드시라고 할 만큼 지방의 특산물인 과자, 일본 만두 등을 사와서 직장동료나 가족과 나누어 먹는 풍습이 있다. 일본인의 선물에는 신세를 진 사람에 대한 감사, 은혜에 대한 의리, 친형제나 친구사이에서의 호의의 교환뿐만 아니라, 체면유지를 위한 사교, 반대급부를 기대하는 투자 등의 다양한 의미를 갖는다. 물질적인 것에 국한하지 않는 것도 하나의 특징이고 그 물건에 대한 어떤 형태의 답례가 기대되기도 하며 교환에는 균형의 원칙이 적용하고 있다고 생각해도 무관하다.

▌ 오본(お盆) ▌

미국은 추수감사절, 한국과 중국은 추석이 있다면, 일본에는 오본(お盆)이 있다. 주로 대도시에서는 양력 8월 15일에 이날을 쇤다. 일본의 추석은 우리와 마찬가지로 많은 사람들이 고향을 찾아가고 그 때문에 역이나 공항은 많은 사람으로 북적거리고 귀성하는 차량 때문에 전국의 고속도로도 많이 막힌다. 정월에 오쇼가츠(お正月)가 있다면 가을에는 오본(お盆)이 있어 일본 최대 명절의 하나이다. 상점의 경우 백화점, 대형 쇼핑몰 등은 운영을 하지만 개인이 운영하는 상점은 문을 닫는 경우도 많다.

봉(盆)이란 죽은 이의 영혼을 의미하는 우라본(盂蘭盆)이라는 불교용어에서 유래하여, 이 날에는 불교식 행사와 함께 돌아가신 조상을 맞이하여 생활의 번영을 비는 일본 특유의 풍습이 행해진다. 조상의 영혼이 1년에 한번 이승의 집을 찾아오는 날이라 하여 각종 음식을 장만하고 조상에게 바치고 제사를 지내 그 명복을 빌며 조상의 묘를 찾아 참배한다.

그리고 한 가지 또 빼놓을 수 없는 것이 있는데, 그것은 본오도리(盆踊り)라는 축제 행사다. '본'은 오본이며, '오도리'는 '춤'이라는 의미이다. 하나의 민속춤으로 동네 사람들이 저녁에 유카타(浴衣)라고 하는 예쁜 무명 홑옷을 입고 모여 망대 주위를 돌면서 춤을 춘다. 보통 신사나 절 구내에서 거행하며, 통나무를 짜서 높이 3~4m 정도의 망대를 만들고, 그 위에 북을 올려서, 민요 같은 음악에 맞춰서 북을 친다.

본오도리의 원뜻은, 조상과 그 밖의 죽은 이들의 영혼을 달래고 저승으로 다시 보내자는 데 있었다. 저

오본오도리

승에서 찾아온 영혼들이 이승에 있는 후손들과 함께 즐겁게 춤추고 다시 저승으로 돌아갈 수 있도록 하자는 것이다. 그러나 현재 본오도리의 뜻은, 일반적으로 본오도리대회(盆踊り大会)라고 불릴 만큼, 한여름의 무더위를 잠시라도 잊어버리고 시원한 저녁 바람을 즐기자는 데 있다.

* 오본오도리(お盆踊り)

　선조의 영혼을 위로하고 대접하기 위해 마을의 남녀노소가 유카타 차림으로 춤을 춘다. 온 마을 사람들이 즐기는 대동제적 성격을 지닌다.

* 오본야스미(오본 휴가)

　양력 15일경. 도시사람들이 고향에 내려가 성묘를 하기 때문에 도시 공동화현상이 일어난다. 정월 오쇼가쓰(お正月)와 더불어 민족의 대이동이 일어나는 시기이다.

 4. 겨울의 연중행사

▌시치고산(七五三)▐

　시치고산은 달력 나이로 3세와 5세의 남자 아이, 3세와 7세의 여자아이에게 나들이옷을 입혀서 신사에 참배하는 축하일로 11월 15일에 행해진다. 자녀의 성장에 중요한 나이인 동시에 홀수를 행운의 수로 생각하여 시치고산(七五三)이라는 이름이 붙게 된 것이다. 에도시대의 무가(武家)사회의 관습이 일반화된 것으로 당시 무가의 자녀는 3세에 남녀 모두 처음으로 머리를 자르지 않고 늘어뜨리는 「가미오키(髪置き) 의식」*을 행하고 그 후 남아는 5세가 되면 처음으로 하카마를 입는 「하카마기(はかま着)」*, 여아는 7세가 되면

처음으로 히모(줄-ひも)를 풀고 정식으로 오비(띠-おび)를 하는 「오비토키(帯とき) 의식」*을 행하였다. 현재는 이러한 의식 대신 어린이에게 하레기(請れ着)*를 입히고 유명한 신사에 신사참배를 하면서 귀신을 쫓는 액막이 행사를 한다.

이때 신사에서는 아이들에게 치토세아메(千歳あめ)*를 주는데, 천년을 산다는 학과 만년을 산다는 거북이가 그려진 사탕으로 자녀의 성장과 건강을 기원하는 의미가 담겨있다.

* 가미오키(髪おき) 의식 – 짧은 단발머리에서 3살부터는 머리카락을 자르지 않고 남녀아이가 머리를 기름.
* 하카마기(はかま着) – 5살의 남아가 하카마라는 정장을 입음.
* 오비토키(帯とき) 의식 – 7살의 여아가 오비라는 정식허리띠를 맴.
* 하레기(晴れ着) – 어린아이의 명절 옷.
* 치토세아메(千歳あめ) – 시치고산 때와 같이 신생아가 신사나 절을 방문할 때, 행운을 비는 의미로 판매하는 홍백색의 가래엿으로 학과 거북 등의 그림이 새겨진 종이봉투에 담겨있다. 어린아이의 장수를 기원하는 사탕.

▌ 시와스(師走) ▌

일본인들은 12월을 가장 바쁜 달이라 하여 시와스(師走)라고 한다. 그리고 12월 31일 일 년의 마지막 날을 오미소카(大晦日)*라고 하여 온 가족이 한자리에 모여 밤새 불을 밝히며 묵은해를 보내며 새해를 맞이한다. 이 때 밤참으로 국수를 먹는데 이를 도시코시소바(年越しそば)*라고 한다.

일본은 12월 29일부터 시작된 휴일동안 대청소와 오쇼가츠(お正月) 준비로 바쁘게 보낸다. 한해를 정리하고 새해를 새롭게 시작한다는 의미에서 가정집

뿐 아니라 가게에서도 대청소를 한다. 대부분의 집에서는 쓸고 닦는 단순한 일뿐 아니라 벽지나 맹장지(ふすま)를 새로 붙이는 번거로운 일까지 하기 때문에 가족 모두가 같이 청소를 하게 돼서, 이날의 대청소는 가족 모두가 단결하는 하나의 행사라고도 할 수 있다.

밤 12시에는 제야의 종 타종식이 있다. 집에서 TV로 제야의 종소리를 들으며 메밀국수를 끓여 먹는다. 새해 아침에 우리가 떡국을 먹듯이 일본에서는 메밀국수를 먹는데, 한 밤 중에 먹는다. 이것을 '도시코시소바(年越しそば)'라고 부른다. '해를 넘기는 메밀국수'라는 뜻이다.

국수를 먹는 습관은 에도(江戸)시대 때부터 시작되었는데, 이는 국수의 면처럼 길고 가늘게 살라는 바람의 표현으로, 국수 면이 길고 가늘어서 쉽게 끊어지는 것처럼, 오래 살면서 병이나 빚과도 인연이 끊어지길 바라는 의미이다.

밤 11시 반쯤부터 전국 각지의 절에서 제야의 종*을 치기 시작하는데 이날은 대부분의 사람들은 제야의 종소리를 듣기 위해 가까운 사원에 찾아간다. 우리는 33번을 치지만 일본은 108번을 친다. 이는 인간의 번뇌의 수가 108개로 이를 떨쳐버리고 정결한 마음으로 새해를 맞기 위해서라고 한다.

12월 31일 자정 무렵에는 신사(神社)에 사람들이 몰린다. 새해 처음으로 신사에 참배하는 '하츠모데(初詣で)'를 하며 소원을 빌기 위해서다. 첫 참배는 빠를수록 좋다는 생각 때문인지 신사에서 기다리고 있다가 제야의 종소리가 울리면, 즉 1월 1일 0시가 되면 참배를 시작하는 사람들이 많다. 이 날은 한밤중의 참배를 위해 전철이 24시간 운행되는 날이기도 하다.

* 시고토오사메(仕事収め) - 12월 28일 업무의 마무리. 가정에서는 대청소
* 오미소카(大みそか) - 12월 31일. 각지에 흩어졌던 가족들이 모두 모임.

* 대청소 - 29일부터 시작된 휴일동안 가족모두가 실시. 가족의 단결행사.
* 도시코시(年越し) - 가족들과 함께 묵은해를 보내고 새해를 맞이한다. 밤이 되면 메밀국수를 먹는 풍습이 있다.
* 도시코시소바(年越しそば) - 한해를 넘긴다는 의미로 먹는 국수. 가늘고 긴 국수처럼 장수를 기원하는 의미가 있다.

* 제야의 종 - 전국 각지의 절에서 제야의 종을 치는데 제야의 종소리를 듣기 위해 사원을 찾는다.

도시코시소바

3. 일본의 음식문화

1. 일본 음식의 역사

수렵과 어업 민족이었던 일본은 중국에서 백제를 거쳐 일본으로 전래된 불교와 함께 변화하기 시작했다. 이후 700년경(우리나라의 통일신라시대)에 이르러 궁중(宮中) 의식과 신(神)에 대한 의식 등의 필요성에 의해서 일본요리의 규범이 제정되었다. 대보율령(大宝律令)이 제정된 이래, 이 율령은 927년(우리나라의 고려 건국 후) 양로율령(養老律令)에 의해 보정(補正)되어 여러 가지 의식을 행하는 방법과 요리를 만드는 방법, 신에게 공물을 바치는 방법 등이 세밀하게 규정된 연회식이라는 것으로 완성되었다. 연회식에는 향응(饗応)의 선형식과 연중행사 오절구 등의 각종 계절 행사 요리도 정해졌다. (①성인의 날 ②여자 어린이의 날 ③어린이날 ④칠석날 ⑤중양절) 이때에는 조리 기술의 진보와 더불어 그것을 담을 수 있는 그릇에서도 현저한 변화가 어우러지고 있었다. 밥과 부식을 담는 그릇을 시작으로 술잔, 받침대 등에도 고도의 예술성이 가미된 작품이 등장하게 된 시기였다. 또한, 이 당시에는 신분에 따라서 그릇이 달라지는 도구의 계급제도가 생겨나 귀족은 청동기, 은기, 옻기 등을 사용하였다.

이와 같이 요리의 연구는 비약적인 발전을 보여 왔지만, **귀족들의 식사가 아침, 저녁 두 끼로 형식화됐고**, 이와 함께 살생금지령 등 포유동물의 식육금지로 인하여 영양의 균형이 맞지 않아 영양실조와 같은 상태가 생겨나게 되었다. 이때에 지금까지의 공가(公家) 귀족의 사치로 여겨져 왔던 형식적인 식사 풍습 등을 혁파하는 질실강건(質実剛健)을 첫째로 하는 무가정신(武家精神)의 경향이 다시 대두되었다. 즉, 무사는 항상 심신을 단련하여 전시에 대비하지 않으면 안 되기 때문에 사냥 등이 부활되었고, 부식으로 고기도 먹을 수 있도록 식사 관습이 바뀌었다. 또한 삼식주의(三食主義)의 관습도 정착되어 무가사회의 시대가 이루어지게 되었다. 또, 대륙문화, 즉 중국과 조선과의 교류도 활발해짐에 따라 스님들에 의하여 국내에 선종이 확산된 것을 계기로 사찰에서는 정진요리와 보차요리가 생기게 되었다. 두부 등이 처음 만들어진 것이 이때쯤이다.

한편 이러한 사회 상황 속에서도 귀족과 공가의 향응에 있는 선(膳)에는 변화가 보이지 않고 계속 지속되었다. 1338년, 바쿠후가 가마쿠라에서 교토 무로마치로 옮겨 무가와 공가의 교류가 성행하였다. 이 시대는 우아한 생활을 과시하는 사회가 되어 요리의 세계에서도 사조류, 대초류, 진사유, 그리고 생간류 등의 다양한 세력들이 형성됐다. 각파는 요리 만드는 법을 포함하여 조리 기술, 자르는 방법에 기료를 집중시킨 고도의 기술을 개발하는 등 경쟁이 심화됨으로썬 일본의 요리기술과 조리법이 두드러지게 진보하는 요리계의 전국시대를 열어 나갔다. 아울러 공가사회와 무가사회의 쌍방에 예법이 생겨나 축의의 의식이 더욱더 엄격해져 선(膳)이 정해지고 식사의 예법에 따른 본선요리의 향응 형식이 생긴 것도 이때쯤이다.

1500년경 천리휴(天利休 ; 일본차를 만들 때 사용하는 도구를 만드는 사람)들에 의해서 차도가(茶道家)에 따라 다도와 차회석이 완성되었다. 이 당시에는 외국과의 교류무역이 성행하여 남만요리(포르투갈 요리) 등도 건너와서 일본인의 식생활도 점차 육식으로 바뀌기 시작하였다. 그렇지만 1639년 에도도쿠가와시대에 쇄국령이 떨어져 다시 생선과 야채를 위주로 하는 식생활로 되돌아갔다. 이때는 완전한 무가정치의 시대였지만 중산층의 활약이 눈부셔 상인들의 부가 위력을 발휘하여 사치스런 요리와 호화스러운 그릇을 쓰는 요리가 유행하기도 했다. 이에 따라 많은 고급요리점과 다실이 생겨나 요리문화의 발전이 지속되었다. 엄격한 예의 작법의 얽매임 속에서도 더욱더 오랜 역사를 가지고 있는 본선요리와 회석요리는 어지럽게 변화하는 사회에 대응하지 못함으로써 요리다실에서 소외되어, 그것에 대응되는 주연을 중심으로 한 회석요리가 생겨났다. 중산층의 자유분방한 사고방식은 순수한 미각과 식선의 아름다움을 추구하기에 이르러 음식이 유희화되고, 그 위에 식사모임이 사교의 장으로서 이용되게 되었다.

1800년경에는 본선요리, 정진요리, 회석요리, 중국요리, 남만요리 등이 상호 융합하여 소화·흡수되는 시대로서 일본의 독특한 요리문화가 완성되었다. 많은 국가가 그러하듯 요리의 발전 과정은 그 나라의 종교와 깊은 관계를 지니고 있다. 일본 요리의 발전과정은 신과 불교의 공물과 관련이 깊다고 할 수 있다. 또, 일본 요리는 전국시대에 많은 유파가 생겨나 서로 경쟁해 가며 기술이 발전함에 따라 일본 요리가 이론적으로도 발전할 수 있는 계기가 되었다.

일본요리의 큰 흐름을 총괄해 보면 귀족, 무가 지배의 봉건사회에서 여는 향응의 접대연회는 상층계급이 하층계급에게 '밥상을 받게 해주고', '위로해준다'라고 하는 형식이었고, 엄격한 식사작법이 요구되었다. 그것이 메이지 초기에서 현대에 이르기까지 변화해 오면서 형식에 구애받지 않고 안락한 분위기에서 즐기는 식미본위의 주연을 중심으로 한 향응의 회석요리가 주류를 이루어 왔다.

현재 이 회석요리는 결혼피로연, 희수, 미수 등의 축하연과 일반 연회 등 모든 초청 연회에 사용되고 있다. 뿐만 아니라 회석요리는 때로는 본선형식을 도입하기도 하고 차회석의 흐름을 추가하기도 하면서 제각기 응용할 수 있게끔 되었다.

 2. 일본 음식의 특색

(1) 계절에 민감하다.

사계절의 뚜렷한 변화는 식생활에 그대로 반영된다. 계절의 맛을 살리고, 계절의 재료를 사용한 음식을 최고의 요리로 치는 것이 일본 요리이다. 요리를 만들 때나 손님 접대를 하는 데도 우선 제철의 재료를 잘 살릴 궁리를 하며, 생선이나 야채는 싱싱한 것을 고른다.

(2) 재료의 신선하고 담백한 맛을 최대로 살린다.

전체적으로 많은 양념보다는 자연 그대로의 형태를 보존하는 조리 문화를 가지고 있다. 신선한 어패류가 풍부해 고기류보다는 생선류의 이용이 더 많은 편이며, 날로 먹는 사시미(생선회)를 비롯하여 튀김의 재료도 선도(鮮度)를 대단히 중요시한다. 옛날 사람들은 맏(先)물을 매우 중하게 여겨 '맏물 것을 먹으면 75일을 더 산다'고 하였다.

(3) 다양한 식기에 공간미를 살려서 담는다.

일본 식기는 재질도 다양하고 형태도 다양해 음식을 연출하는데 있어 장점을 갖고 있다. 사기 그릇, 도기 그릇, 죽제품, 나무 제품, 철 냄비 등의 다양한 재질과 형태의 식기를 통해 다양한 분위기를 연출할 수 있다. 담을 때도 공간의 미를 충분히 고려한다. 무조건 많이 담는 게 아니라 색과 모양을 보기 좋게 다소곳이 담는 것이 일본 요리의 특징이다. 칼질에서 양념, 요리의 모둠, 그릇과 그릇의 조화 등에 높은 예술성을 추구하는 점은 그들 나름의 풍류 속에서 자라난 것이라고 할 수 있다.

 ## 3. 일본음식의 지역적 특색

(1) 관서요리(関西料理)

가미가타(上方;かみがた)요리라고도 하며, 에도시대에 들어와서 발달된 에도(江戸)요리와 비교하면 그 역사는 길다. 주로 교토, 오사카의 요리를 가리키나 교토요리와 오사카요리와는 조금 다른 점이 있다. 교토는 바다로부터 멀리 떨어져 있으나 물이 좋은 관계로 야채와 건어물을 사용한 요리가 발달했다. 바다가 가깝고 어패류를 많이 접할 수 있는 오사카에서는 생선요리가 발달했으나 간은 그리 강하지 않다. 소재의 맛(味)을 최대한으로 살리는 연한 맛이 특징이며 색, 형태도 그대로 살리며 어느 정도의 국물(汁)이 많은 것이 특징이라고 할 수 있다.

(2) 관동요리(関東料理)

에도요리라고도 하며, 에도마에, 동경만과 우전천등에서 잡은 어패류를 사용한 생선초밥(握りすし), 덴뿌라(天ぷら), 민물장어(うなぎ)와 메밀국수(そば) 등이 대표적인 요리이다. 관서요리와 비교하면 맛이 농후한 것이 특징으로 되어 있으나, 조미료는 관서의 연한 간장에 대하여 진한 간장이 사용되어 왔다. 이렇게 맛이 틀리는 것은 수질의 차이, 동경만에서 잡힌 생선과 관서지방 주변에서 잡힌 생선의 차이와, 토질에 따른 야채류의 차이가 요리의 지역분할

의 일역을 하지 않았나 본다. 결론적으로 관서요리의 맛은 연하면서 국물이 많고 재료의 색과 형태를 살릴 수 있는 반면, 관동요리는 간이 세므로 국물이 적을 수밖에 없다. 그러나 최근에는 교통수단의 발달과 요리기술의 교류로 지역적 특징은 거의 없어지고 있다고 하여도 좋다.

4. 일본 음식의 종류

(1) 정진요리(쇼진료리 ; 精進料理)

이 요리의 시초는 사찰음식이다. 야채, 해초, 건물가공 등의 식물성 식품을 재료로 한 요리로 어패류 등과 같이 비린내가 나는 재료를 피해야 하는 불교사상에서 온 것으로 가마쿠라시대의 불교의 융성과 더불어 일반시민에게까지 널리 퍼졌다. 정진(精進)이라는 것은 불교어로 쇼우곤이라 해석되어 지는데 불도를 닦는 데 있어서 잡념을 버리고 一心(일심)으로 정신수양을 한다는 뜻에 있다고 한다. 미식을 멀리하고 엄격한 법을 지키며 동물성을 피하고 채식을 주재료로 이용한다. 즉, 어패류를 사용하지 않은 요리를 정진요리라고 부르게 되었으며, 법회나 그 이외의 불교행사에 이용되었다. 정진요리는 중국으로부터 전해진 것으로 다량의 기름과 전분을 많이 사용하는 것이 특징이다.

(2) 보차요리(후짜료리 ; 普茶料理)

보차요리(普茶料理)라고 하는 것은 에도시대에 도래한 중국식 정진요리(精進料理)이다. 중국의 사찰음식(정진요리)의 일종이며, 황벽산 만복사로부터 전래되었다 한다. 그래서 식탁의 예의도 중국요리처럼 원형탁자를 사용하여 4명이 하나의 탁자에서 한 그릇의 요리를 나누어 덜어 먹는다. 보차요리는 불교정신으로부터 생물의 요리를 사용하지 않는 것이 원칙이나 영양 면을 고려하여 두부, 깨, 식물성기름을 많이 사용한다. 야채와 건어물을 조리하며 자연의 색과 형을 아름답게 꾸미며 선종(禪宗)의 간단한 조리법을 도입한 것이 특징이다. 이것이 나가사키(長崎)에 전해져 독자의 발전을 이룩한 일본화된 중국식 요리를 싯뽀쿠(卓袱)요리*라 한다.

> * 싯뽀쿠 요리 - 나가사키의 향토요리. 일식, 양식, 중식 요리가 혼합된 것으로 和華蘭料理(わからんりょうり)라고도 한다.

(3) 본선요리(혼젠료리 ; 本膳料理)

주로 무사의 집안을 통하여 전래되어 왔으나 메이지시대에 들어오면서 민간에게도 보급되기 시작하여 지금까지 관혼상제 등의 의식요리에 이용되고 있다. 그리고 손님 접대 요리로 전해지는 정식 일본 요리로 현대 일본요리의 원류라 할 수 있다. 형식은 한 사람의 손님에게 요리를 상에 올려서 제공하고 맑은 국, 야채의 수에 의해 상의 수도 증가한다. 어느 상에는 무엇을 놓고, 동종동미(同種同味)의 요리는 내지 않는 등 여러 가지의 규칙이 있다. 그 복잡한 것으로부터 현재에는 어지간히 의례적인 것이 아니고는 거의가 볼 수 없다.

일반적으로 일즙삼채(一汁三菜), 이즙칠채(二汁七菜)가 가장 많이 사용되며, 보통 일본김치는 제외되었으나 이것을 합칠 때는 도모산사이(共三菜), 도모고사이(共五菜)라고 한다. 요리는 첫 번째 상(本膳), 두 번째 상(二の膳), 세 번째 상(三の膳), 네 번째 상(四の膳), 다섯 번째 상(五の膳)까지 차려 지기도 한다. 본선요리는 젠(膳)을 내는 방법, 먹는 방법에 형식이 있으며, 그의 예절과 방법을 매우 중요시한다. 그 후 어려운 예절과 방식에서 변형된 새로운 스타일의 가이세키요리(懷石料理)가 개발되게 되었다.

(4) 회석요리(가이세키료리 ; 懷石料理)

다석(茶席)에서 먹는 요리로, 당시 차를 마시는 것은 보약 장수한다 하여 아주 귀하게 여겨 약석(藥石)이라고 하였다고 한다. 유혹을 물리치고 정신을 통일하여 진리를 터득할 때, 즉 겨울에 좌선을 할 때 수행자가 추위와 공복을 참고 견디기 위하여 따뜻하게 한 돌을 회중(懷中)에 품어 고통을 가볍게 하였는데 이 돌을 가이세키라고 한다.

선종의 절에서는 야식의 은어(隱語)로서도 사용되었는데 다도의 식사에도 이용되어 차 그 본래의 맛을 맛보기 위한 가벼운 식사를 가이세키(懷石)라고 부르게 되었다. 사치스럽거나 화려한 식사는 아니지만 차의 맛을 충분히 볼 수 있도록 차를 마시기 전에 공복감을 겨우 면할 정도로 배를 다스린다는 의미를 갖고 있으며, 차와 같이 대접하는 식사라 할 수 있다.

(5) 회석요리(가이세키료리 ; 会席料理)

이 요리는 연회요리로 에도시대부터 이용되어 왔으며, 본선요리를 약식으로 개선하여 만든 주연요리의 주류를 이루고 있다. 회석(가이세키)이란 모임의 좌석, 회합의 좌석이라는 의미로서, 에도시대에 연회의 좌석에서 식사를 즐긴 것에서 시작되었다. 그 이전에 발달한 본선(혼젠)요리나 가이세키를 기본으로 하여 정진요리나 중국 남반요리 등 각양각색의 요리나 재료를 받아들여 일반화한 요리이다. 형식보다는 식미본위(食味本位) 즉, 보아서 아름답고 냄새를 맡아서 향기롭고 먹어서 맛있는 것을 전제로 하며, 회석요리에는 일즙삼채, 일즙오채, 이즙오채 등으로 이루어진다.

회석요리를 대접할 때에는 손님의 취향과 구미에 맞추어 계절감 있게 메뉴를 구성하여야 한다. 특별한 경우를 제외하고는 동일재료를 중복하여 사용하지 않으며, 같은 맛을 될 수 있는 대로 피하는 것이 이 요리의 예의라 할 수 있다.

❋ 5. 일본의 대표적 음식

보통 일식당에 가면 원하는 일품요리만을 주문해 먹지만 고급식당에서 정식으로 일식을 먹을 때는 「회석요리」라고 해서 양식처럼 코스 요리로 나온다. 코스요리의 순서는 '전채요리 → 맑은 국 → 생선회 → 구이요리 → 조림요리 → 밥 또는 면류 → 후식' 순이며 한 요리를 먹고 치운 다음에 다른 요리가 나온다. 평소에 간단히 먹을 때는 '생선회 → 구이나 튀김, 또는 조림요리 중 하나'의 순으로 시키면 된다.

전채요리는 보통 야채·고기·생선요리가 한 종류씩 세 가지가 나온다. 전채요리에는 「사키즈케」라고 불리는 안주를 겸한 소량의 음식이 딸려 나온다.

전채요리 다음에는 맑은 국이 나와 혀에 남은 전채요리의 강한 맛을 헹궈낸다. 다음에 나오는 생선회와 구이요리 조림요리까지가 주요리에 들어간다. 조림요리까지 먹고 나면 양이 적은 3~5가지 안주류의 음식과 튀김 등 식당 주인이나 주방장이 손님에게 내놓는 간단한 요리가 나오기도 한다.

마지막에는 「식사」라고 해서 밥이나 면류를 먹는데 여기에는 양이 적은 국이 곁들여진다.

▶ 사시미(생선회)

사시미는 우리말로 표현하면 '생선회'라고 하는데, 일본의 관서 지방에서는 츠쿠리라 하고 관동 지방에서는 사시미라고 한다. 일본의 대표적 요리라고 할 수 있는데 이 요리가 특히 재료 자체를 산채로 먹고 신선한 것을 먹는다는 점은 일본 요리의 특색이라고 할 수 있다. 일본은 사면이 바다로 둘러싸인 섬나라이기에 각종 해산물이 풍성하다. 그런데 특별한 양념을 넣는 음식도 아닌 사시미의 맛 차이는 어디서 생기는가? 얼마나 맛있는 사시미를 만드느냐는 생선을 어떻게 자르느냐에 달려 있는데 즉, 얼마나 회를 잘 치느냐가 가장 중요한 문제이다.

일본은 유독 요리용 칼이 발달했는데 이것은 사시미 음식문화와 깊은 관계가 있는 것으로 판단된다. 일본의 전문 요리사라면 보통 식칼과 생선을 다루는 데 사용하는 사시미 전용 칼을 철저히 구분하는 것은 기본이다. 단순히 구분하는 데 그치지 않고 다양한 종류의 칼들을 구비하여 그 용도에 따라 그때그때마다 달리 사용한다. 예컨대 복어 회 전용 칼, 장어의 뼈만 자르는 칼, 뱀장어의 배를 가르는 데 사용하는 칼 등 매우 다양한 생선 요리용 칼이 있다. 지금은 많이 사라진 모습이지만 얼마 전까지만 해도 일반 가정의 부엌에도 적어도 3개의 칼은 갖춰져 있었다 한다.

우리는 회를 초고추장에 찍어 먹는 걸 좋아하며 여기다 마늘이나 고추와 같은 자극성이 강한 양념을 몇 점 더해 상추와 깻잎 등에 싸먹는 게 일반적이다. 하지만 일본 사람이 회를 먹는 상에서는 초고추장이나 마늘, 고추, 상추 같은 것은 전혀 찾아볼 수 없다. 일본 사람들은 재료 자체의 본 맛을 살려 먹는 걸 좋아하여 값비싼 사시미의 경우에는 특히 생선 본래의 맛을 더욱 원한다. 그러니 생선의 맛을 돋궈주는 간장과 와사비(고추냉이) 정도만을 살짝 묻혀 먹는 게 일반적이다. 그리고는 곁들여 나온 저민 생강을 한두 점 집어먹는다. 이것은 입가심용이라고 할 수 있는데, 특히 다른 종류의 회를 먹을 때 앞서 맛본 생선의 맛과 섞이지 않도록 하기 위해서 일종의 입안 청소를 하는 것이다.

▶ 스시(생선초밥)

　　우리가 생선초밥이라고 부르는 '스시'는 주로 날 생선을 이용한 음식으로 일본 사람이면 누구나 좋아한다. 우리는 초밥 하면 흔히 김초밥이나 유부초밥을 먼저 떠올리지만 사시미의 나라 일본에서는 생선초밥이 초밥의 대명사격이다. 일본 회전 초밥 집에서 나오는 스시의 종류는 매우 다양하다. 게다가 그 질과 맛이 아주 뛰어나며 우리나라에서는 최고급 일식집에서나 볼 수 있는 싱싱한 복어, 섬게 알, 연어 알이 올라간 스시와 '도로'라고 불리는 참치의 가장 맛좋은 부위로 만든 스시는 정말 맛있다. 회를 좋아하는 사람이라면 아마 혀가 놀랄 정도의 짜릿한 경험을 하게 될 것이다.

▶ 시루모노(국물요리)

　시루모노는 국물류를 말하는데 냄비요리인 나베요리와는 구별된다. 멸치, 다시마, 가쓰오부시(가다랭이포)와 대합, 도미 등을 이용하여 시원하고 맛있는 국물을 고아내어 사용한다.

▶ 스이모노(맑은국)

　맑은 국물요리에 있어 세심한 맛이 요구되므로 팔팔 끓이지 않고 은근히 끓여 채나 행주에 걸러내어 사용한다. 여기에 곁들이는 야채류는 푸른색과 조화를 이룰 수 있게 해야 하며 생강즙, 유자, 산초 잎도 준비해야 한다. 주재료는 따로 손질하여 국보다 진하지 않은 밑간을 하며 국물의 맛은 싱거운 편인데 싱거워서 맛을 못 느낄 정도가 되어야 한다.

▶ 미소시루(된장국)

　일본 된장은 지역이나 상표에 따라 여러 종류가 있는데 크게 적(赤)된

장과 백(白)된장으로 나뉜다. 국물 속에 넣는 재료로는 미역,
두부, 대파가 들어가며 계절에 따라 바지락, 버섯 등이 첨가
된다.

미소시루

▶ 아에모노(무침요리)

무침요리에는 여러 종류가 있으나 준비하는 방법에 있어
우리나라 무침과는 다르다. 일식 무침의 경우 재료를 따로따
로 준비 후 요리를 내기 직전에 필요 양을 같이 섞어 무치는
데 꼭 필요한 때에 바로 무쳐야 한다.

▶ 한천을 이용한 요리

젤라틴이나 한천을 이용해 응고한 여름 요리도 있고 복어
나 아귀 껍질을 응고한 겨울 요리도 있다. 일식에서는 응고
시킨 요리의 재료도 다양해 새우, 닭간, 쇠고기, 달걀, 버섯
등으로 100종류 이상의 요리도 응용한다.

아에모노

▶ 니모노(조림요리)

조림요리는 '니모노'라고 하는데 책임자가 따로 있을 정도
로 최고의 기술을 요한다. 맛을 내는 방식에 따라 관동식과
관서식이 있고 세부적으로는 지역에 따라 조리법에 차이가
있다. 간장으로 조린 아라다끼, 하얀 조림 시라니, 된장 조림
미소니, 초 조림 스니 등으로 30여 가지의 조림 방식이 있다.

니모노

▶ 야키모노(구운요리)

구운 요리는 직접 구이와 간접구이로 나뉜다. 일반적으로 조금 덜 익
힌 듯 하면서 굽는 것이 구이를 할 때 최고의 기술이다. 구이는 일본 정

야키모노

아게모노

무시모노

스노모노

찬 요리에서 중간 코스로 내놓는 요리로 무침과 마찬가지로 시간을 염두하고 내놓는 요리이다. 소금을 뿌리는 시오야끼나 된장을 바르는 미소야끼가 대표적이고 여름철의 별식인 장어구이의 데리야끼도 빼놓을 수 없다.

▶ 아게모노(튀김요리)

일본 튀김요리의 역사는 깊다. **남반 요리**(무로마찌 말기부터 서양문물의 도입으로 남반인, 즉 서양인인 네델란드인이나 포르투갈인을 일컬으며 이들의 출현과 함께 도입되기 시작한 파나 야채를 기름을 섞어 튀기거나 조린 요리)와 함께 발달했으며 특히 얼음을 섞어서 튀김옷을 입혀서 꽃을 피우는 튀김 요리법은 원 재료의 맛을 살릴 수 있는 대표적인 요리법으로 다른 각국의 기름을 이용한 튀김 요리법과는 차이가 있다.

▶ 무시모노(찜요리)

계란이나 팥, 두부 등 다양한 재료를 이용하며 재료가 지닌 맛과 향기를 그대로 유지할 수 있는 이 방법은 조리하여 찜 하는 경우와 찜을 조리의 한 과정으로 하는 경우가 있으며 이 역시 대표적인 일본의 요리법이다. 부드러운 재료인 달걀, 새우, 도미, 대합, 연어 등을 이용한 찜 요리는 우리에게도 친숙한 요리이다. 내부에 가지고 있는 재료 맛을 살린 부드러운 맛은 노인에게나 어린이에게도 좋다.

▶ 스노모노(초회)

초회는 일식요리 중 건강에도 유익한 요리이다. 정찬 요리에도 필요한 요리로 고등어, 전어, 전갱이, 해조류, 야채류 등을 혼합할 수 있어 영양상 아주 좋은 조리법이다.

▶ 츠께모노(절임요리)

츠께모노는 입안을 개운하게 해 일본차의 맛을 더욱 느끼게 하는데 필요한 것으로 노란무(다쿠앙)가 대표적이나 계절에 따라 배추, 오이 등을 사용한다.

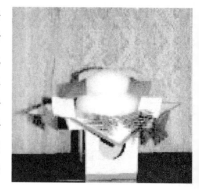

▶ 가가미 모치(찹쌀떡)

일본에서도 새해를 맞는 가장 중요한 집안 행사 중의 하나는 찹쌀로 빚는 '모찌 만들기'였다. 우리가 아는 '모치'는 안에 단 팥이 들어있고 겉에 허연 가루가 묻혀져 있는 찹쌀떡이지만, 원래 모치는 일본어로 떡을 총칭하는 말이다. 새해에 먹는 모치는 찹쌀가루를 쪄서 둥글둥글하게 마치 우리나라의 찐빵과 비슷한 모양으로 만든다. 설날에 쓰는 모치를 '가가미 모치'라고 한다. 우리말로 직역하면 '거울 떡'이다. 떡 모양이 마치 옛날의 구리처럼 둥글다고 붙여진 이름이다. 일체감을 느낀다는 뜻이 담겨 있다.

▶ 소바(메밀국수)

새해 전날 밤 일본 사람들은 밤참으로 '소바'라고 하는 메밀국수를 먹는다. 이것에는 새해에도 건강하고 무병장수를 기원하는 의미가 담겨 있다. 가족들이 '고다츠'(덮개를 씌운 테이블 모양의 전기난로) 주위에 둘러앉아 제야의 종소리를 들으며 먹는 메밀국수는 별미 중의 별미로 아주 인기 있는 음식이다. 계란과 고구마 전분을 첨가한 메밀가루로 만든 가늘고 긴 갈색을 띤 국수로 국물을 뜨겁게 해서 먹거나, 차갑고 순한 간장 국물에 조금씩 찍어서 찬 음식으로 먹는다. 잘게 썬 소바 파와 다른 양념을 조미료로 사용한다.

▶ 우메보시(梅干し)

우리나라에 김치가 있다면 일본에는 우메보시, 즉 매실장아찌가 있다. 매실을 소금에 절인 다음 차조기잎을 넣어 만든 매실장아찌를 본 사람들은 우리가 김치를 먹듯이 거의 매일 즐겨 먹는다. 그 맛은 새콤달콤하여 주먹밥 속에 넣어 먹기도 하고 죽에 넣어서 먹기도 한다. 일본사람들은 초밥을 쌀 때도 도시락 속에 매실장아찌를 꼭 넣는다. 매실장아찌를 함께 넣으면 초밥이 쉽게 상하지 않고 초밥과 함께 먹는 매실장아찌가 식중독을 예방해주기 때문이다. 그리고 도시락의 흰 밥 위에 우메보시를 얹어 놓은 것을 쉽게 볼 수 있는데 그 모양이 일본의 국기와 비슷하다고 하여 히노마루벤토(日の丸弁当)라고 한다.

▶ 낫토(納豆)

메주콩을 발효시켜 끈적끈적한 끈기가 있는 식품으로 한국의 청국장과 같은 냄새가 나서 일본인들 사이에서도 그 선호도는 달라지는데 관동 지방 사람들은 매일 같이 먹는 경우가 많지만 관서 및 규슈 지방 사람들은 먹지 못하는 사람도 매우 많다.

오늘날 콩이 건강식품으로 각광을 받으면서 한국에서도 판매하게 되었다. 일본에서는 먹기 쉽게 스티로폼 용기에 포장하여 판매한다. 조리법은 포장을 뜯어 그릇에 옮긴 후 파를 잘게 썰어 넣고 작은 봉지에 담긴 간장과 겨자를 넣어 섞는다. 끈적끈적하게 풀어지면 뜨거운 밥 위에 옮겨 먹는다. 거기에 날달걀을 풀어먹기도 한다.

 6. 일본음식의 식사예절

○ 젠(膳)이라고 불리는 일본식 상차림에서 음식을 먹을 때는 젓가락만으로 먹는다.

○ 식사 전에는 반드시 '이타다키마스(잘 먹겠습니다)'라는 인사를 하고 젓가락을 든다. 젓가락만을 사용하는 것이 우리와 다른 점이다.

○ 국물류는 렌게(れんげ, 일본식 숟가락)를 사용한다. 젓가락으로 먹기 불편한 닭고기, 게 등은 손으로 먹어도 된다.

○ 식사를 할 때에는 바른 자세를 취하도록 하며 지나치게 소리를 내지 않도록 유의한다.

○ 일행과 보조를 맞추면서 음식에 대한 이야기를 나누며 한 가지 한 가지를 음미하는 자세로 식사한다.

○ 일본인은 음식을 함께 먹는 습관이 없는데, 여러 사람이 같이 먹을 때는 '도리자라(取り皿)'라는 개인 접시에 음식을 덜어 놓고 먹는다.

○ 주빈이 젓가락을 대는 것을 보고 나서 젓가락을 들도록 한다.

○ 젓가락은 오른손으로 위로부터 잡고 왼손을 곁들여 오른손으로 고쳐 잡는다.
   음식을 먹을 때 젓가락 위쪽까지 더럽히지 않고 젓가락 끝만을 사용하는 것이 예절에 맞는 사용법이다.

○ 여러 사람이 먹을 수 있게 담은 요리는 작은 접시에 음식을 덜어다 먹는다.

○ 밥, 국, 반찬 순으로 뚜껑을 열고 뚜껑은 상의 왼편에 놓는다.

○ 전채 요리를 먹은 후에 밥을 먹는다.

○ 밥은 양손으로 밥공기를 들어 왼손에 놓고 오른손으로 먹는다. 국그릇도 같은 방법으로 드는데 국물을 마시고 젓가락으로 건더기를 먹는다.

○ 일본음식은 섞지 말고 먹는 것이 예의이다. 일본요리는 그 모양을 중시하여 섞지 않고 먹는 것이 습관인데 덮밥이나 카레라이스 같은 것도 섞지 않고 따로 먹는 것이 보통이다. 그래서 한국의 비빔밥을 처음 먹

는 일본인이 비빔밥을 비비지 않고 밥 따로 반찬 따로 먹는 것을 자주 보게 된다.

○ 상을 물린 후에는 후식으로 과일이나 생과자를 먹고 차를 마신다.

○ 차는 두 손으로 찻잔을 들고 왼손으로 찻잔을 받친 다음 오른손으로 찻잔을 잡고 소리 없이 마신 후 뚜껑을 덮는다.

7. 일본의 술 문화

일본의 술집에서 큰소리를 내거나 술에 취해 주정하는 사람은 별로 없다. 남에게 피해 주는 것을 무엇보다 꺼려하는 문화 속에서 형성된 술집 풍속도 다. 이런 모습은 술값을 치를 때도 그대로 나타난다. '와리깡'이라고 해서 일행이 똑같이 나눠 내거나 자기가 시켜서 먹고 마신 것에 대한 값만 내는 것이 보통이다. 언뜻 야박하게도 보이지만 역시 남에게 신세지기를 삼가고 분수를 지키려는 일본인들의 합리성이 엿보인다. 주머니 사정에도 건강에도 큰 부담을 주지 않는 것이 일본의 음주문화다.

(1) 일본인의 술 문화

일본에선 술을 한 손으로 따르는 것이 일반적이며 한 손으로 술을 받는 것도 실례가 아니다. 그리고 상대방의 잔에 술이 조금 남아있다 싶으면 계속 따라 주도록 한다. 우리나라에서는 잔을 모두 비우고 상대에게 술을 받는 게 예의지만 일본에서는 상대의 잔을 계속 채워 주는 게 예의인 것이다. 대개의 우리나라 여성들이 성차별이라면서 남자에게 술을 따르는 것을 꺼려하지만 일본에서는 여자가 술을 따르는 게 예의이다. 한편 하나의 잔을 가지고 돌려 마시는 일도 없다. 그리고 술은 억지로 권하지 않는 게 좋다.

또한 우리는 밥을 먼저 먹은 후에 술을 마시는 게 일반적이지만 일본 사람들은 우리와는 반대로 술을 먼저 먹는 게 보통이다. 가정에 초대 받아 갔을 때 우리 나라에서는 식사가 끝난 후 술자리가 벌어지지만, 일본에서는 술과 그에 맞는 요리가 먼저 나온다.

그리고 술자리의 맨 처음 시작을 맥주 한 잔으로 하는 사람들이 많다. 마른 목을 차가운 맥주로 적셔줘야 다른 음식이 잘 넘어 간다고들 얘기한다. 첫 잔은 대개 맥주로 건배를 한 다음 자신이 먹고 싶은 술로 바꾸는 식이다.

(2) 일본의 술 종류

* 지자케(地酒)

일본의 술은 지방마다 다양한데 한국에서는 흔히 정종이라고 하여 한다. 각 지방마다 그 지방 고유의 술이 있는데, 이를 지자케(地酒)라 하고, 지자케의 종류는 다양하며 각각의 특색을 갖고 있다.

* 히야와 아쯔깡

일본 술은 차게 해서 마시는 것이 히야(冷や), 데워서 마시는 것을 아쯔깡(あつかん)이라 한다. 보통 여름에는 히야, 추운 겨울에는 아쯔깡으로 해서 마시고, 히야는 컵으로 마시지만, 아쯔깡일 경우에는 정종잔으로 마신다.

지자케

* 일본의 맥주

일본인은 맥주를 즐겨 마신다. 직장에서 퇴근 후에 한잔하는 맥주의 시원한 맛은 세계 어느 곳에서든지 사랑을 받지만, 일본의 맥주는 그 맛이 진하고 부드럽다. 다른나라 맥주보다 1도정도 높다고 알고 있는 일본의 맥주는 그 숙성도와 맛이 진하고 거품이 부드러운 것이 특징인데, 아사히(朝日)맥주에 이어서 삿뽀로(札幌)맥주도 계절별로 맥주의 로고 디자인을 새롭게 바꿔서 맥주를 마시면서 계절을 느낄 수 있는 재미를 더해주는 아이디어를 선보이고 있다.

* 소주에는 사와를 마신다.

소주는 일본어로 쇼쮸(燒酎)라 한다. 한국처럼 스트레이트로 마시는 경우는 거의 없고, 사와라고 하는 탄산음료를 섞어 마신다. 사와에는 레몬, 매실 등의 종류가 있고 우롱차를 섞어 마시는 경우도 있다.

* 위스키를 마실 때에는 미즈와리(水割り)

일본의 위스키 값은 한국보다 싸므로 위스키 애호가가 많다. 미즈와리(水割り)라고 하여 물과 얼음을 섞어 마신다. 한국처럼 스트레이트로 쭉 들이켜 마시는 예는 거의 없다. 주로 병째 주문해 두었다가 남은 것은 일정 기한까지 보관해 주는데, 자기 이름을 병에 적어뒀다가 다음에 갔을 때에 또 마실 수 있다.

(3) 일본의 술안주

일본에서는 술을 마시기 전에 식사를 부탁하지 않고 술을 다 마신 후에 식사를 하는 것이 보통이다. 이때 술안주를 사케노사카나(酒のさかな)라고 하는데, 술맛을 내주는 요리란 뜻이다.

* 츠키다시(付だし)/ 오토오시(おとおし)

술을 주문하면 츠키다시/ 오토오시라고 불리는 간단한 술안주를 갖다 준다. 이것은 그릇도 조그만데다 양도 적어 한입에 먹어 버릴 정도인데, 주문한 요리가 나올 때까지 손님의 입을 심심치 않게 한다. 처음에 술을 주문했을 때만 나오는데 계산할 때 기본요금(300백~500엔 정도)에 포함되는 것이다.

(4) 술 문화의 에티켓

* 한손으로 술을 따른다.

  한국과 달리 술을 권할 때에는 한손으로 따른다. 또한 한손으로 받아도 실례가 되지 않는다. 특히 남자일 경우, 오른 손으로 컵을 들고 그냥 받는 사람이 많다.

* 술이 조금 남아 있을 때에도 첨잔하는 것이 한국과 다르다.

  첨잔하는 것이 한국에서는 금기이지만, 일본에서는 미덕이다.

* 남녀가 함께 마실 때

  한국과 달리 여자 쪽에서 상대방 남자에게(비록 연인도 아니고 남편도 아닌 경우라 할지라도) 술을 따라주는 것을 당연하게 여긴다. 여자가 남자 쪽의 술잔을 앞에 두고 아무것도 하지 않으면 둔하고 무신경한 여자로 오해받기 쉽다.

* 잔을 돌리지 않는다.

  상대방이 술을 따라 주면 자기도 곧 상대에게 따라주면 된다.

* 술을 억지로 권하지 않는다.

  상대방이 잔을 손으로 가려 덮거나 술잔이 가득한 상태로 그냥 두고 있을 때에는 더 이상 못 마신다는 의사표시가 된다.

* 술값은 똑같이 나눈다.

  일본인들은 여럿이 술을 마시고 난 후 똑같이 계산을 한다. 기본적으로 참석한 사람의 수대로 나누어서 계산한다. 예를 들어 10인이 마셔서 3만 엔이 나오면 적게 마시거나 많이 마시거나 상관없이 각각 3천 엔씩 나누어 내는 방식이다.

8. 우리 식생활에 있어서 일본음식

중국 음식점과 더불어 일본 음식점은 우리의 일상생활에도 밀접한 관계를 맺고 있다. 일반 음식점으로서 뿐만 아니라 우동, 라면, 다쿠앙, 우동, 벤토, 와리바시, 소바 등의 일본 단어들이 우리 식생활에 자리 잡은 일본 음식문화의 한 단면을 보여준다. 정갈하고 신선한 맛이 특징인 일본음식은 개운한 맛을 좋아하는 우리나라 사람들의 입맛과도 맞아 기성세대 외식문화의 한 부분으로 자리 잡고 있다. 중국음식만큼 저렴하진 않지만 우리의 입맛을 계속 붙잡아 온 일본음식, 즉 일식은 생라면, 오꼬노미야끼 등의 외식시장 진출로 이제 신세대들의 기호에도 적극적으로 어필하고 있다. 그러나 우동이나 초밥 정도로 인식되어온 일식을 정통적인 관점에서 들여다보면 일식에 대한 새로운 세계를 접할 수 있어 일본 식문화는 물론 그들의 문화나 기호를 실제적으로 인식할 수 있다.

전통적인 일식 이외에도 도시락, 초밥, 냄비요리, 튀김, 스키야키, 샤부샤부, 면류(우동, 소바), 데판야키(철판구이) 등의 일본의 음식문화가 이미 우리의 식생활의 일부분이 되었다. 사시미, 초밥, 우동, 메밀국수 등은 특히 우리의 식생활에도 친숙하고 선호하는 이들이 많다. 형태나 맛에 있어 일본 음식의 특징을 대변하고 있다고 해도 과언이 아닌 이들 메뉴는 동양권은 물론 서양에 이르기까지 폭 넓은 인기를 끌고 있다. 우리나라의 경우 초밥, 우동, 메밀국수, 덮밥, 생라면을 판매하고 업소가 체인화된 형태로 성업할 정도로 한국인들의 외식 문화에 큰 영향을 끼치고 있다. 더구나 최근에는 샤브샤브 요리가 일종의 유행처럼 번져 웬만한 식당에서 샤브샤브를 맛볼 수 있게 되었다. 이러한 변화는 깨끗하고 담백한 맛을 선호하는 현대 한국인들의 기호를 반영하고 있어 앞으로도 일식은 우리의 외식문화에 있어 큰 부분을 차지하게 될지도 모른다.

4. 일본의 전통의상 기모노

　서양의 각 나라에서는 드레스 같은 서구식 의상을 입는 국가들로써 전통식의 복장은 드문 반면에 동양에서는 각 나라마다 그 민족을 대표하는 색상과 모양의 의상이 한 벌씩 또는 세트로 구비되어 있다. 한국의 '한복'(韓服)이라던가 일본의 '기모노'(着物), 중국의 '치파오'(旗袍) 등이 그 예로써 각 나라를 알리는 문화 대변인으로 세계 각종 행사에서 등장을 하고 있다. 이렇듯 한 나라의 의상은 그 속에 깃들어 있는 문화, 미적 예술, 조상의 영혼들을 바탕으로 서로의 문화를 배워나가는 계기를 알게 하는 척도가 되어 그 나라를 보다 쉽게 이해할 수 있도록 도와준다. 일본에서는 각종 명절이나 결혼식, 성년임을 축하하는 성년식 같은 공식적인 행사와 통과의례에만 전통의상을 입는 것이 아니라 국민의 축제인 날 또한 전통의상을 즐기며 보다 쉽게 국민들이 의상과 축제를 함께 즐길 수 있도록 하며, 그에 맞는 여러 종류의 의상과 문화를 가지고 있다. 여기선 일본의 전통의상인 기모노를 알아보면서 일본의 미와 그들의 정신적 사상을 알아보도록 하며 전통을 중시하며 발전시켜 나가는 노력을 배워 보자.

✿ 1. 기모노(着物)란 무엇인가.

- 일본 옷이라는 뜻의 **전통 복장**을 일컫는 총칭으로서 일본이 서구세계에 대해 문호를 개방하기 전 입어왔던 일본복장(和服)이다. 현재는 정장이나 의례복으로 사용되고 있는 것으로 최근에는 여성의 전통의상을 지칭하는 말로 변화되었다.
- 기모노는 목적에 따라 옷 종류, 모양, 색깔, 입는 법 등이 다르며, 기혼

여성과 미혼 여성, 정식 방문인지 가벼운 외출인지에 따라서도 옷 모양이 달라진다.

- 펼쳐 놓으면 **완전 직선형 평면**으로 구성되어 있다. 기본적으로는 원피스 형태며 그 위에 덧옷을 입는 구조라고 할 수 있다.

- 고름이나 단추 없이 옷을 입고 왼쪽 옷자락으로 오른쪽 옷자락을 덮어 허리에 **오비**(帶: 허리띠)를 둘러 묶으면 기모노 입기가 완성된다. 하지만 **오비를 제대로 차려 입기란 어려워서 많은 여성들이 바르게 입는 법을 배우거나 기모노를 입혀주는 가게로 찾아가 기모노를 입는다.** 또한 호주머니 대신 소매 끝을 호주머니처럼 사용할 수 있게 만들어져 있다.

- 기모노는 신체 조건에 관계없이 재단 방법이나 크기가 일정하다. 따라서 남성과 여성은 **기모노를 장만하게 되면 대대로 물려 입는다.** 주로 여자들에게서 행해지는 풍습이다.

- 기모노는 몸에 달라붙게 입기 때문에 행동이 조심스럽고 움직임이 자유스럽지 못한 특징이 있다. 기모노의 구조 때문에 바닥에 앉을 때에는 **무릎을 꿇고 앉을 수밖에 없으며, 치마폭이 좁기 때문에 걸을 때 보폭을 작게 하고 걸어야 한다.**

- 외출복, 예복, 상복, 작업복 등에 따라 무늬가 다르며 외출복이나 정장용 기모노는 비단으로 만들기 때문에 고가인 것이 많다. 싼 것은 2~30만 엔(약 2~3백만원)에서 비싼 것은 150만 엔(약 1,500만원 정도) 정도 나가는 것으로 졸업식 때나 행사 때는 빌려서 입는 경우가 적지 않다. 때문에 일본에는 기모노를 빌려 입는 가게들도 많이 있다.

- 새해나 졸업 시즌에는 노소를 불문한 많은 여성들이 아름답고 화려한 무늬의 기모노를 입으며 결혼식이나 공식적인 큰 행사 때 결혼한 남녀는 가문을 나타내는 검은색 기모노를 입는다.

- 기모노가 가진 우아함은 그 옷감이나 무늬, 염색의 아름다움에서 나오는 것도 있지만 그 이상으로 기모노를 입음으로써 풍겨지는 분위기에 의한 것이 더 많다.
- 기모노는 **땅을 향한 옷이다.** 옷의 밑 가장자리를 접어 넣어 무게를 줌으로서 옷의 선을 아래로 향하게 하는 것으로 옷의 모든 선이 직각에 가깝게 바닥을 향하고 있다. 이 모습은 입은 사람을 보다 꼿꼿이 선 느낌이 들게 하면서 지면(地面)과 옷을 직각으로 만나게 한다. 긴장감이나 단정한 느낌은 여기서 온다.

2. 기모노의 역사

일본인의 작은 체구를 가리기 위한 겹쳐 입기의 미학인 기모노는 한 장으로 된 사각형의 천을 몸에 감고 오비로 멋을 낸 2000년의 역사를 가진 일본 전통의상이다. 처음 중국의 파오(袍) 양식의 옷에서 유래한 기모노의 모습은 겨드랑이를 꿰맨 간단한 것이었지만, 염색 기술의 발달과 함께 형태와 색·무늬 등이 현재의 형태로 변하게 되었다. 또한 17~18세기 일본 디자이너의 연구 끝에 오늘날의 기모노의 화려한 장식적인 스타일이 자리매김 할 수 있게 되었으며 그 덕분에 기모노가 현재 세계에서 우아한 복장 중 하나로 평가받고 있다. 이제부터 그동안 변화해온 기모노의 연대별 변천사를 알아보도록 하자.

원시시대 · 야마토(大和) 시대(~561)

원시시대의 복장은 하니와(옛날 무덤 주위에 묻어둔 찰흙으로 만든 인형이나 동물)로 추측할 수 있는데 여성의 의상은 기누모(衣裳), 남성은 기누바카마(衣袴)라는 옷을 입었다. 웃옷의 왼쪽 여밈과 허리에 두른 띠가 특징이며 빈부 격차가 존재하지 않았기 때문에, 겨드랑이만을 봉합한 단순 소박한 옷을 몸에 두르고 있었다. 그러나 야마토시대에 들어가면서 지배자가 출현하고 계급 차이가 생기면서 지배·피지배자의 의상에도 차이가 생기기 시작했다.

■ 아스카(飛鳥)·나라(奈良) 시대(562~793) ■

쇼오토쿠 태자가 중국에 견당사를 파견함에 따라 많은 중국 문화와 기술이 일본에 소개되기 시작했다. 그로 인해 유교문화의 바탕인 불교가 전해지면서 당나라 풍의 복식과 염직이 사용되었고 부산물로서 염색 기술도 많이 소개되어 의복 색깔이 다양해지기 시작했다.

여성은 양 소매가 긴 단기누(短衣)에 모(裳 - 옛날에 귀족이 정장을 입을 때 하카마 위에 입던 옷)를 한 장 혹은 두 장 겹쳐 입었다. 그 위에 세시(背子)라는 조끼 같은 것을 입고 어깨에는 히레(귀부인이 정장을 입을 때 어깨에 드리운 길고 얇은 천)라는 스카프를 걸쳤다. 남성은 머리에 관을 쓰고 목 닫이의 아게구비(盤領)의 긴 쪽을 입었으며 허리에는 허리띠를 매고 속바지를 입었다. 이 시대의 예복으로는 오오소데라는 여러 겹으로 구성된 옷이 있으며 이 옷 속에는 고소데라는 작은 소매의 옷을 입었다.

■ 헤이안(平安) 시대(794~1191) ■

헤이안 문화는 일본 역사 가운데 가장 사치스럽고 세련된 문화이며 귀족사회는 명주, 서민사회는 마로 옷을 만들어 입었던 시대이다. 이 시대의 귀족은 무사에게 정치를 맡기고, 자신들은 옷이나 취미, 주거 등에 돈을 들이며 우아한 생활을 하고 있었다고 한다.

마찬가지로 의복도 귀족중심으로 발전하기 시작했다. 여자는 주니히토에(十

二単 - 옛날 여관들의 정장)**나 고우치기**(小うちぎ - 상류 계급 여성의 약식 예복)**같은 아주 화려한 옷을 입고 머리 모양은 앞머리를 좌우로 부풀려 정수리에 묶고 나머지는 길게 늘어뜨리는 모양을 주로 했으며, 남자는 사모관대를 연상시키는 소쿠타이**(束帯 - 천황 및 문무백관이 정무를 볼 때나 의식 때 입던 정장), **평복인 노우시**(直衣 - 천황 이하 귀족의 평상복) **및 가리기누**(狩衣 - 사냥을 할 때 입는 옷이라는 의미로, 본래는 민간의 의복이었으나 그 기능성 때문에 후에는 관인들의 의관으로 발전하게 된다. 귀족들의 평상복으로 에도 시대에는 무늬 있는 천으로 만들어 예복으로 입기도 함)**를 주로 입었다.**

소쿠타이

▌ 가마쿠라(鎌倉) 시대(1192~1335) ▌

헤이안 시대에 귀족들이 사치스러운 생활을 했기 때문에, 가마쿠라 막부의 재정은 어려워졌다. 이에 막부는 사치를 금하고 검소한 생활을 권장하는 방을 내렸다. 이에 따라 기모노는 호화롭고 현란한 것에서 검소한 생활, 활동적인 옷으로 바뀌었으며 이때 기모노에 그 집안의 문장(家紋)을 새기는 관습이 생겨났다.

▌ 무로마치(室町) 시대(1336~1573) ▌

무로마치 시대에는, 현재 일본 전통 문화의 중요한 요소들인 노(能), 다도(茶道) · 화도(華道) 등의 기초가 확립되었다. 이 시대의 정착 생활을 계기로 남녀 공용으로 착용하고 활동적이던 '하카마'를 버리고 장식 중심의 '기나가시'를 즐겨 입게 된 것이 원형이 되어 현재의 기모노의 기초가 이 시대에 만들어졌다. 재료로써는 네덜란드나 포르투갈 사람의 일본 방문을 계기로 사라사(更紗 - 인물, 조수, 화목, 또는 기하학적 무늬를 날염한 베, 무명, 비단 또는 무늬), 벨벳,

공단 등을 사용하게 되었다.

여성은 고소데가 겉옷이 되고 고소데바카마(小袖ばかま - 하의)나 고소데유마키(小袖湯卷 - 속치마)를 허리에 둘렀다. 남성은 무사의 경우 히타타레가 무사의 예복이 되고 옷자락을 길게 한 나가바카마(長袴)에 집안의 문장을 새겨 넣었다.

▌아즈치 모모야마(安土桃山) 시대(1574~1602) ▌

지금의 기모노 형태를 성립시킨 시대이며 처음으로 기모노에 무늬가 생긴다. 또한 그 이전까지의 전통을 깬 참신한 아이디어가 많이 나온 시기이다. 이 때 짧은 소매 형식의 의복이 완성되었는데 그것을 '고소데'라고 부른다.

히젠노쿠니(肥前の国), 나고야에 조선에서 꼰 끈의 기술인 구미히모(組み紐)가 전해져 나고야오비(名古屋おび - 양끝에 술을 붙인 둥근 실띠로 무로 마치 시대부터 에도 시대 초기까지 유행했으며 남녀가 다같이 사용하는 실띠)가 탄생했다. 그것을 허리에 여러 겹으로 돌려 묶었는데 기생이나 온천, 여관의 하녀들이 주로 입었다. 여성은 고소데와 오비, 남성은 무사의 경우 히타타레가 무사의 예복이 됐고 평복으로는 가미시모와 하카마가 한 빛깔로 염색되어 에도 시대에는 무사의 예복으로 사용됐다.

▌에도 시대(江戸)(1603~1867) ▌

정치가 안정되면서 서민들 생활도 안정을 찾게 된다. 이에 따라 가부키나 우키요에(풍속화) 등과 같은 서민 문화가 발달한다. 기모노는 옷깃을 없애고 넉넉하게 입는 세련된 스타일이 유행하게 된다. 쇄국을 하고 있었기 때문에 외래문화의 영향을 거의 받지 않으며 독자적인 문화를 발전시키고 있었다. 허리에 두르는 넓은 폭의 '오비'는 무로마치 말기에서 에도시대 초기까지는 폭 5cm 정도로 허리띠에 불과하던 것이 상인 계급의 지위가 향상되면서 에도 말기에는 40cm가 넘게 넓어지며 묶는 방법도 다양해지기 시작했다.

일반 서민 여성은 에리모토(襟元 - 옷깃언저리)나 에몬(衣紋 - 깃섶)을 느슨하게 해서 요염하게 입었다고 전해지며 남성은 무사의 예복으로 가미시모와 하오리(羽織)를 예복으로 입었다.

▌근대(1868~) ▌

에도 막부가 막을 내리자, 근대 메이지 정부는 공업 기술을 습득하기 위해서 외국에 많은 인재를 파견했다. 서구의 문물과 기술을 습득해 돌아 온 그들과 함께 다양한 서양 문화도 소개되었다. 기모노도 서구적인 색깔을 사용하거나 무늬를 넣은 것이 나타나기도 하고, 하카마(袴)에 아미아게부츠(編みあげブーツ: 끈으로 묶는 긴 장화)를 신는 이른바 '다이쇼(大正) 로맨스 스타일'과 같은 것도 등장했다. 이때부터 오비는 폭 30cm, 길이 약 4m인 지금과 같은 크기로 정착되었다.

메이지 시대의 정장으로 여성들은 검은 치리멘(縮緬 - 오글쪼글한 비단)이나 검은 하부타에(羽二重 - 견직물의 일종으로 얇고 부드러우며 윤이 나는 순백색 비단)의 검은 도메소데(留袖 - 예복으로 소매 길이는 보통이며 무늬와 문장이 달려 있다)를, 남성들은 검은 문양의 하오리와 하카마를 입었다.

다이쇼 시대에는 양복이 유행하여 여성들도 양장을 입게 되었다. 이 때 기모노에 있어서는 화려한 하오리가 유행했으며 남성들에게는 오오시마츠무기(大島紬 - 오오시마에서 나는 것으로, 붓으로 살짝 스친 것 같은 무늬가 많이 있게 짠 명주), 메이센(銘仙 - 꼬지 않은 실로 거칠게 짠 비단) 명주 등이 유행했다.

3. 기모노의 종류

일본의상의 맨 처음 형태는 관두의(貫頭衣)이다. 이는 소매와 칼라가 없이 앞뒤 몸통만이 있어 목 부분 구멍에 머리를 넣게 되어있는 것으로 앞을 가로로 가르고, 앞쪽으로 입을 수 있도록 고안하였다. 또한 옆선의 트인 부분은 불필요하니까 맞물려 박고 소매를 붙이는데 이 때 양 겨드랑이 부분에 구멍이 남는다. 이것을 미야츠구치(身八つ口)라 한다. 이 미야츠구치를 봉하느냐에 따라 아이와 어른을 구별하게 되는 것으로 이것을 막은 것이 도메소데(留袖)이다. 도메소데를 입는다는 것은 어른이 된다는 것, 즉 결혼했다는 것을 의미하여 미혼과 기혼인 여성 구별을 하였다. 이처럼 남성의 경우는 드물지만 여성들의 기모노는 시대와 맞게 변천을 하였으며 결혼여부와 각종 행사에 따라 기모노의 종류를 확연하게 구분해 입는다. 여성은 태어나서 2번 기모노를 장만한다고 하는 데 이날이 성년식과 결혼식이며 이 날에는 자신이 주인공이 되어 일생 중 가장 화려한 기모노를 입는다.

외국인이 처음으로 접해 볼 수 있는 일본의 화복(和服)으로 한국의 개량복같이 기모노를 좀더 입기 쉽고 편하게 만든 옷인 있는데 그것이 유카타이다. 현재는 현지인에게는 여름 축제 때나 시원한 복장으로, 외국인들에게는 묵는 숙소의 잠옷이나 가운으로 정착되고 있다. 이와 같이 현재 실용화되고 있는 여러 의미의 기모노에 대해 알아보도록 하자.

(1) 여성

* 후리소데(振袖)
에도 시대까지는 남녀 모두 입었지만 지금은 미혼여성만 입는 것으로 기

모노 가운데 가장 화려하며 미혼 여성의 제 1 예복으로 통한다. 성년식, 사은회, 결혼식 등에 입으며 자기만의 개성을 표현한다. 소매의 길이에 따라 대·중·소로 나뉘는데 소매가 복사뼈까지 내려오는 오후리소데(大振袖)는 결혼식이나 피로연에서 신부예복으로, 무릎과 복사뼈 중간 정도까지 내려오는 나카후리소데(中振袖)는 성년식이나 졸업식, 파티 등에서 주로 입는다. 그러나 여성들의 체격이 점점 커지고, 신부가 예복으로 후리소데(振袖)를 준비해 가는 관습이 없어지면서 시판되고 있는 것은 대부분 오후리소데(大振袖)의 길이이며, 겉옷과 같은 감으로 안단을 대어 예복용으로 입는 경우가 많다. 무늬는 에바하오리(絵羽はおり - 큼직한 그림 무늬가 연결되어 한 폭의 그림처럼 되어 있는 여자용 덧옷)모양이고 무늬가 바느질 자리를 따라 연결되어 기모노 전체가 한 장의 그림처럼 되어 있다. 예전에는 후리소데에 다섯 가지 문양만을 달게 했지만 지금의 후리소데는 다채로운 색상으로 무늬도 특별하게 정하고 있지는 않다.

후리소데

* 도메소데(留袖)

기혼 여성의 제 1 예복이며 격조가 높은 기모노이다.

도메소데에는 구로도메소데(黒留袖)와 이로도메소데(色留袖)가 있다.

구로도메소데는 무늬는 상반신에는 달지 않고 옷단에서 옷깃까지는 에바하오리 모양으로 이루어져있다. 상반신은 반드시, 소메누끼(무늬만 바탕 빛깔로 남기고 다른 부분을 염색하는 것) 다섯 문장을 넣는다. 예전에는 도메소데는 흰 속기모노를 겹쳐서 착용했지만 현재에는 옷이 두 겹으로 된 것같이 보이기 위하여 깃, 소매, 옷단 따위만을 이중으로 하는 것으로 해서 간소화하고 있다. 결혼식이나 피로연에서 친구들이 입고 신랑신부의 양친, 친족 중 기혼부인들이 착용한다.

같은 바느질로 바탕이 칼라인 것을 이로도메소데라고 하는데 구로도메소데

도메소데

호몬기

쪽이 격이 높다. 이로도메소데는 문양 수에 따라 착용범위가 넓어진다. 다섯 문양이라면 구로도메소데와 같은 격으로 입을 수 있다. 구로도메와 같이 모양은 상반신에 넣지 않고 옷단에서 옷깃까지 에바하오리 모양을 하고 있다. 공식적인 축하의례자리에서도 착용할 수 있을 뿐만 아니라 화려한 바탕색과 격조를 살려서 사교용으로도 입을 수 있다.

* 호몬기(訪問着)

이로도메소데나 후리소데 다음격의 약식 예복으로 기혼·미혼 관계없이 착용할 수 있고, 또 모양도 에바하오리 모양으로 되어 있어서 사교용으로도 많이 입게 되었다. 현재에는 사교용이 주류를 이루고 있다. 호우몬기는 흰색 감을 한번 가봉하고 나서 밑그림을 그리고 다시 솔기를 뜯어 밑그림을 따라 염색한다고 한다. 그림 전체, 또는 바느질 선을 따라서 전체적으로 무늬가 연결되어 있다.

* 이로무지(色無地)

치리멘 또는 무늬가 들어간 감에 색을 들인 것으로 글자 그대로 전체적으로 문양이 없는 기모노이다. 검은 색은 상복이 되지만 화려한 색의 바탕무늬에 광택이 들어가 두드러지는 기모노는 축하 자리에 어울리며 수수한 색으로 눈에 띄지 않는 것은 상복으로 입을 수 있다. 문양이 들어가면 약식예복이 된다. 대체로 검은 색 이외의 옷을 말한다. 경조사 어느 쪽에도 입을 수 있기 때문에 한 벌 있으면 요긴하게 입는다.

* 츠케사게(付下げ)

근대에 와서 만들어진 기모노며 호몬기 다음 가는 약식예복이다. 전후 기

이로무지

모노 제작의 간략화에 따라 만들어졌다고 하는 설과 전시 중 화려한 기모노가 금지되었기 때문에 고안된 것이라는 두 가지 설이 있다. 한번 봐서는 호몬기와 구별하기는 힘들지만 다른 점은 무늬의 배치법으로 호몬기나 후리소데는 위에서 설명했듯이 에바하오리식인 것에 비해 츠케사게는 어깨, 소매, 깃에 독립된 문양이 놓이게 된다. 만들 때 상하가 바뀌지 않도록 그림을 그리는 것이 포인트이다. 호우몬기가 기모노를 한 번 가봉하고 나서 문양을 그리는 것이라면 츠케사게는 가봉한 그 상태에서 문양을 넣는 것이다.

츠케사게

* 고몬(小紋)

기모노 가운데 가장 캐주얼한 옷이다.

염색한 기모노인 경우는 가타소메(型染め)라고 해서 형지(型紙)를 사용해 같은 문양이 전체에 연속해서 놓이는 것이 특징이다.

기본적으로는 사교용 기모노이지만 격식 있는 문양이나 고몬과 같이 멀리서 보면 이로무지 기모노처럼 보이는 섬세한 무늬의 기모노로 격상해서 공식적인 자리에서도 입을 수 가 있다.

* 히후(被布)

정식 기모노는 아니지만 여성용 일본복장(和衣)으로 하오리와 같은 목적의 외출복이다. 앞이 막혀 있으며, 하오리 위에 덧입을 때가 많아 하오리보다 기장을 5cm 정도 더 길게 한다. 현재는 3세 여자아이의 시치고산이라는 통과의례식때 입는다.

고몬

(2) 남성용

주로 염색으로 만들어지는 여성용과는 달리 남성용은 방직이 많기 때문에

문양의 배합보다는 색 배합과 소재를 보고 선택하는 경우가 많다. 결혼식에서 신랑과 아버지의 예복으로는 검은 바탕에 5개의 무늬를 넣은 긴 나가기(長着)에 하오리(羽織)와 하카마를 입은 차림인데, 여기서 하오리를 입지 않거나, 등 한가운데 한 개의 무늬, 세 개의 무늬가 들어간 하오리를 입으면 약식 예복이 된다. 평상복은 보통 나가기 하나 정도만 계절에 따라 천을 달리해 입는다. 언뜻 보면 다 비슷비슷해 보이지만 문장(紋)을 몇 군데 넣는가에 따라 격이 다르고, 남자들 역시 장소에 따라 입는 법이 다르며, 행동거지도 조심해야한다.

- 하카마(袴)

남자의 예장 복으로 하오리 아래에 입는 품이 넓은 하의(下衣)이며, 앞에 주름을 깊게 잡아 아랫단까지 주름이 지는데, 한국의 통치마처럼 생긴 것과 너른바지처럼 양 가랑이가 갈라진 것이 있다.

시치고산(3·5·7살)이라는 어린이의 통과의례식 날 5살 된 남자 어린이에게 '하카마'를 입혀서 바둑판 위에 세워 놓고 사내답게 씩씩하게 자라기 기도해 주는 것으로 하카마는 남성다움과 용맹함을 뜻한다. 남자의 기모노는 대부분 검은색이다. 공식적 축하 행사때에는 몬츠키나 하카마를 입으며, 남의 집을 방문할 때는 하오리를 입는다. (그림의 하카마는 남성의 예장복)

(3) 남녀 공용 기모노

- 나가기(長着)

남녀가 함께 입는 주요 겉옷으로, 한국의 도포와 비슷하다. 허리에 오비(帶)라는 띠를 매어 옷을 여미며, 홑·겹·핫옷의 3종류가 있다. 소맷부리는 모두 고소데로써, 여자 옷은 소매 배래 쪽에 늘어지는 부분의 길이에 따라서 오후리소데(큰소매)·나카후리소데(중간소매) 등 5~6종류의 명칭이 있다.

하오리

• 하오리(羽織)

입는 이의 집안과 문양이 장식 된 기모노이며, 나가기 위에 덧입으며 방한·방진(防塵)을 목적으로 하는 기장이 짧은 옷이다. 남성 정장의 경우 우리의 마고자와 비슷하게 생긴 것이며 남녀 모두 착용하지만 여성의 경우에는 정장이 되지 못한다. 실내외 어디서나 착용 가능하다.

• 유카타(浴衣)

나가기와 같은 형태의 남녀가 함께 입는 옷이다. 원래는 목욕 후에 입는 옷이었으나 요즈음에는 주로 여름용 가정복으로 입는다. 유카타는 크게 두 종류로 목욕 후에 입는 유카타와, 홑옷으로 입는 유카타로 크게 나뉘어 있다. 보통 목욕 후에 입는 유카타는 '히로소데'라고 해서, 겨드랑이 부분을 꿰매지 않는다. 유카타의 천은 원래 목면을 이용했으나 지금은 폴리노직, 폴리에스테르 등과 같은 화학 섬유나 혼방된 천을 이용하며 유카타의 문양을 만들어 염색한다. 또한 여름 축제의 하나비(불꽃축제), 본오도리(음력 7월 15일에 추는 춤) 등에서 유카타를 입은 사람들의 모습도 많이 보이는 것으로 무더운 일본여름의 풍물시의 하나가 되기도 하며, 내·외국인이 찾는 여관이나 호텔에서는 유카타가 잠옷 대신에 준비되어 있다.

유카타

❇ 4. 기모노 입기

사람의 몸에 맞춰 나온 한복도 고유의 선을 살려 완성도 있게 입기란 참 어렵다. 하지만 옷에 맞춰서 사람이 입어나가는 전통 기모노는 입는 데만 10 분에서 많게는 시간단위까지 걸리는 것으로 보통 사람이 입기에는 버거울뿐더러 기모노의 생명이고 묘미인 오비의 매듭모양을 위해서는 절대적으로 혼자 입기가 무리다. 그래서 대부분의 사람이 기모노 입는 법을 배우러 다니기도 하고 가족이나 친구단위로 서로 도와주곤 한다. 또한 가격이 천차만별로 비싼 터라 구입하기 어려운 사람들을 위한 대여소가 있다. 이러한 대여와 옷을 입혀주는 곳은 대게 미용실에서 한다.

❇ 5. 기모노(着物)에 관한 문양, 각 명칭 및 액세서리

문양은 부적(符籍)과 같은 주술(呪術)부호, 권력과 존재 등을 상징하며 전통 문양인 경우, 그것을 향유하는 집단 사이에서 약속된 부호와 같은 성격을 지닌다는 것을 알 수 있다. 그래서 사람들은 문양이 상징하고 있는 사물이 눈 앞에 있지 않아도, 문양만 보고도 어떤 반응을 보이게 된다.

따라서 한복과는 비슷하지만 다른 매력을 지니고 있는 기모노의 문양을 알아보면서 일본인들이 기모노에 어떠한 가치를 심어놓았는지 알아보자.

▌기모노의 문양 ▌

기모노의 구성문양으로는 나비나 학, 부채, 사군자 등의 모양을 형상화한 것이 많이 사용된다. 이들 문양에는 각각의 의미가 담겨 있는데, 나비 무늬는 아름답게 자라게 해달라는 기원이 담겨있고, 천 년을 산다는 학에는 장수의 의미가 있으며, 부채에는 출세의 의미가 담겨있다고 한다. 사군자는 주로 격식을 차려야 될 자리나 축하할 때 많이 넣게 되는데, 이는 품위를 갖추고 덕행을 쌓은 사람이라는 의미가 담겨 있기 때문이다. 이 외에도 폭포나 구름, 눈, 마차 등의 무늬도 많이 쓰인다.

추상문양으로는 정 6각형을 기하학적으로 배열한 모양으로 삼 잎을 닮았다고 하는 것으로 이름을 아사노하(麻の葉)라 한다. 모양으로는 대나무 등을 세로로 엮은 듯한 모양인 아지로(網代), 파도 모양의 세이카이하(青海波) 등이 많이 쓰인다.

▌기모노의 액세서리 ▌

기모노의 멋을 한 층 돋보이게 해주며 기모노의 격식을 살려주는 액세서리로는 기본적으로 오비(帯), 센스(扇子), 다비(足袋), 게타(下駄), 조리(草履)로 나눌 수 있다.

1. 오비(帯)

오비

기모노의 가장 큰 특징 인 오비는 세계 유일한 매듭을 지은 복식으로 작달막한 일본인의 체구를 둘로 나누어 조금이라고 예쁘게 보이기 위한 눈가림을 하기 위한 계산된 아이디어라 한다. 그러한 예로 오비를 뒤쪽에 감아 배면미를 연출할 수 있게 했으며 그 이유를 설명 하기를 '인간이 인간을 감상할 때 앞쪽보다는 옆이나 뒤를 바라보는 경향이 강하다'고 한다. 오비는 3대 색상 기법인 "시슈우(손으로 직접 수를 놓은 무늬. 입체감과 독특한 따스함을 준다), 소매(옷감에 색상을 들이는 기법, 무궁무진한 무늬와 색상을 낼 수 있는 특징이 있다), 오리(수공이나 기계로 짠 것. 중후감과 격조감이 있어 예의복으로 최고)"로 때에 맞는 분위기나 격조를 나타낸다. 또한 옷과 지역 그리고 성별에 따라서 매는 오비

의 종류도 달라진다고 한다.

①마루 오비(丸帶) : 폭이 넓은 천을 두 겹으로 접어 둥글게 해서 꿰맨 모양으로 신부의상에 사용한다.

②후꾸로 오비(袋帶) : 예복이나 약식 예복용이 기본이지만 멋 내기용으로 캐주얼한 것도 있으며 멋쟁이 오비라고도 불려진다.

③나고야 오비(名古屋帶) : 후꾸로오비가 간략 화된 것이다. 처음부터 가운데 만 부분이 폭 반으로 박아 있는 것으로 소재와 디자인도 다양하다.

④한하바 오비(半幅帶) : 보통 폭의 오비를 반으로 접어 맞춰 바느질한 것이지만 울 소재의 경우는 안을 대지 않은 홑 띠이다.

⑤가꾸 오비(甬帶) : 오또코오비(男帶)라고도 한다. 말대로 남성용의 오비로 온천여관에서 흔히 볼 수 있는 겹으로 된 딱딱하고 폭이 좁은 오비를 생각하면 된다.

⑥헤꼬 오비(へこ帶) : 유카타 등의 평상복이나 실내복에 사용된다. 어린이나 남성용이 대부분이지만 최근에는 여성도 멋 내기용이나 유카타용으로 사용한다.

2. 센스(扇子)

예복을 입을 때 남녀 모두 센스라는 소형부채를 들게 된다. 이것이 없으면 완벽한 기모노 차림이 아니라고 할 정도로, 기모노와의 조화를 이루는데 중요한 소품 중 하나이다. 기록에 의하면 부채는 일본에서 개발되어 조선과 중국으로 전파된 것이라 하지만, 센스라는 명칭 자체는 중국식이라고 한다.

3 다비(足袋)

다비는 발에 신는 것으로 신발인 게타나 조리에 맞춰 엄지발가락 부분과 나머지 발가락 부분이 나뉘어 있는 것이 특징이다.

4 게타(下駄)

기모노를 입을 때 빠뜨릴 수 없는 것이 게타와 조리이다. 게타는 유카타와 같은 평상복에 곁들여 신는 끈이 달려 있는 신발로 두 개의 나무굽이 있으며, 시옷자 모양의 끈이 달려 있다. 맨발로 신는 것이 일반적이며 모양은 우리나라의 나막신과 비슷하다.

5 조리(草履)

조리는 굽이 낮은 샌들 모양으로 정장이나 외출복과 함께 신는다. 조리의 형태는 게타와 비슷하지만 용도에 따라 10여 종류가 있으며, 짚, 골풀, 섬유, 가죽 등의 여러 가지 재료를 사용하여 만든다. 다비를 신고 그 위에 조리를 신게 되는데 입는 기모노의 색상 등에 따라 어떤 조리를 신을 것인가가 결정되기도 한다.

❋ 6. 기모노(着物)에 대한 5가지 상식

앞에서 기모노에 대한 역사와 종류 그리고 입는 방법과 그에 필수적인 액세서리까지 알아 본 것으로 기모노만 있다면 자신 있게 입을 수 있을 것 같은 느낌이 든다. 하지만 기모노를 입을 수 있다는 것만으로는 기모노의 가치를 안다고 할 수가 없다. 또한 기모노의 상식을 모르는 이상은 일본 사람들이 봤을 때 눈살을 찌푸리게 하는 겉치레만이 될 것이고 자신 또한 홍미를 보여 왔던 기모노에 대해 불신 만이 생길 것이다.

① 기모노의 앞여밈은 사람을 기준으로 봤을 때 왼쪽이 위로 오게 한다. 이는 중국의 음양오행설에 근거하는 것으로 왼쪽이 양이 되고 격이 높다고 믿고 있기 때문이다. 오른쪽이 오게 해서 입는 경우는 사업에 실패한 사람이나 죽었을 때라고 한다.

② 기모노를 입고 나들이 할 때, 적당한 보폭은 자신의 발 사이즈 정도 이며, 이 때 오른손으로 옷섶 부분을 가볍게 잡으면서 걷는다.

③ 기모노를 입은 여성들의 화려한 머리모양은 에도 시대에 생겨난 것으로, 원래는 일할 때 거치적거리는 것을 막기 위해 올린 것이 점차 장식을 추가해 가면서 하나의 예술의 경지에까지 이르렀다.

④ 기모노 속에는 아무 것도 입지 않는 것으로 알고 있는 사람이 많은데, 목 부분이 나오지 않는 슬립이나 탑, 그리고 옷맵시를 살리기 위해 겉에 자국이 나지 않는 스포츠 브래지어 정도는 입어도 괜찮다.

⑤ 기모노는 몸의 굴곡이 그대로 드러나는 서양식 옷과는 달리 굴곡 없는 완만한 모양을 제일로 여긴다. 따라서 허리나 엉덩이 라인이 들어간 사람은 수건 등을 둘러 몸을 보정 한 다음 기모노를 입는다. 남성의 경우 약간 배가 나와 보여야 남성답고 기품이 있어 보인다고 한다.

5. 일본의 주거문화

1. 일본의 주택 사정

　일본의 가계에서 교육비보다 무거운 것은 주택론(loan)이다. 일본인의 주거에 대해서는 일찍부터 「토끼장」이라 불렸다. 오늘날 이코노믹 애니멀이라는 말만큼이나 유명해진 「토끼장」이라는 표현은 「워카홀릭(일중독)」과 나란히 적힌 표현으로 일본인들의 주거의 현실적인 문제를 단적으로 표현한다고 할 수 있다. 주택은 1989년의 「경제백서」에 의하면 전 주택 수는 4천2백4만 호로, 총세대수 3천7백85만 세대를 크게 웃돌고 있다. 질적으로는 매년 향상하고 있지만 평균 면적은 85.5㎡(도쿄, 오사카 등 대도시의 평균 주거면적은 65㎡)로 유럽에 비해 좁다.

　일본인들의 꿈은 165㎡(50평)의 토지를 사 그 위에 99㎡(30평)정도의 집을 세우는 것이다. 그러기 위해서는 보통 월급쟁이 연 수입의 6~7배 정도의 액수를 지불해야 한다. 이는 구미의 3배에 비해 훨씬 높으며, 또한 토지대의 국제비율 역시 5배나 되기 때문에 일본인들은 토끼장 같은 집에서 살 수 밖에 없는 상황이다.

　총리부가 5년마다 발표하는 「주택통계조사(1988년)」에 의하면 전체적으로 마이홈 지향이 강해지고 있는 것으로 나타났다. 자기 집 소유율이 58년의 71.2%에서 73년의 59.2%까지 조사 때마다 저하된 경향이었는데, 78년의 60.4%, 83년의 62.3%로 상승하여 88년 조사에서도 그 비율은 신장하였다. 수도권의 평균지가는 1㎡당 50만 7천 엔(1989년 현재)으로 자기 집을 갖는다는 것은 상당히 어렵다. 그러나 '마이홈' 지향이 강해져 수도권 근교에라도 구입하려는 사람이 늘어나면서 거주지와 직장과의 거리가 점점 멀어지고 있다.

2. 변화하는 일본인의 주택관

종래의 일본주거는 목조집에 기와지붕, 집 내부를 후스마(ふすま: 맹장지를 바른 문)로 구분한 소위 일본가옥이 주를 이루었다. 그러나 1998년 조사에 의하면, 철근 콘크리트의 맨션 지향파가 급격히 늘어나고 있다.

여기에 작용한 중요한 요인을 알아보면 다음과 같다.

①농촌에서 도시로의 인구가 집중되어 단지형식의 주택이 증가했다는 점
②사회변화에 따른 가족형태의 변화로 핵가족과 독신세대가 증가했다는 점
③편리함을 중시하는 생활양식을 즐기는 젊은 세대가 증가했다는 점
④단독주택을 지향하면서도 좀처럼 소유할 수 없는 현실에서 타협주택으로 맨션을 선택하게 된다는 점
⑤집 = 가족이라는 2차대전 이전의 거주관이 집은 사람이 사는 단순한 그릇이라는 사고로 바뀌었다는 점
⑥전기제품의 보급화 등이 원인으로 작용하게 되었다.

 3. 일본식의 건물의 특징과 주거형태

* 여름형 주거이다.

일본은 습기가 높고 여름이 더워 개방적인 주택 구조가 특징으로 여름형 주택이라고 할 수 있다. 창이 많고 지붕이 높아서 추운 겨울엔 부적합하다고 할 수 있다. 방과 방 사이에는 후스마(ふすま)라는 종이문 미닫이가 있고 바깥쪽에는 쇼지(障子)라는 장지문이 있다.

★ 목조건물이 많다.

일본의 건물은 높지 않고 목조건물이 많다. 이것은 일본의 가장 큰 자연재해인 지진에 대비하기 위함 때문인데 대신 화재에는 취약성이 있다. 95년 고베(神戸)대 지진 때 6천여 명의 사망자를 낸 것도 목조 건물이 많아 화재로 인한 피해가 절반 이상이었다고 한다. 게다가 목조건물은 방음이 잘 되지 않아 옆방뿐이 아니라 옆집까지 소음에 노출되기 쉽다. 하숙집 같은 경우 큰소리로 이야기하면 위아래 층에 모두 들리게 된다.

벽재로는 몰탈(건축용어: 벽을 바르려고 시멘트와 모래를 일정한 비율로 섞어 반죽해 놓은 것을 말한다.)을 섞은 콘크리트를 사용하고, 책꽂이나 장롱과 같은 가구는 벽에 고정시켜 지진으로 넘어지는 것을 방지한다. 참고로 일본식 진도 4도이면 그냥 세워둔 책꽂이가 넘어질 정도이고 도쿄의 경우 그런 정도의 지진은 연간 수차례 경험하게 된다.

★ 일본의 건물들은 높지 않다.

이것은 일본의 가장 큰 자연재해인 지진 때문이라고 할 수 있는데, 건물이 낮을수록 무너질 확률 또한 낮아지며, 콘크리트 건물보다 목조건물이 흔들림에 훨씬 강하기 때문에, 지진이 많이 일어나는 일본에서 자연스럽게 높지 않은 목조건물이 지어지게 되었을 것이다. 하지만 그 때문에 오히려 화재에는 취약하다는 단점도 있다. 95년 고베지진 때 6천여 명의 사망자를 낸 것도 목조건물의 화재가 큰 원인이었다고 한다.

그렇지만 일본의 무더운 여름날에는 목조건물만 한 것이 없다고 할 만큼 더위 해소에 좋다고 한다.

4. 현재 일본의 주택형태

일본의 주거형태를 보면, 아파트와 맨션이 우리나라와는 다른 개념으로 사용되고 있다. 우리의 연립주택이나 다세대주택이 일본에서는 아파트로 불리며, 일본의 맨션은 우리 아파트의 개념이다. 아파트는 욕실이나 화장실, 부엌을 공동으로 사용해야 하는 경우도 있다.

아파트

① 아파트(アパート)

목조건축 또는 조립식건축으로 보통은 2층의 집합주택으로, 부엌, 화장실, 목욕탕이 있다. 일본은 아파트 천국으로 내부를 서양식 인테리어로 치장하는데, 요새 짓는 아파트에는 큰 평수라면 방 하나 정도는 다다미(畳, 풀을 엮어서 만든 바닥 깔개)를 깐 소위 "와시츠(和室, 일본 전통 형식의 방)"를 거실 바로 옆에 둔다.

② 만숀(マンション)

콘크리트로 지었으며 보통은 3층 이상의 집합주택으로, 방 이외에 부엌, 화장실, 목욕탕이 있다. 높은 층의 방일수록 방세가 비싸다.

단독주택

만숀

③ 단독주택

독립한 가옥으로 보통은 단층집과 이층집인데 작은 마당이 있다. 물론 부엌, 목욕탕, 화장실도 있다.

④ 가시마(貸し間)

집주인과 같은 건물의 일부를 빌리는 형식, 집주인과 같은 현관을 사용, 부엌, 목욕탕, 화장실도 공동으로 사용한다. 방안을 빌리는 등, 조건이 여러 가지이다.

 5. 일본 주택의 내부 구조

보통 집에는 몇 개의 와시츠(和室 : 일본 전통 형식의 방), 오시이레(押し入れ : 붙박이 이불장), 후로바(風呂場 : 욕실), 부엌 등으로 구성되어있다. 이밖에 손님용 방인 갸쿠마(客間)가 있는 집도 있다. 특히 일본의 주택에는 다타미(畳), 후스마, 고타츠, 도코노마 등 전통가옥을 구성하고 있었던 것이 그대로 형태를 유지하고 있는 모습을 볼 수 있다.

★ 다타미(畳)

한국에 온돌이 있다면 일본에는 다타미가 있다. 다타미는 일본 주거문화생활의 가장 큰 특징이자 우리와의 가장 큰 차이라고 할 수 있다. 우리가 몇 평인가로 방의 크기를 말한다면 일본은 다타미 몇 장인가로 방의 크기를 말한다. 다타미 두장 정도가 우리의 한 평과 맞먹는다. 다타미(畳)의 크기는 지방에 따라 또는 방의 대소에 따라 조금씩 다르지만 다타미의 한 장 크기는 일반적으로 가로90cm, 세로180cm라고 한다. 1장의 무게는 17~30Kg, 두께는 4.5~6cm로 무겁고 두꺼울수록 상등품이라고

다타미

한다. 일본이 다타미 문화가 된 것은 나름대로 이유가 있다. 그 이유로는 우선 다타미가 습기나 냉기 조절에 아주 뛰어나기 때문이다. 다타미는 습기가 많은 여름철이면 습기를 빨아들이고 겨울철에는 방바닥이 차가워지는 것을 막아준다. 여름에는 돗자리, 겨울에는 카펫의 역할을 해주는 것이다. 그런가 하면 무릎을 꿇고 앉는 것이 일반적인 일본인들의 생활 습관으로 볼 때도 다타미가 쿠션의 역할을 하면서 저리기 쉬운 다리를 보호해주기도 한다.

Tip 다타미의 성질과 효용은 어떨까

1) 다용적 사용

낮잠이나 가족의 단란한 거실이 되고 앉아 쓰는 탁자 하나로 응접실로 사용할 수 있으며 방문객용의 침실로도 사용 할 수 있다.

2) 정화 작용

골풀 돗자리는 이산화질소 가스를 흡수한 작용이 있고, 실내 공기를 깨끗하게 하며 건강한 환경을 만드는데 도움이 된다.

3) 보습·단열 효과

겨울에는 실내가 따뜻한 기온을 유지하고 바깥 공기의 고온의 유입을 막는 작용을 한다.

4) 흡습·방습 작용

장마 때 습기가 많은 계절은 수분을 흡수하고, 반대로 실내가 건조해지면 저장한 수분을 방출하는 에어컨 작용을 갖추고 있다.

5) 흡음 효과

옆의 방, 바로 윗방 등이 바닥 재료라면 소리가 울리지만, 다타미는 소리를 흡수하고 울리지 않는다. 또 텔레비전·스테레오 등의 음향 제품의 소리도 다타미는 완화해 준다.

6) 탄력이 있고 안전하다.

골풀 돗자리의 표면은 작은 산과 산골짜기의 요철이 있다. 이 산이 된 부분의 속은 공동(空洞)이 되어 있고 이 공동과 표면의 요철이 좋은 촉감을 주며 탄력성을 주기 때문에 노인이나 아이가 만일 넘어진다고 해도 안전하다.

7) 진정 효과

다타미방은 풀이 양조한 향기로 지쳤던 몸을 치료하며 마음을 진정시켜주기도 한다.

★ 고타츠(こたつ)

고타츠는 일본의 유일한 난방도구라 할 수 있다. 낮은 책상 같이 생긴 곳에 적외선 등을 달고 이불을 덮은 뒤 이불위에 또 위판을 덮고 그 아래에 발을 넣어 몸을 덥히는 도구이다. 겨울철 고타츠는 식구들이 둘러 앉아 식탁이나 책상 등으로 다양하게 사용할 수 있는 공동의 생활공간이라 할 수 있다. 겨울에 하반신을 따뜻하게 해주는 일본의 독특한 생활기구이다.

고타츠

★ 도코노마(床の間)

다타미방의 정면에 도코노마가 있다. 원래 도코(床)란 한단 높은 곳을 의미하는 장소로 도코에는 신이나 부처의 모습을 그린 것이라든지 문구가 써져 있는 것을 걸고, 불을 켜 여러 가지 재를 올리고 기원했던 곳이다. 그 때 한단 높은 바닥(도코)을 방안에 남겨 놓았으며, 후에는 신이나 부처의 그림이나 글 대신 장식용의 글이나 그림, 조각품 등을 두는 오늘날의 도코노마가 되었다. 오늘날에는 족자를 걸고, 그 앞에 화병이나 장식품을 올려 두게 되었

도코노마

지만 이제는 점점 그 자취가 없어지고 있다. 도코노마의 성립은 무로마치 시대로 거슬러 올라간다. 승려의 생활에 있어서, 방의 벽에 불화(부처·불교에 관한 그림)를 걸어, 그 앞에 책상을 두고, 향로·꽃병·촛대의 세 가지를 진열한 것이 도코노마의 원형이다.

15세기 초두에는, 이 장치를 건물에 붙박이 한 형태로 등장하고, 귀족이나 무사의 가문의 주택에도 널리 퍼졌다. 단, 지배자 층의 주택에서는 불화 대신에 중국 전래의 족자가 벽에 걸려 졌다.

무로마치 시대의 상류계급에서는 중국의 회화나 공예품을 소중히 여기고, 방에 장식하는 것이 유행하고 있었기 때문이다. 16세기 후반이 되면서 벽면에 조작된 장치 그 자체로서 엄숙하고 위엄 있는 방의 분위기를 만드는 도구가 되었다. 에도 시대에는 도코노마를 설치한 다다미방은 근세의 사회질서를 표현하는 공간으로서 무가주택은 물론 민가에서도 빠트릴 수 없는 것으로 되어 갔다. 현재에도 일본식 방을 장식하고 실내공간으로 질서를 만들어 내는 장치로서 그 전통은 계승되고 있다.

가미다나

* 가미다나(神棚)

일본인은 신앙생활에 있어 중층적인 구조를 가지고 있다. 혈연집단의 우지카미(氏神-마을을 지키는 수호신)에 대해 지역집단의 우부스나가미(産土神)가 있으며, 또 집집마다 가신(家神)도 있다. 가신이란 우지가미와 우부스나가미의 총중심신이라고도 할 수 있는 아마테라스 오미카미(天照大神)나 집의 선조신, 수호신을 말한다. 일본의 가미다나에는 이들 신들을 기리고 있다. 가미다나를 배례함으로써 가만히 있는 채로 우지가미에서 우부스나가미, 아마테라스오미카미 그리고 개인적인 수호신에 이르기까지 이들 신 모두를 배례함으로써 도움을 받을 수가 있다. 이를 다신교적 신앙이라고 하는데 이는 유럽에서 말하는 다신교와는 의미가 다르다고 하는 사람도 있다. 왜냐하면 일본의 경우, 최종적으로는 아마테라스오미카미로 통일되는 일신교이기 때문이다. 일본인들은 이러한 중층적인 신앙을 가짐으로써 비로소 평온함을 얻고, 집안의 내일에 대한 의욕과 희망을 얻을 수 있다. 사람들은 집을 드나들 때 이곳을 향해 합장, 배례하며 매월 초하루와 보름날에는 술과 공물을 바치기도 한다.

① 참배의 방법

가미다나의 참배는 먼저 손과 입을 깨끗이 하고, 재물을 올린 후, 신전에 앉아서 가볍게 인사를 한다. 다음에 2번 깊이 인사를 하고, 박수를 두 번 치고 나서 또 한번 깊이 인사를 한다. 그 다음, 가볍게 인사를 하고 나서 물러나는 것이 기본이다.

② 가미다나를 설치하는 장소

가미다나는 집의 정신적 중심이 되는 신성한 곳이다. 설치하는 장소로서는 조용하고 높은 곳이나 가족끼리 즐기기 쉬운 밝은 느낌의 곳에, 남쪽방향 또는 동쪽방향으로 한다.

2층이 있는 집에서 1층에 가미다나를 설치하는 경우에는 그 위를 자주 지나갈 것 같은 장소는 피하고 있다. 가미다나에는 중앙에 신전을 모시고, 좌우에 나무(사카키 : 비쭈기나무)나 불을 밝히는 기구 등을 세워 정면에 금줄을 친다.

③ 가미다나를 새롭게 모시는 경우

그 시기는 연말에 설치해서, 연초에 부적을 받아서 모신다고 하는 경우가 많은 것 같다. 단, 이것은 정식으로 결정되어 있는 것은 아니다. 예를 들면 집을 새로 지은 때, 축일, 결혼할 때, 액년(운수가 좋지 않은 해)이 들었을 때, 가정에 불행이 끊이지 않는 때를 들 수 있다

④ **가미다나를 바꾸는 경우**

지방에 따라서는 매년 새로운 가미다나로 바꾸는 곳도 있지만, 일반적으로는 5년·10년·15년 등 5년마다 구분을 지어서 가미다나를 바꾸는 경우가 많은 것 같다. 가정의 가미다나도 아무리 길어도 20년에 한번은 새롭게 해야만 한다. 또, 가미다나를 새롭게 할 때는 오래된 가미다나나 부적은 반드시 불태우는 것도 잊어서는 안 된다.

부츠단

* 부츠단(仏壇)

사자(死者)의 영혼을 위한 공양의 제단으로, 중앙에는 본존 또는 시조상(氏組像)을 안치하고 위패를 세워 신에게 제사를 올린다. 불교가 일본에 전래되었을 당시, 즉 불단이 아직 서민 사이에 보급되기 이전에는 집안의 신을 모셔 놓은 「가미다나」가 그 역할을 담당하고 있었지만, 불교가 점차 민중 속으로 침투해 들어가자 사령의 제사는 불단으로 바뀌고 가미다나는 오히려 주기가 끝난 선조의 차례나 제사를 올리는 선반이 되어 버렸다. 얼마 전까지만 해도 일반가정에 반드시 부츠단이 있었다. 하지만 집값의 상승, 신앙심과 조상경배사상의 상실로 인해 부츠단이 있는 가정은 격감했다. 그렇다해도 아직 노인층에는 부츠단을 모시는 집이 많다.

* 방의 크기

일본은 방의 크기를 이야기할 때는 다타미가 몇 장인가를 기준으로 나타

낸다. 대개는 6조 방이 일반적이다. 다타미 두 장은 우리 식 한 평에 가깝다. 특히 우리 식 아파트에 해당하는 공단 주택이나 맨션의 크기를 이야기할 때는 평을 사용하지 않고 3LDK라는 식으로 표시한다. 이 의미는 방이 세 개에 리빙룸, 식당, 부엌이 있다는 의미이다. 공단 주택의 경우 2DK는 실 평수 약 14평, 3DK는 약 18평, 3LDK는 20～30평에 해당된다. 일본에서 3LDK 주택은 넓고 좋은 주택에 해당한다.

 ### 6. 일본식 주택에서 주의할 점

★ 현관에 들어갈 때에는 신발을 돌려놓는다.

현관에 들어갈 때에는 나올 때 신기편한 바깥쪽 방향으로 신발을 돌려놓는 것이 보통이다. 안에 들어갈 때 본인이 돌려놓지 않으면 집주인이 돌려놓는 경우가 있다.

★ 일본은 일반적으로 화장실과 목욕탕이 분리되어있다.

일본식 목욕탕을 이용할 때 가장 중요한 것은 씻는 것은 욕조 밖에서 해야 한다는 것이다. 씻고 헹군 다음에 욕조 안에 들어가야 한다. 욕조안의 물은 그 다음 사람도 이용하기 때문에 깨끗하게 사용하지 않으면 안 된다.

★ 목욕물은 버리지 않는다.

일본인은 집으로 초대하는 경우가 우리처럼 많지는 않지만 초대받은 경우 손님에 대한 예우로써 목욕을 맨 먼저 할 것을 권한다. 습기가 많은 지역이므로 손님에 대한 가장 큰 서비스인 셈이다. 조심할 것은 목욕물을 한 번 데워 온 가족이 쓰게 되므로 탕 안에서 때를 민다거나 목욕물을 모두 빼 버리지 않는다.

* 방음이 잘 안 된다.

일본은 목조건물이 많기 때문에 방음이 잘 안 된다. 그래서 큰소리를 낼 경우 소음으로 이웃에게 피해를 주기 쉽다.

Tip **시키킨(**敷金**)과 레이킨(**礼金**)은 무엇인가**

일본에서 집을 빌릴 때는 주로 월세 집에 들게 된다. 우리의 전세와 같은 것은 없는 것에 주의해야 한다. **집을 빌릴 때는 보증금인 시키킨(**敷金**) 외에 레이킨(**礼金**)이라 하여 처음 들어갈 때 월세 몇 달 치에 해당하는 돈을 주인에게 주게 되어 있다.** 도쿄의 경우 레이킨은 월세의 두 배, 시키킨도 월세의 두 배를 받는 것이 일반적이다. 월세는 혼자 사는 경우 월 5만 엔에서 7만 엔 정도의 집에 사는 것이 보통이다. 계약이 끝나고 나올 때는 원상복구를 위한 부분이 있으면 우리나라와 달리 보증금인 시키킨에서 빼고 받게 된다.

따라서 처음 집을 빌려 들어갈 때는 이사비용을 제하고도 월세의 5배 정도에 해당하는 큰돈이 들어가게 된다. 예를 들어 월 5만 엔의 방을 빌리게 되면, 다음과 같이 총 25만 엔의 목돈을 준비해야 한다.

ex) 월세　 － 월 5만엔

　　시키킨 － 10만엔 (5만엔 × 2)

　　레이킨 － 10만엔 (5만엔 × 2)

　　첫월세 － 　5만엔

　　합　　　 25만엔

7. 일본의 전통 가옥

일본의 주택을 가리켜 토끼장이라고 하는데 이 말은 서양 사람들이 붙여 준 이름으로 반드시 일본 집이 토끼장처럼 좁은 것은 아니다. 시골의 전통 민가나 도시의 전통 상가의 실내는 매우 넓다. 특히 전통민가의 경우에는 작업장인 마당이 실내에 있기 때문에 지붕이 매우 커서 토끼장의 이미지와는 전혀 다르다. 다만 도시의 집들이 15평에서 30평정도가 대부분인 관계로 붙여진 이름인데 이는 실 평수이므로 우리나라 아파트 평수 식으로 말하면 20평에서 40평정도의 아파트가 주를 이루는 셈이므로 우리와 별 차이가 없다. 일본식 집의 경우 목조와 철골재를 이용하므로 면적에 비해 가옥의 구조가 다양하고 설계가 실용적인 장점이 있다. 전통 가옥 중에 유난히 지붕의 경사가 심하여 손을 합장하는 모습을 한 지붕을 갓쇼츠쿠리(合掌造り)라고 하는데 갈대를 엮어 지붕을 인다. 대개 20년에 한 번씩 갈게 되는데 지금은 민속촌 정도에서나 볼 수 있을 만큼 보기 어렵다.

일본식 주택에서는 낮은 책상 같이 생긴 곳에 적외선 등을 달고 이불을 덮은 뒤 이불 위에 위판을 덮어 아래에 발을 넣어 몸을 덥히는데, 이런 도구를 고타츠라고 부른다. 고타츠는 식구들이 둘러앉아 식탁이나 책상 등으로 다양하게 사용한다. 남쪽 지방의 주거는 처마가 길고, 툇마루를 사용하며, 개방적 방 배치가 특징이다. 주거동과 취사동이 따로 있는 분동형이 많고 거실인 마루와 한국의 마당에 해당하는 도마(土間)가 같은 지붕아래에 존재하는 것이 특징인데 이는 비가 많이 오는 지역인 관계로 농사일을 실내에서 할 수 있도록 고안한 것이 아닌가 싶다. 북쪽 지방의 주거는 경사가 큰 맞배지붕이 많은데 이는 지붕에 쌓인 눈의 중량을 줄이고 치우기 좋게 하기 위한 것일 것이다. 집안에는 마구간과 마당이 공존하는 형태이고

오시이레

이로리(いろり)라는 화롯불이 난방을 맡는다.

Tip 오시이레(押し入れ)란?

일본식 방(다다미방)의 수납공간을 오시이레라고 부른다. 즉, 오시이레는 이불 등을 넣기 위해서 설치된 붙박이장으로 물건을 넣어 두는 곳이다. 다다미방의 한 면에는 보통 붙박이 벽장이 있다. 깊이가 90cm, 폭은 방의 크기에 따라서 90cm, 180cm, 270cm로 되어 있다. 미닫이문으로 되어서 옆으로 밀어서 열고 닫으며 문은 종이로 발랐다. 열어 보면 내부가 위아래의 두 칸으로 나뉘어져 있어서 위 칸에는 요와 이불, 아래 칸에는 방석이나 여러 물건을 넣는다.

* 오시이레를 사용할 때 주의할 점

보통 6월에서 7월 상순에 걸쳐 내리는 장마로 인해 일본은 고온 다습한 기후를 띤다. 축축하게 내리는 비로 1개월 반이란 시간동안 습기가 많고 더운 날씨가 계속되므로 상하기 쉽다. 따라서 오시이레의 안과 밖은 습기가 찰수밖에 없으며, 다른 계절보다도 특히, 여름철에는 오시이레를 사용함에 있어서 주의를 해야 된다.

① 습기 예방

일어나 곧바로 이불을 개는 것은 이불이나 오시이레에 있어서 좋은 것이 아니다. 아침에 일어 난지 얼마 되지 않았을 때 이불은 많은 습기를 포함하고 있다. 곧바로 오시이레에 넣으면 그 습기가 그대로 안에 가득 차게 된다.

② 곰팡이 예방

방충제를 사용하는 것도 하나의 방법이지만, 습기를 막고 항상 건조한 상태로 유지하는 것이 좋다. 날씨가 개어서 건조한 날에는 오시이 레의 문을 열어 바람을 잘 통하게 하는 등, 습기가 가득 차지 않게 해야 된다. 나머지 열지 않는 장소에는 제습제를 놓아두는 것도 좋은 방법이다.

③ 장마철 때

비가 계속되는 장마철은 이불을 좀처럼 말릴 수 없다. 습기를 포함 해 불쾌감이 생기기 마련이다. 장마철의 침구를 쾌적하게 하기에는 이불 건조기가 많은 도움이 된다. 이불 건조기가 없으면, 실내에서 이불 말리는 용의 스탠드 등에 이불을 넓혀 에어컨으로 습기를 없애 거나 선풍기로 바람을 쐬는 것도 좋은 방법이다.

6. 일본의 목욕문화

예로부터 일본인들은 따끈하게 데워진 욕조에 몸을 담그고 하루의 묵은 때와 피로를 푸는 것을 중요한 일과 및 즐거움으로 여겨왔다. 목욕을 즐기는 일본인답게 세계에서 유래를 찾아볼 수 없는 독특한 목욕문화를 많이 형성해 왔다. 이러한 일본인의 기호에 따라 중세시대부터 대중탕인 **센토(銭湯)**가 번 성했는데 센토란 이름은 그 옛날에 일전(一銭) 화폐가 사용되었을 때의 이름 이 지금까지 전해진 것이라고 한다. 일본의 센토가 워낙 유명했던 나머지 그 사실은 우리나라의 '조선세종실록'(46권)에도 센토에 관한 이야기가 실릴 정도 였다니 목욕을 좋아하는 일본인의 습성은 예나 지금이나 다름이 없음을 엿볼

센토

수 있다. 지금도 일본의 주택가에는 발길이 닿는 곳마다 센토 를 표시하는 천으로 된 '노렌'이 현관이나 입구에 드리워져 있 는 곳을 종종 볼 수 있다. 노렌에는 히라가나로 '유(ゆ)'자가 염 색되어 있는데 이 글자는 뜨거운 물, 즉 탕이라는 뜻이다. 대중 탕을 '후로야(風呂屋)'라고도 하지만 나이가 든 사람들은 센토란 단어를 많이 사용한다.

'왜 일본인들은 목욕을 그토록 즐기는 것일까?'에서 시작하 여 일본의 목욕문화발달의 배경과 그 역사 및 현대까지 이어지 는 일본특유의 목욕문화에 대해 알아보자.

1. 목욕문화발달의 원인

(1) 고온다습의 기후

일본은 몬순기후지대에 위치하여 따뜻하고 습기가 많은 나라이다. 이를테면 집의 욕실 벽의 흰 타일을 매일 닦지 않으면 2, 3일 지나면서 타일 틈새로 녹색의 곰팡이가 핀다. 그 만큼이나 습기가 많은 일본이라, 맨션이나 아파트를 구할 때는 1층을 피하고 2층 이상을 찾게 된다. 습기가 많기 때문에 날만 개이면 주부들은 습해진 이불이나 옷가지들을 꺼내서 햇볕에 말리느라 집집마다 옷가지나 이불을 밖에 널어놓고, 날씨의 변화에 관계없이 저녁때가 되면 온몸이 끈적거리기 때문에 일본인들은 매일 목욕을 한다. 이렇듯 고온다습한 기후적 풍토와 일본인이 목욕을 자주 하는 습관은 밀접한 상호관계가 있다.

여름이면 폭염이 지속되는 날이 많아지고 장마가 오랫동안 지속되기 때문에 더위와 끈적거림으로 인한 불쾌감을 극복하는 방법은 목욕과 통풍 이외에는 별다른 방법이 없었다. 그러나 고온다습은 나무그늘도, 건물 안도 별로 도움이 되지 않는다. 습기 많은 바람은 아무리 불어도 납량효과(納凉效果)를 기대하기 어렵기 때문이다. 따라서 일본인은 통풍에만 의존하지 않고 목욕을 병행함으로써 고온다습의 기후를 극복하며 여름을 지내온 것이다. 특히 여름철의 습기는 끈적임과 함께 발한을 유발하기 때문에 매일 저녁 따끈한 물에 입욕하는 것은 일본인에게는 건강을 유지하는 중요한 행위였다.

(2) 풍부한 온천수의 존재

일본은 환태평양 조산대에 위치하여 예로부터 잦은 화산활동과 지진의 영향을 받아왔는데 현재에도 일본 전역에 67개의 활화산이 활동하고 있고 화산활동에 따른 작은 지진도 도처에서 일어나고 있다. 화산이 많다 보니 온천도 많아서 도처에 각종 온천이 널려있으며, 온천이 흔한 까닭에 닛코(日光)지방의 경우에는 원숭이조차 온천욕을 즐기고 있을 정도이다. 일본인들은 화산지역인 자신들의 지리적 특징으로부터 온천을 이용한 독특한 목욕문화를 일궈냈다.

(3) 취약한 난방구조

일본인들은 목욕을 하고 잠을 자는 것이 거의 일상화되어 있는데 이는 주택구조와 난방시설과 관련된다. 우리나라는 온돌을 이용해 방바닥을 따뜻하게 할 수 있고, 부엌과 연결되어 부엌에서 요리를 하거나 물을 끓이는 것으로 방을 따뜻하게 지필 수 있다. 반면에 일본인들은 난방시설이 매우 취약하다. 왜냐하면 일본의 습한 기후 때문에 일본인들은 전통적으로 다다미를 사용해왔기 때문에 온돌처럼 난방을 하는 것이 불가능해서 겨울이 되어도 기껏해야 다다미방에서 화로 또는 '고타츠'란 난방기구가 달린 탁자를 이용해서 추위를 이겨낼 뿐이었다. 이런 것으로 겨울을 나기에는 너무 빈약하다. 그래서 밤에 목욕을 하고 자는 것이다. 목욕을 함으로써 몸을 따뜻하게 덥힐 수 있기 때문이다. 일본에는 취약한 난방구조로 인한 추위 때문에 어깨 결림에 시달리는 사람이 많은데 뜨끈한 물에 통증부위를 담그고 나면 결리는 증상이 다소 완화되는 효과를 볼 수 있으므로 목욕을 치료의 목적으로 이용하는 것이다.

(4) 일본인 특유의 청결기호

일본반도의 고온다습한 풍토와 인체에 대한 신경질적인 청결지향은 일본문화 전반에 걸친 청결기호의 특징을 형성하여 왔다. 시바료타로(司馬遼太郎 : 일

본의 역사소설가로 일본식 역사소설의 황금기를 연 국민작가)가 요미우리신문에 연재 기
고한 '아메리카素描(요미우리신문 1986. 10. 22)'에서 "19세기에서 20세기에 걸쳐
서 미국에 건너간 일본인들이 너무 억척스럽게 일을 한 까닭에 적지 않게
미움을 받았으나, 그래도 그런 대로 미국인들에게 용납되었던 것은 일본인들
이 아주 청결주의자라는데 있었던 것이다. 물론 청결 그 자체도 하나의 문화
에 불과한 것이나 미덕으로 받아들여졌던 것이다"라고 쓰고 있다. 일본인이
비교적 일찍부터 청결의식에 눈뜨게 된 것은 고온과 다습을 극복하기 위한
목욕과, 곰팡이방지를 위한 통풍습관에 크게 힘입었다고 볼 수 있고 역으로
이런 청결함을 좋아하는 일본인의 습성이 오늘날까지 일본의 목욕문화를 다
양하게 발전하게 만든 원동력이었음을 알 수 있다.

 2. 일본인에게 있어서의 목욕의 의미

(1) 정신위생

진흙투성이나 땀투성이가 되는 노동을 하지 않더라도 매일 입욕을 거르지
않는 사람이 많은 것을 보면 일본인은 정신위생을 신체위생보다 상위에 두는
듯하다. 부정하다는 것은 단지 신체표면에 더러운 것이 붙어 있다는 것만이
아니라, 인격 그 자체가 더럽혀진 상태라는 의미도 있다. 부정한 상태에서
탈출하는 청결의 수단으로써 신에게 죄를 비는 것과 목욕재계가 있다. 일본
인들은 신체의 더러움을 씻어낸다는 의미 외에도 정신의 더러움을 씻어낸다
는 의미를 목욕에 부여하였다. 목욕재계할 때의 찬물이 더운 물로 바뀌었을
뿐 그 성격은 그대로 남아 있는 것이다. 목욕에 정신위생의 의미가 더해졌다
는 것은 예로부터 공가(公家 : 천황계 귀족)가 조정의식에 관여할 경우 출근 전
에 반드시 목욕이나 목욕재계를 하여 몸을 정결히 해야 했다는 것과 무로마

치시대에 들어 귀족들이 제사를 지낼 때 정결을 위해 빈번하게 마을 목욕탕을 전세 내어 사용했다는 기록이 남아 있는 것을 보면 충분히 짐작할 수 있다. 일본인에게 입욕이란 그저 신체를 청결히 유지하기 위한 수단이 아니라 피곤을 풀고 정신을 일신하는 것으로서 신체위생과 정신위생을 모두 충족시키기 위한 수단이었다.

(2) 최고의 피로회복제

겐로쿠시대 초기에 일본에 온 일본 문학자인 캠밸은 "일본인은 욕탕에 들어가 기운을 되찾고, 욕탕에서 땀과 함께 피곤도 몸에서 배출될 수 있다고 생각한다"고 기록하였다. 그의 기록처럼 옛날부터 일본의 가정주부들은, 저녁이 되면 저녁식사 준비와 함께 퇴근하여 돌아올 남편의 목욕물을 데우는 것이 중요한 일과 중의 하나였다고 한다. 고달픈 하루 일을 마치고, 집에 돌아와 뜨거운 물에 몸을 담근 후, 유카타를 걸치고 반주와 함께 저녁 식사를 하는 것이 과거 일본 남성들의 큰 즐거움이었을 것이다.

(3) 치료행위의 일종

일본에서 의료와 관련하여 주목할 만한 것은 온천 이용의 발달이다. 온천욕은 온천이 품고 있는 갖가지 광물질의 작용을 이용하여 고대부터 다양한 질병의 치료를 위해 활발하게 행해져 왔다. 온천욕은 피부병, 순환계질환, 관절염, 근육통 등의 치료에 탁월한 효능이 있었기 때문에 일본인은 온천에서 입욕을 하는 것을 각종 질환의 치료행위로 인식한 것이다. 일본고대에 불교 사원과 관련하여 설치된 욕탕은 승려의 위생설비라는 기능 외에도 의료적 성격을 갖고 있었는데 고묘(光明)황후(쇼무(聖武)천황의 부인)가 마련한 목욕시설이

나, 승려 닌쇼(忍性, 1216~1303)가 나라에 세운 북산십팔간호(北山十八間戶)도 나
병환자를 위한 의료시설이었다.

(4) 오락과 친교의 수단

대중탕은 한 때 목욕 뿐 아니라, 서민들이 오락도 즐기고 서로 교제도 하
는 이른바 '레져센터' 구실도 했다. '이즈모풍토기'에는 다마츠쿠라(玉造)온천
에 대한 기사가 보이는데, 온천이 의료효과를 발휘한 것 외에도 놀러오는 사
람들로 붐볐음을 알 수 있다. 고대부터 온천은 오락장소로도 이용되었던 것
이다. 농촌에서는 목욕계를 만들어, 일정한 날에 술과 요리를 지참하고 마을
의 약사당(藥師堂)이나 관음당(観音堂)을 중심으로 모여서, 탕에 들어간 다음
염불을 올린 후 술판을 벌이기도 하였다.

도시에서는 신체위생, 정신위생, 의료, 오락 등 여러 효능이 일체화된 입욕
이 목욕탕이나 대중탕으로 발달하였다. 그런데 욕탕에서 일하는 여성인 유나
(蕩女)가 등장하면서 현재의 터키탕과 연결되는 유흥장의 역할까지 하게 되었
다. 그 계보를 이은 것이 요즈음의 온천장이나 헬스센터로서 건강한 사람이
오락과 정신적 건강을 위해 더운 물 치료를 하러가는 장소가 되었다.

에도시대에 이르러서야 스에부로(据風呂 : 큰 통에 아궁이를 붙인 목욕통)나 고에
이몬부로(五右衛門風呂 : 스에부로의 일종으로 가마솥 밑에 직접 불을 때는 무쇠 목욕통) 같
은 비교적 간단한 가정용 입욕시설이 출현하지만, 도시에서는 품격 높은 집
에서나 욕탕시설을 갖출 수 있었다. 따라서 대부분의 서민들은 대중탕에서
목욕을 해야했고 이발소와 함께 대중탕은 시내에서 살을 부비는 커뮤니케이
션 장소로서의 기능을 하였다.

에도 서민사회에 있어서의 독특한 생활문화들이 대중탕에서 적지 않게 탄
생되고 육성되었을 것으로 추측할 수 있다. 서로가 알몸이 되고 보니 빈부귀

천이란 사회적 신분질서체제가 일시나마 중단되고, 완전한 수평관계에서 대화가 나눠질 수 있는 기회가 며칠 만에 한 번씩은 꼭 얻을 수 있었다는 것은 지역주민들의 단결과 상호이해와 친화에 크게 도움이 되었을 것으로 짐작된다. 집안의 욕실을 사용하면 이미 다른 세계의 인간으로 취급받아 사람들에게 따돌림을 당했다.

 3. 일본목욕문화의 역사

(1) 고대의 목욕문화

일본에는 목욕을 의미하는 단어로 **후로**(風呂)와 **유**(湯)가 있다. 후로라고 하는 것은 죠후로(烝風呂)의 약칭으로 증기욕을 의미하며, 유는 온욕탕을 의미한다. 고대일본에서 목욕이라고 하면 후로를 뜻하여 오늘날의 사우나와 같은 증기욕, 열기욕을 하는 것이었지 더운 물을 끼얹는 것은 아니었다. 증기욕의 발상이나 기원은 확실하지 않지만 옛날에는 석굴 속에서 불을 지펴 돌을 뜨겁게 달구고 이것에 물이나 해수 등을 끼얹어 증기를 발생시켜서 이 증기를 뒤집어쓴 것이 시초였다고 추정된다.

세토나이카이(瀨戶內海)의 연안이나 섬 등에는 홍법대사가 전하였다는 돌 목욕의 유적이 도처에 있으며 현재도 이것을 영업하는 곳이 있다. 일본의 세토나이카이의 이우치 여울에 인접한 에히메현 앵정해안에는 홍법대사가 개발했다는 돌 목욕이 있다. 매년 7월 1일부터 9월 10일까지 약 2개월 간 영업을 하며, 이 목욕법을 '사구라이세기후로'라 부른다. 목욕장은 바다에 인접한 자연의 암반을 뚫어 만든 것으로 속의 넓이는 다다미의 약 10배 정도로 어른 10명 정도가 들어갈 수 있다. 돌 목욕의 방법은, 인근 산에서 채집해 건조시킨 양치나무잎과 솔잎을 바닥에 깔아서 불을 붙이고, 양치잎이나 솔잎이 다타버리면 해수에 담갔던 자리를 깔고 증기를 올린다. 그 위에 누워 증기욕을 하는 방식이다. 돌 목욕은 신경통, 류머티즘, 어깨 결림, 요통 등에 효과가 있고, 돌 목욕을 한 해에는 감기에 좀처럼 걸리지 않는다고 하여 인근 농가에서는 모내기가 끝나면 돌 목욕에 들어가는 풍습이 전해 오고 있다.

유사한 방식으로 교토에는 가마부로(釜風呂)라 불리는 증기 목욕탕과 가나와노유가 있다. 이 목욕은 바닥에 돌을 깔아서 내경과 높이가 모두 2미터 정도의 토굴을 만들어 속에서 나뭇가지를 태운 뒤, 재를 걷어내고 소금물에 담갔던 자리를 깔고 그 위에 눕는 방식이다. 입구를 밀폐시키고 밖에서 솥에 불을 피워 토굴 안으로 증기가 들어가도록 해서 증기욕을 했다. 어쩌면 세토나이카이 연안과 같이 자연 석실이 없는 지형에 인공적으로 토실을 만든 것일지도 모른다.

세토나이카이 연안의 돌 목욕이나 가마부로의 토굴이 무로(室)라 불리고 이 무로가 와전되어 후로(風呂)라 불리게 된 것이 일본어의 목욕이라는 말의 유래로 전해지고 있다. 오늘날에도 목욕을 한다는 표현은 'お風呂に入(はい)る(후로에 들어간다)'로서 고대의 목욕문화의 흔적이 남아있다.

(2) 중세의 목욕문화

나라시대(710~784) 사람들은 목욕탕에 간다고 하면서 절(사찰)로 찾아 갔다. 그 당시 큰 절에서는 중생에게 공덕을 베푼다고 하면서 사찰의 승려들이 불공을 드리기 전에 목욕재계용으로 쓰던 절간의 목욕탕을 일반인에게 개방했다. 이전까지는 고작해야 냇가에서 목욕하던 것이 민중들이라서 그들에게 절간의 뜨거운 목욕탕은 인기가 높았다.

이 시기에 일본사찰에서 처음으로 목욕탕이 생겼다고는 하나, 이 목욕문화가 실상은 서기 538년부터 한국불교가 일본에 전래되어 사찰을 짓고 목욕탕인 '유도노(湯殿)'란 건물을 지은 것에서부터 시작된 것이다. 현재 그 자취로서 일본 나라현 나라시에 있는 '홋케지'란 사찰에 그 당시의 유도노가 고스란히 보전되어 있는 것을 볼 수 있다.

서기 741년에 창건한 이 홋케지사찰은 백제인 쇼무(聖武, 724~749)천황의 어명으로 왕비였던 고묘(光明)황후가 지은 비구니들의 사찰로도 유명하다. 지금도 그 당시의 욕실과 욕조를 볼 수 있다.

그 후에 절에서는 경내에다 대중용의 큰 목욕탕을 만들고는 본격적으로 유료로 영업하게 되었는데, 이것이 공중목욕탕의 원조이다. 이 유료대중탕을 '센토(錢湯)'라고 부르는데 이것은 '잔돈푼을 받는 욕탕'이라는 뜻이다. 유(湯)의 역사는 센토가 생긴 것으로부터 시작되는데 센토 역시 처음에는 증기욕을 하는 곳이었다.

공중목욕탕이 중세 때부터 있었다는 것은 太平記(1368~1375년 사이에 저술된 역사소설) 등 기타 잡기에 센토후로(錢湯風呂)의 메라와(女童 : 역자시중), 유센(湯錢 : 요금) 등이 등장하는 것으로 보아 알 수 있다. 1430년에 도항한 조선사절의 견문기에서 "일본의 풍속은 입욕을 즐기고 대중에는 욕실이 마련되어 있고 또 거리 곳곳에 욕소(浴所)가 있다. 그곳에서 호각을 불면 사람들이 그 소리를 듣고 다투어 요금을 지불하고 욕소에 든다"로 되어 있는 것을 볼 때 그 당시 이미 목욕탕영업이 일반화되어 있었다는 것을 알 수 있다.

또 미우라쵸신(三浦浄心)의 '소조로모노가타리(そぞろ物語, 1641)'에는 "에도(江戸)에서는 1591년(天正19년)에 공중목욕탕이 처음으로 만들어져 입장요금은 고작 일전이었다. 지금은 동리마다 욕탕이 있어서 요금은 푼돈 15전20으로 목욕할 수 있다"라고 기술되어 있다. (『世界百科事典, 平凡社, 1972』)

(3) 에도시대(1603~1867)의 목욕문화

센토가 성행하던 에도시대에 사원이나 높은 신분의 귀족, 무가(武家 : 무사계 지배계급) 등 재력을 가진 사람들의 욕실은 여전히 가마솥에서 끓인 증기를 끌어들여 만든 증기욕탕인 풍려전(風呂殿)이었다. 욕실 외에 욕탕과 수조를 놓고 증기욕으로 신체를 따뜻하게 하여 불린 때를 이 욕탕이나 수조의 물을 끼얹어 닦아낸 것이다.

그러나 서민들은 귀족들처럼 집집마다 개인욕실을 갖추지 못하고 살았기 때문에 대부분 센토에서 목욕을 했다. 센토에서 물을 데워 이제 목욕을 시작한다는 신호로 뿔피리를 불고 다니면 잔뜩 기다리던 서민들이 여기저기에서 센토로 몰려들었다. 센토의 인기는 대단했는데 매일 아침마다 남보다 먼저 첫 번째로 깨끗한 욕탕에 들어가기 위해서 새벽부터 몰려와 자리다툼이 일어날 정도였다. 특히 해마다 1월 2일은 그 해의 첫 목욕탕영업이 시작되는 만큼, 이른바 최초의 목욕인 '하츠유(初湯)'를 남보다 앞서서 하겠다고, 새벽 2시부터 달려와 목욕탕 앞에서 줄을 서기도 했다. 19세기 초엽인 분카 연간(1804~1818)에는 에도 거리에 약 6백 군데의 센토가 있었고, 아침 6시에 문을 열어 밤 10시까지 영업을 했다고 하니 그 대단했던 인기를 짐작할 수 있다.

센토에는 남녀혼탕도 있었고, 여자들만의 여탕도 또한 따로 있었다. 한증막도 생겼는데, 한증막은 바닥에다 돌을 깔고 벽과 지붕은 둥글게 흙으로 움집처럼 둘러 발랐다. 한증막은 구멍을 통해 엎드려서 기어 들어갔다. 이 안에는 미리 소나무며 회양목 장작불을 땐 다음에, 재를 긁어내고 소금물에 푹 적신 거적을 돌바닥에 깔았다. 그 다음에 열기가 후끈대는 한증막 속으로 엎드려서 조심스럽게 들어가 잔뜩 땀을 흘리며 찜질을 하는 것이다.

센토는 에도 서민의 사교장이며 늘 세상이야기가 꽃피었다. 돈이 있는 사람은 그 안에서 안마도 했고, 규모가 큰 센토에서는 바둑을 두는 곳과 차를 마시는 다실을 갖추고 있었고 어떤 곳에서는 생선회를 팔기도 했다. 어떤 센토에서는 머리를 감겨주고 등의 때를 밀어주는 미녀들을 많이 고용해서 '유나(湯女)'라고 불렀다. 개중에는 오늘날의 터키탕과 비슷한 서비스를 해주는 목욕탕도 있었다.

이런 종류의 특수목적의 목욕탕이 성행하는 바람에 남자손님 접대전문인 유곽이 장사가 안 되어 문을 닫을 지경에 이르자, 에도막부에서는 1657년에 '유나금령'을 내려 단속했으나 실효를 거두지 못해서 18세기 중엽까지 유나를 고용한 목욕탕이 존재했다.

(4) 현대의 목욕문화

집안 욕실이 대중화된 것은 최근의 일로, 이는 다이쇼시대 이래 도시 토박이가 아닌 중간층 시민이 증가한 사실과 관계가 있을 것이다. 이제는 농촌에도 집집마다 욕실을 갖추고 있지만, 하층민이 사는 곳에서는 대중탕이 아니면 개운하지 않다고 하는 사람들이 여전히 있다. 그러나 각 집마다 욕실을 갖춘 대단지 아파트, 욕조의 대량생산화, 도시가스와 프로판가스의 보급으로 인하여 점차 입욕은 공공장소가 아니라 좁더라도 가정에서 하는 것으로 되고 있다. 욕탕을 가정 온천으로 만들어주는 입욕제나 가정용사우나, 가정용터키탕시설의 판매가 일본인의 목욕장소가 대중탕으로부터 가정의 욕실로 변화하고 있음을 보여주는 것이다. 일본가정이 수행해 온 기능을 사회가 대신 맡는 것이 주류인 데 비해, 적어도 입욕에 관해서만은 사회적 측면이 수행해 온 기능이 가정에 도입되고 있다고 할 수 있다. 레저의 가정화 현상이다. 이러한 상황 속에서 대중탕은 온천화를 꾀하는 등 어떻게 해서든 살아남을 길을 모색하고 있다. 그런 노력의 결과, 집집마다 목욕탕이 다 딸려있지만 서민들에게는 대중탕은 여전히 선호의 대상이다. 집에 있는 조그만 욕조보다는 널찍한 대중목욕탕 욕조에 몸을 담그고 온천 기분이라도 내어 보려는 의도인 것 같다.

 ## 4. 독특한 일본의 목욕문화

(1) 남녀혼욕

일본은 아시아문화권에 있어서 거의 유일한 남녀혼욕의 풍속을 남긴 민속이다. 혼욕은 일본의 도심지 목욕탕에서는 이미 중세시대부터 시작이 되었고 약 1백여 년 전만해도 남녀혼욕이 일반화되어 있었다고 한다. 조선통신사가 쓴 '해유록'에는 일본의 혼욕에 대해 "남녀가 아무런 거리낌 없이 목욕을 하는 것이 정말 기괴하다"고 기록하고 있다. 일본에서 남녀 혼욕에 대한 최초의 기록은 이미 713년경 문헌인 '이즈모풍토기(出雲風土記)'에 나와 있다. 혼욕은 옛날 일본인들의 성에 대한 낙천적인 면을 살필 수 있는 풍속이다. 그런데 그 오랜 역사동안에 법적인 제재를 전혀 받지 않고 일본에서는 남녀혼욕이 계속되었던 것일까? 일본에서는 일찍이 임진왜란 이후에 남녀 혼욕을 금지 하는 훈령이 내려졌지만 목욕탕 업주들은 이런 규제를 제대로 지키지 않았다. 그러다가 에도시대의 칸세이 개혁(1783~1793)당시에 남녀혼욕금지령이 내렸으나 이것을 철저히 집행했는지의 여부는 의심스럽다. 메이지시대에 들어서면서 남녀혼욕의 풍습은 본격적으로 금지되기 시작하였는데, 그 이유는 당시 몇몇 도시가 외국인에게 개방되었기 때문이었다. 메이지 2년(1869) 2월 22일에 도쿄에서는 혼욕 '미개한 풍속'으로 규정하고 외국인이 드나드는 도쿄지역 대중목욕탕의 혼욕금지를 시작으로 도쿄 전역에 혼욕을 금하는 명령을 내린다.

흔히 외국인들은 일본의 대부분의 온천을 혼탕으로 오해하고 있으나, 현대 일본에 혼탕은 사실상 거의 없다. 그나마 산골짝 온천에나 있을까 대도시에서는 구경할 길이 없다. 또 어떤 경험자에 의하면 "물어물어 혼욕 온천에 찾아 갔더니 시골 할머니, 할아버지들만 가득 있더라"는 것이다. 유명한 관광지인 아타미(熱海)나 닛코(日光)의 가와지(川治) 등에는 로템부로(露天風呂 : 노천목욕탕)라고 하는 노천목욕탕이 있지만 이런 대형 로템부로는 남녀혼탕이기는 하나 목욕 타올이나 수영복을 걸치게끔 규정되어 있어 풀장에 가깝다.

(2) 남탕과 여탕을 동시에 관리하는 목욕탕주인

일본 목욕탕의 경우 신을 신발장에 넣고 안으로 들어가면 요금 내는 곳이 있다. 그러나 목욕탕 입구에 들어서면 한국인이라면 놀랄 광경이 있는데 바로 아저씨(혹은 아줌마)가 그 놀라움의 주인공이다. 대중탕의 경우 신을 신발장에 넣고 안으로 들어가면 **남자탈의실과 여자탈의실의 한 가운데에 '반다이(番台)'**라고 하는 요금 내는 곳이 있는데 목욕탕 주인이 이곳에 앉아서 돈을 받는다. 물론 탈의실은 벽으로 각각 구분은 되어 있으나, 배구경기에서 심판이 네트 위에서 내려다보는 구조와 마찬가지로 남탕과 여탕이 모두 보이는 높은 곳에 앉아, 양쪽 모두를 관리한다. 따라서 목욕탕아저씨는 양쪽의 모든 광경을 볼 수 있다. 이것은 습기가 많고 무더운 나라에 살다보니 몸을 가리지 않게 되고, 몸을 안 가리다 보니, 남에게 알몸을 보이는 것도 그다지 부끄럽지 않게 생각한 것에 그 연유가 있다고 여겨진다. 일본에서 처음 대중탕에 가는 외국인들은 반다이에 앉아 알몸을 바라보고 있는 존재에 대해 심한 거부감을 느낀다. 그러나 일본인들은 반다이에 누가 앉아 있든 전혀 개의치 않고, 알

몸인 채로 잘도 이야기한다. 여탕에 샤워기가 고장 났을 경우라도 그것을 수리하는 아저씨가 자연스럽게 들어와서 고치고 또 아줌마들은 다가와서 여기가 이렇다 저기가 저렇다고 고장 난 부분을 말한다고 한다. 또한 목욕탕 문닫을 시간이 되면 남자 종업원이 청소도구를 가지고 들어와 남탕과 여탕을 누비면서 태연한 얼굴로 청소를 하는데 목욕탕 안에 있는 일본인들은 전혀 개의치 않고 목욕을 계속한다. 외국인이라면 기겁을 할 모습이지만 일본인들은 어렸을 때부터 익숙해져서 인지 별로 신경을 쓰지 않는다.

(3) 항상 가득 담겨있는 욕조 안의 물

일본가정집에서 숙박을 할 경우에 주인이 목욕을 권유해서 목욕을 하게 되면 목욕이 끝난 뒤에 그 집 욕실의 욕조에 담겨 있는 물을 절대로 뽑아버려서는 안된다는 것에 유의해야 한다. 하지만 자기가 욕조에 들어갔던 물을 외국인들은 모르고 뽑아버리기 쉬우므로 외국인에게 일본생활문화를 소개하는 책자에는 "욕조 물을 사용한 뒤에 물을 뽑아 버리지 마세요"(일본생활사정, 1998)라는 주의사항을 밝히고 있다.

일본집의 욕조에는 항상 물이 가득 담겨 있는데 이 욕조의 물은 그 집안의 가족들이 항상 공동으로 사용하는 물이다. 한 번 받아둔 욕조의 물은 시아버지도 들어가고 며느리도 들어가며, 심지어 그 집 손님도 들어가는 공동으로 늘 함께 사용하는 물이다. 앞에서 말한 것처럼 일본은 난방시설이 매우 취약하기 때문에 한 번 물을 데우려면 꽤 힘들어서 한 번 탕에 있는 물을 데워서 온 식구들이 순서대로 몸을 담가서 쓰게 된 것이다.

보통 저녁때가 되면 부인들이 욕조에 물을 받아놓는데 보통 그 집의 가장인 아버지로부터 시작하여 아들, 딸, 어머니가 모두 그 물을 사용한다. 목욕물을 가장인 아버지가 먼저 사용하는 것처럼 귀한 손님이 올 때에는 손님이 제일 먼저 욕조에 몸을 담글 수 있는 특권을 준다. 한국 사람의 상식으로는, 가족도 아닌 손님이, 게다가 그 손님이 남자일 수도 혹은 여자일 수도 있는데 자신이 여자일 경우에 그 손님이 아무리 깨끗이 씻었더라도 남자손님이 들어갔던 물에 들어간다는 것은 생각도 할 수 없는 일이다. 물론 욕조에 들어가기 전에 샤워를 하고 마지막으로 욕조에 몸을 담그는데 욕조 안에서 때를 밀어서는 안 된다. 몸을 불리기 위해서 데워진 욕조에 들어가서 앉았다가 나오기 위한 목욕물인 것이다. 대개 이틀 동안 같은 물을 가스불 점화장치 등으로 다시 계속해서 데워서 쓴다. 어떤 집에서는 오래도록 사용한 물을 '정화제'를 넣어서 다시 깨끗이 만들어서 사용하기도 한다. 그렇게 식구들이 다 사용하고 난 물은 마지막으로 세탁을 하거나 화장실을 씻는다거나 하는데 이용된다. 그래서 목욕물을 정화해서 세탁물로 쓸 수 있게 하는 장치가 달린 세탁기가 인기가 있다고 한다.

 5. 한국의 목욕문화와 비교

(1) 때를 밀지 않는 일본인

일본인들이 목욕이 끝날 때면 꼭 탕 속으로 들어갔다가 나오는 것과는 달리 한국인들은 처음 외에는 탕 속에 좀처럼 들어가지 않는다. 처음에야 긴장도 풀고 몸의 때도 불릴 겸 뜨거운 탕 속에 들어가지만, 마지막에는 깨끗이 씻은 몸을 수십 명이 담갔다 나간 더러워진 물에 담그는 것을 꺼림칙하게 생각하기 때문이다. 이런 차이는 때를 미느냐, 안 미느냐에 따라 생겨난 것이다. 한국인은 목욕탕에 가면 때를 불려서 벗겨내기 위해 오랜 시간을 지내고 오는 것이 보통이다. 이와 반대로 대중탕에서 때를 미는 일본인은 없다. 비누로 몸을 씻고 탕 속에 들어가 있다가 탕 밖으로 나와 머리를 감으면 목

욕이 끝나기 때문에 목욕시간도 한국인보다 **훨씬 짧다.** 이것은 일본인들이 목욕탕에 '**더러운 몸을 씻으러 간다**'는 개념보다는 '**따뜻한 물에 몸을 담그러 간다**'는 의식이 강하기 때문이다. 따라서 일본인들은 목욕탕에서 때(あか)를 미는 한국인들을 보면 노골적으로 불만스러운 반응을 보이고, 아예 한국인들이 많이 찾는 일본의 온천이나 대중탕에는 '때 밀지 마세요'라는 문구를 한글로 적어놓는 경우도 많다.

그러나 일본의 텔레비전을 통하여 한국식 때 밀기인 아카스리(あかすり)가 방송으로 소개되자 일본인들도 서서히 때를 밀기 시작했다. 일주일에 한번정도 한국식으로 때를 밀면 의학적으로 혈액의 신진대사(新陳代謝)가 원활해지고 피부가 고와지고 탄력성을 유지해 주는 효과가 있다는 전문의의 코멘트가 방송을 통해 시청자들에게 알려지자 한국식 때 밀기는 인기를 끌게 되었다. 이런 변화에 따라 '에스테관광'이라는 형태로 한국에 와서 코스처럼 한증탕을 찾아가 때 미는 아줌마에게 때도 밀고 마사지도 받는 일본여성관광객들을 많이 볼 수 있게 되었다. 에스테관광은 한국식 때밀이와는 약간 다른 형태를 보이는데 그것은 때만 밀어주는 것이 아닌 마사지와 지압이 결합된 형태의 서비스를 받는 것이다. 일본식아카스리의 방식을 보면 우선 30분 정도 열탕 사우나를 한 뒤, 피부가 나긋나긋해 졌을 때 다시 30분 정도 때밀이를 한다. 이태리타월로 몸 구석구석을 민다. 때밀이가 끝나면 오이 마사지가 뒤따르고 미용 소금으로 혈액 순환을 활성화 시키는 순서가 있다. 이것이 끝나면 또 해초 전신 마사지와 로션 마사지가 이어진다. 이렇게 해서 전 과정에 걸리는 시간은 대충 2시간 정도이다. 때밀이가 폭발적인 인기이다 보니 일본 전국에 한국식 때밀이업소가 우후죽순처럼 생겨났다. 한국식 때밀이는 일본식 이름으로 「에스테틱살롱」이라 불리는 일종의 피부 관리실에서 행해진다.

이 「에스테틱살롱」은 동경에 8천개, 일본 전국엔 2만5천개가 있는데 이 가운데 6% 정도인 1천5백개 「에스테틱살롱」에서 한국식 때밀이를 서비스하고 있는 것으로 알려져 있다.

(2) 씻는 행위에 관한 표현

한국인과 일본인 모두 목욕탕에서 깨끗이 씻는 것은 같지만 말의 표현방법은 서로 다르다. 일본에서는 머리카락, 얼굴, 손, 발, 몸 등은 모두가 씻는다(洗い)고 하지만 우리나라에서는 머리는 감고 얼굴, 손, 발은 씻고 몸은 닦는다 또는 씻는다는 것으로 각 부분에 따라 씻는 표현이 다르다. 일본인은 예로부터 풍부한 온천수를 가까이에 두고 살았기 때문에 번거롭게 목욕물을 데울 필요도 적었고 느긋하게 머리끝부터 발끝까지 한 번에 전신을 씻는 것이 가능했다. 그러나 한국인은 매일 목욕을 해야 할 만큼의 열악한 기후조건에서 살아 온 것이 아니기에 목욕문화가 발달하지 않았을 뿐만 아니라 전통가옥의 가옥구조상 각자의 집에서 목욕을 하는 일이 쉽지 않았다. 목욕탕은 동네에서 한 집이나 두 집만 설치되어 있어 동네 사람들이 교대로 번갈아 가면서 장작나무를 지펴서 목욕물을 데우곤 했었다. 그래서 매일 씻기가 불편했고 그때그때 상황과 여건에 맞추어 신체의 일부를 씻을 수 있었을 뿐 전신을 한꺼번에 씻을 수 없었다. 또한 조선시대의 유교적인 관습으로 인해 노출을 극히 꺼렸기 때문에 양반들은 혼자 목욕할 때조차도 옷을 다 벗지 않은 채 필요한 부분만을 씻었다 한다. 그 때문에 신체 부위별로, 씻는 행위에 대한 다른 표현이 생겨났을 것이다.

(3) 양국 대중탕의 영업시간과 탕 안 풍경

한국은 새벽 5-6시부터 시작하여 저녁 6-7시까지 하는 경우가 대부분인데, 일본의 경우는 오후 3-4시경에 시작하여 밤 12시경에 문을 닫아 비교적 영업시간이 짧은 편이다. 그 이유는 일본은 해양성 기후로 매우 습하고 끈적끈적해서 대부분의 일본인들은 저녁이 되어 하교길이나 퇴근길에 목욕을 하기 때문이다. 탕 안의 모습을 살펴보면 일본의 대중탕은 우리나라에 비하면 욕조가 작고 샤워시설과 사우나실의 규모도 작다. 또한 남탕과 여탕 사이가 벽으로 철저하게 분리되어 있는 한국과는 달리 일본의 대중탕은 남탕과 여탕 사이의 벽 위쪽이 뚫려있는 것이 특이하다. 뚫린 벽을 통해 서로 다른 쪽에서 하는 말을 알아들을 수 있기 때문에 욕조에 몸을 담근 채 이성에게 말을 거는 것이 가능하다.

또 다른 사람에게 폐를 끼쳐서는 안 된다는 교육을 철저히 받은 일본인들은 목욕탕에서도 조심조심 행동한다. 물이 옆 사람에게 튀지 않도록 항상 신경을 쓰며, 모르는 사람에게 등을 밀어 달라는 부탁은 애당초 상상도 못한다. 그러나 한국 사람들은 생전 처음 만난 사람끼리도 서로의 등을 밀어주는 것을 이상하게 생각하지 않으며 오히려 등을 밀어주면서 '인간의 정'을 느낄 수 있다며 대체로 긍정적으로 여기는 것과는 대조적인 모습이다.

그 밖에도 일본의 대중탕에서는 몸에 그림 등을 새긴 문신(이레즈미)을 한 사람들을 종종 볼 수 있다. 온몸에 잔뜩 빈틈없을 정도로 이레즈미를 한 청년이나 장년을 대중탕에서 보는 것은 한국에서는 좀처럼 볼 수 없는 진풍경이다.

6. 일본의 온천

(1) 온천을 선호하는 일본인

일본사람만큼 온천을 즐기는 민족은 세계적으로 드물다고 할 수 있는데, 얼마나 온천을 즐기는가 하면 심지어 케이블카에 탄 채로 온천을 즐길 수 있는 곳들도 있을 정도이다. 케이블카에 8개의 욕조를 4칸씩 두 줄로 만든 욕조에 각각 1명씩 뜨끈한 온천물에 들어가 앉은 채로 이 온천케이블카는 '사가미(相模)'만의 해안선을 따라 빙그르르 돌아간다. 그러니까 온천을 하면서 해변의 경치를 즐기라는 기발한 관광 상품인데, 제법 인기가 높다고 한다. 온천욕을 즐기는 일본인의 취향에 맞게 온천이 딸린 고급아파트도 등장하고 있다. 2002년 11월 하순에 분양한 신주쿠(新宿)의 '아파가든스 신주쿠 도야마공원'은 아파트부지 내 지하 800m에서 퍼 올린 온천물을 사용해 145가구 전체에 공급하고 있다. 도쿄 도내에서 이처럼 입주세대 전체에 온천물을 공급하는 것은 처음이라고 한다. 그러나 본래 온천수의 지표부 온도는 섭씨 25도이기 때문에 집에 공급할 때는 42도로 데워서 공급한다. 온천아파트의 가격은 일반 신규아파트와 큰 차이가 없으나 온천개발을 위한 굴착비용과 보일러설비 등의 비용은 분양가에 반영된다. 문제는 온천수를 공급하는 배관설비의 유지라고 하는데 온천수의 특질에 맞는 배관을 하지 않으면 온천수의 성질이 변하거나, 관이 쉽게 부식되는 문제가 생기는데 이런 문제점들 때문에 2003년 9월에 입주한 도쿄 오타(大

온천

田)구의 '도쿄 더 하우스'는 개발한 온천물을 이용해 대욕탕을 만들어 제공하기로 했다. 이 아파트는 290가구 전체가 분양 첫날에 모두 팔려 일본인들의 온천선호성향을 알 수 있게 해주었다.

또한 온천을 즐기는 일본인의 성향에 맞는 다양한 온천의 형태가 존재했는데 해수온천, 진흙온천 등 지역의 자연을 최대한 이용한 온천욕이 발전했고 경치 좋은 바다며 강물 또는 산 경치를 전망하는 자리에 로템부로(露天風呂)를 설치해서 자연을 감상하면서 목욕을 즐기기도 했다.

(2) 전국의 온천관광지

일본은 화산활동이 활발한 나라답게 공식적으로 확인된 온천만 해도 3,000개가 넘고 그 중에서 숙박시설과 확실한 온천 분석표가 있다고 헤아릴 정도니 가히 온천의 나라인 셈이다. 이 가운데는 천년 전부터 이용해온 유서 깊은 온천도 허다하고 숙식과 온천 휴양 및 정양에 부족함이 없고 온천의 종류도 다양하며 접근하는 교통편 내지는 안내가 완벽하게 정비되어 있어 관광의 거점이 되고 있다. 온천문화는 일본의 관광과 음식, 숙박문화를 지탱하는 원류이고, 온천을 뺀 일본 관광은 관광의 핵심이 빠진 것이라고 단언해도 좋을 것이다.

Ⅲ. 일본의 전통문화

1. 여장 남자들의 연극 - 가부키(歌舞伎)

한국에는 판소리가 있듯이 일본에는 가부키가 있다. 가부키는 "노(能)", "교겐(狂言)", "분라쿠(文樂)"와 함께 일본의 전통 무대예술의 하나이다. 가부키는 17세기 이즈모노오쿠니라는 여자 댄서와 그 단원들이 교토에서 연기한 첫 무대가 기원이 되었다고 한다.

▌가부키의 특징 ▌

가부키는 형식을 갖춘 움직임과 화려한 의상 그리고 광대한 스케일 등이 그 특징이라 할 수 있다. 그러나 가부키 하면 아마도 회전 무대인 마와리부타이, 아라고토 배우의 무서운 화장 그리고 여자역을 하는 남자 배우 오야마 등이 상징적이다.

가부키

Tip 오야마란?

가부키에서 가장 아름다운 장면은 여장 역할의 오야마의 분장과 의상에서 찾아볼 수 있다. 초기에는 매춘부 여성이 이 역할을 했는데 도쿠가와

막부에서 공중도덕에 해를 끼친다고 하여 금지되었다. 이후로 이 역할은 여장을 한 남자 배우가 맡게 되었다.

1. 가부키의 기원

가부키라는 말은 이상한 행위, 모습 등의 의미를 내포하고 있는 가부쿠(かぶく)라는 단어에서 유래한다. 가부키라는 말은 원래 [가부쿠(傾く)] 즉 [평평하지 않고 한쪽으로 기울다]라는 동사에서 시작된다. 또한 가부쿠란 [눈에 뜨이게 특이한 모습을 한다] [우스꽝스럽게 한다] [멋대로 행동한다] [호색한다]는 등의 의미도 지니고 있다. 바꾸어 말하자면 모든 정상적인 궤도로부터 벗어난 행동을 가리킨다. 이런 [가부쿠]를 추구하려는 풍조는 16세기 말 당시의 젊은이와 호사가들 사이에서 크게 유행했는데, 생활에서뿐만 아니라 예술의 세계에서도 큰 영향을 미쳤다. 예를 들면 6자(1.8미터)나 되는 큰 칼을 차고 다니거나, 긴 담뱃대를 쓰거나, 포르투갈이나 동남아시아 등지로부터 수입된 호화스러운 물건으로 실내 장식을 하는 등, 남의 눈에 확 띄도록 별난 언동을 하는 사람들을 [가부키 사람(かぶきもの)]이라고 불렀다.

이렇듯 가부키에는 호기심을 자극하는 보기 좋고 유별난 모양이나 행동이라는 어원적인 의미가 있지만, 이 무렵에 발생된 전통 연극을 지칭하는 가부키는 [歌舞伎] 또는 [歌舞妓]라는 한자로 표기하게 되었다. 가부키는 노래(歌)와 춤(舞)과 연기(演技)가 어우러지는 공연물이라는 의미로 해석되면서 한자 표기로 [歌舞伎]라는 명칭이 붙었다. 가부키는 한동안 [歌舞妓]로 표기되기도 했는데, 이는 노래와 춤이 기녀들에 의해서 이루어진 공연물이라는 의미도 지니고 있었기 때문이다.

 2. 가부키의 역사

▌시작은 여자배우 [오쿠니(阿国)]에서 출발 ▌

초기의 가부키는 오늘날의 연극이 스토리를 중시하는 것과는 달리 음악과 춤이 중심이 된 일종의 무용극이었다. 중세의 오랜 전란에 시달리다가 근세의 평화로운 시대를 맞이한 사람들에게, 그 해방감 속에서 이에 걸맞은 매우 화려한 춤과 노래로 엮어 낸 무용극은 시기에 적절한 볼거리로 등장하였다.

가부키의 시조는 이즈모(出雲) 지방 출신의 무녀(巫女)인 오쿠니라고 한다. 오쿠니는 1603년 이즈모 지방의 큰 신사(神社)인 이즈모다이샤(出雲大社)의 중수를 위한 순회 모금을 위하여 각지에서 염불에 맞추어 춤을 추었는데, 이 춤은 원래 종교적인 목적을 위한 춤이었으나, 이전과는 크게 달리 연출하여 흥행 면에서도 대성공을 거두게 되었다.

신사 경내의 가설 무대에서 벌인 오쿠니의 별난 춤은 삽시간에 뭇사람들을 매료시킴으로써 일약 인기의 대상이 되었다. 그때까지만 해도 불교의 금지 규율 때문에 여자가 대중적인 무대에 서는 일은 금지되었다. 그러던 중에 갑자기 꽃들도 시샘을 할 만한 눈부신 미녀들이 나와서 가무를 하였으니 많은 사람들을 매료하였음은 당연한 일이었다. 게다가 그 연기의 내용도 색다른 바가 있었다.

▌미녀 가부키에서 미소년 가부키로 ▌

오쿠니는 노래와 춤뿐만이 아니라 스스로 남자 차림을 하고 술집을 드나든 장면, 젊은 작부들과 놀아나는 장면 등을 연기로 보여 주었다. 그리고 샤미센(三味線)을 들고, 포르투갈의 남자 천주교도들이 입는 이국적인 양복바지를 입고, 커다란 십자가를 목에 걸고 치렁치렁 장식한 칼을 차고 무대에 등장하여 관객들을 놀라게 했다. 이런 복장은 당시로서는 매우 경이로운 것이었기에 크게 사람들의 호기심을 불러 일으켰다.

새롭고 색다른 것이라면 무엇이든 끌어들여 볼거리로 만들어 당시대의 첨단을 가며 새로운 유행을 만들어내는 오쿠니는 화제의 주인공이었다.

오쿠니의 인기가 널리 알려지자, 오쿠니를 본 뜬 여성 중심의 극단이 많이 나타나 흥하게 되자 그 가운데는 매춘을 겸하는 경우도 종종 생겨났다. 당시의 가부키를 여자 가부키 혹은 유녀(遊女) 가부키라 했다. 가부키 여자 배우들 때문에 일어나는 풍기문란 사건이 끊이지 않자, 가부키 발생 후 26년째 되던 해인 1629년에는 가부키 금지령이 내렸다. 그 후 여러 가지 조건을 달아서 가부키가 재허가를 얻어 다시 공연되기는 했으나, 이후로 여자가 가부키 무대에 서는 일은 없어지게 되었다.

여자 가부키가 금지되자 가부키 관계자와 그 가족들은 생계유지를 위하여, 또한 가부키 애호가들도 가부키를 보고 싶어 하여 공연을 허가해야 한다고 관청에 건의문을 올렸다. 이런 건의에 대하여 관청에서는 여자배우 대신에 남자배우만 무대에 선다는 조건으로 가부키의 공연을 허락했는데, 이를 소년 가부키 즉 **와카슈 가부키**(若衆歌舞伎)라고 한다.

▎여장 남자 배우들의 가부키 ▎

남장을 한 여자 배우들이 하는 가부키와는 달리 미소년들이 여장을 하여 새로이 인기를 누리기 시작했다. 소년 가부키의 내용은 춤과 중세부터 전해오던 가면극 노와 희극인 교겐을 각색하여 연출한 것이었다.

이때부터 생긴 남자가 하는 여자역을 **온나가타**(女方)라고 하는데 이는 가부키의 중요한 요소가 된다. 온나가타는 여자 가부키가 금지된 이후, 여자 대신 남자배우에 의해서 변칙적으로 여자 역을 공연한 데서 비롯된 특수한

연출법이다. 그런 점에서 볼 때, 소년 가부키의 시작은 가부키의 역사상 획기적인 사건이었다고 할 수 있다. 그러나 한편, 소년 가부키를 연극적인 면에서 볼 때는 여자 가부키와 조금도 다를 바가 없었고, 크게 달라진 점은 소녀 역을 소년으로 대신 했을 정도였다. 이는 여자 가부키나 소년 가부키가 대사나 동작 위주의 연극이 아니라, 무용을 중심적인 볼거리로 하는 무대였으므로, 연기를 보여준다기 보다는 관객에게 아름다운 미모를 보여주는 데에 중점이 있었다.

에도(江戸)시대의 제3대 장군인 도쿠가와이에미츠(德川家光)는 가부키를 하는 미소년들을 매우 좋아했는데, 병이 들면 소년 가부키를 자기 곁에 불러들이기도 했다. 그러나 소년 가부키단 내부의 분쟁, 소년들과 귀족 부인들과의 불륜 관계, 미소년들이 남색의 대상이 되기도 한다는 등의 문제가 클로즈업 되고, 소년 가부키를 비호하던 장군도 세상을 떠나자, 소년 가부키는 풍속을 해친다는 이유를 들어 소년들의 출연을 금지시켰다. 이윽고 1652년에는 전면적인 가부키 공연 금지령을 내리기에 이르렀다.

소년 가부키가 금지되자 가부키에 종사하는 사람들은 어떻게 하든 가부키를 부활시켜야 한다고 생각했다. 가부키 금지의 이유가 된 남색 문제가 재발하지 않도록 하기 위하여 배우는 소년티가 나지 않도록 머리 모양과 복장도 남자 청년의 차림새로 할 것, 인간사를 흉내 내는 연기 즉 구체적인 스토리를 엮어서 연기하도록 할 것 등의 두 가지 조건을 걸고 1653년에 다시 흥행 허가를 받았다.

▌ 가부키의 꽃 온나가타(女方) ▌

이로 인하여 가부키는 곤경에 빠지게 되었지만, 그런 조건을 감수하며 재출발을 할 수밖에 없었다. 그러나 이런 엄한 조건도 후일에 가서 생각하자면

온나가타

도리어 전화위복이 되었다. 왜냐하면 여기에 이르러서 가부키는 대사와 동작을 주제로 삼는 본격적인 연극으로 재출발을 하게 되었기 때문이다. 노래(歌)와 춤(舞)이 엄격히 규제 당하게 된 가부키가 나아갈 길은 극의 내용을 충실하게 구성하는 일과 기예를 갈고 닦는 길밖에 없었다. 특히 남자 배우들이 남자 배역은 물론 여자 배역까지 담당해야만 되었다. 요시자와 아야메(芳沢あやめ : 겐로쿠시대를 대표하는 온나가타 배우)라는 명배우에 의해서 체계화된 온나가타의 연기 이념의 근본은 평생을 두고 여자로서 생활해야 한다는 신조를 관철하는 생활에 두었다. 남자가 여자로 변신한다는 것은 실로 불가능한 이야기지만, 온나가타를 담당하는 배우는 해내야만 하는 과업이라고 생각했다.

그래서 이 온나가타 배우들은 철저하게 여성으로 살아가는 법을 실천했고, 여성의 심리와 거동을 자신의 것으로 만들었으며, 그러면서도 오히려 여자 자신이 느낄 수 없는 여성다움을 보다 날카롭고도 적절하게 표출하여 그것을 다소 과장된 표현으로 아름답게 강조했었다.

▌가부키의 황금기 ▌

이런 고난을 겪은 뒤에 재기된 가부키는 보다 장대한 스토리로 얽어내는 단막물의 창작, 하나미치(花道)라는 새로운 무대 양식의 창안 등으로 비약적인 발전을 이루어 가부키의 황금시대를 이루었다.

18세기 중반에는 인형극인 닌교죠루리(人形浄瑠璃)의 인기 작품을 가부키화하여 가부키 무대에 올려 레파토리를 확충했다. 가부키의 무대는 다이내믹한 전개를 구사하기 위하여 회전무대를 만들어 관객을 매료시키며, 음악과 춤, 연출상의 기법도 발전시켰다.

그러나 이런 전성기를 지나 19세기 후반에 이르러 새로운 정치 경제 체제가 이루어지자 사회의 경향이나 가부키에 대한 취향도 달라졌다. 평범한 것은 이미 사람들의 관심에서 떠나 사람들의 환심을 살 수가 없게 되었다. 그러므로 잔혹한 살인 장면이나 농도 짙은 러브신이 자주 나오는 기제와극(生世話劇)이나 악당이나 도적을 주인공으로 하는 이른바 시라나미모노극(白浪物劇) 또는 한 사람의 배우가 순간적으로 변신하여 여러 역을 맡는 헨게 무용(變化舞踊) 등이 나타나 가부키도 새로운 단계에 들어서게 되었다.

이윽고 메이지(明治)시대로 들어서자 서양의 문화가 일시에 흘러 들어오면서 가부키도 서양 연극의 기법에 많은 영향을 받게 되었다. 그러나 가부키의 일본 전통 연극으로서의 본질은 잘 계승되어 오늘날에도 많은 관객을 확보하여 활발하게 공연되고 있다.

3. 가부키의 주제

작품의 내용에 따라서, 지다이모노(時代物)・세와모노(世話物)・오이에모노(お家物) 등으로 구별한다. 지다이모노는 고대나 중세의 귀족이나 무사들이 주인공이 되는 역사극을 가리킨다. 세와모노는 근세 서민들의 실생활 가운데 일어난 사건을 다룬 작품들이다. 오이에모노란 근세에 다이묘(大名)들의 한(藩)을 중심으로 일어난 사건을 다룬 작품이다.

유명한 충신의 이야기 [추신구라(忠臣蔵)]

한국에서 가부키가 정식으로 공연된 것은 1988년, 이 때 일본 전통 연극을 대표하여 공영되었던 작품이 추신구라(忠臣蔵)였다. 많은 작품 가운데서 이 작품을 선택했다는 것은 일본적인 특성이 두드러진 작품이자 일본 국내에서도 가장 인기 있는 작품이라는 이유 때문이었다.

추신구라의 내용은 1703년에 실제 일어났던 복수 사건인 아코의사(赤穗義士) 47명의 활약담이다. 당시 막부의 간섭 때문에 사건을 있는 그대로 극화하지 못하고, 시간적 배경을 아시카가(足利)시대로 거슬러 올라간 시점으로 설정하였다.

아코성의 성주 아사노(浅野)는 당시의 참근교대(参勤交代: 지역 영주의 에도거주 의무화제도)제도에 따라서 에도에 기거하고 있었다. 아사노는 에도막부의 교관이던 기라(吉良)의 지휘 아래서 일하고 있었으나, 기라와의 의견 충돌로 인한 싸움 끝에 상처를 입히게 되었다. 그러나 당시의 법도에 따라서 성안에서 칼을 뽑은 무사는 자결하라는 엄명을 받고 억울하게 세상을 떠난다. 유라노스케(由良之助)를 비롯한 아사노의

추신구라

부하들은 주군을 잃고 일자리도 없는 낭인이 되었지만, 주군의 복수를 맹세한 뒤에 서로 흩어져 가난과 외로움의 삶을 견디며 복수의 날을 기다린다. 당장에라도 복수에 나서고 싶지만, 이들에 대한 감시가 느슨해질 때까지 기다려야 했다. 특히 유라노스케는 주색에 빠진 폐인처럼 보이도록 생활하며 감시의 눈을 피했고, 다른 부하들도 역경을 견디면서 때를 기다렸다. 드디어 약속했던 날 주군을 죽게 한 기라의 목을 베어 주군의 무덤 앞에 바치고 향을 피운다.

이는 주군에 대한 철저한 충성심을 행동으로 옮긴 일이었다. 에도 막부 시대에 철저한 충성심으로 상하 관계가 이루어지던 무사사회의 미덕과 가치관이 잘 나타난 가부키 추신구라이다. 이 가부키는 주군을 잃은 무사 한사람 한사람이 지휘자 유라노스케를 중심으로 정의감으로 단결하여 고난을 이겨내며 뜻을 이루는 강렬한 충의를 그려낸 작품이다.

4. 가부키의 특수장치

▌ 하나미치(花道)가 있는 무대 ▌

가부키 극장에 가면 우선 눈에 들어오는 것이 독특한 무대 구조이다. 객석에서 보아 정면에 있는 무대가 있고, 왼쪽에는 무대와 객석을 지나 뒤쪽으로 연결되어 있는 하나미치(花道)가 있다. 하나미치라 해도 꽃으로 장식한 길이라는 뜻은 아니다. 무대 면과 같은 높이로 만든 기다란 마루 부분이다.

하나미치

배우들은 이 마루를 통하여 등퇴장을 하게 된다. 그러나 중요한 점은 이 하나미치가 단순히 배우의 등퇴장만을 위한 통로는 아니라는 점이다. 단순한 등퇴장만을 위해서라면 흔히 보는 현대 연극의 경우와 같이 무대 좌우에서 등퇴장을 해도 상관이 없을 것이다. 가부키에서는 무대의 좌우로 등퇴장하는 장면도 있지만, 특별한 효과를 내기 위해서 주요 등장인물은 하나미치를 통해서 등퇴장한다. 등퇴장하는 장면도 연기의 일부가 되니 하나미치는 단순한 통로가 아니라 중요 장면을 연기하는 무대의 일부가 된다.

주인공은 하나미치를 등장할 때, 얼마만큼 왔다가는 반드시 멈춰서서 한 대목을 연기한다. 그 위치는 객석 뒤쪽에 막이 드리워져 있는 입구로부터는 약 7할 되는 곳, 무대 쪽으로는 약 3할쯤 되는 지점에서 배우가 멋지게 한 대목의 대사를 읊거나 아름다운 모습과 멋진 포즈를 보여준다.

이곳은 관객과 배우와의 거리가 매우 가까운 곳이다. 배우가 객석 속으로 들어가 관객의 손이 닿을 만큼 가까운 거리에서 친근감을 느끼도록 하려는 연출 방법이다.

배우는 될 수 있는 대로 관객에게 가까이 다가가려 하고, 관객은 조금이라도 더 가까운 위치에서 배우를 대하면서 서로가 친밀감을 나누려 한다. 배우와 관객, 무대와 객석이 하나로 어우러질 수 있도록 만든 하나미치의 구조, 이런 극장 분위기야말로 가부키가 지닌 서민성 혹은 민중성이라고 할 수 있다. 약 300년의 역사를 지닌 하나미치는 무대의 한 중요한 부분이며 모든 작품은 반드시 이 하나미치를 잘 구사하도록 구성되어 있다.

▋ 회전 무대와 막 올리기 ▋

무대 구조의 또 하나의 두드러진 특징은 회전 무대를 쓴다는 점이다. 장방형의 무대 중간에 마루의 한 부분이 회전할 수 있도록 회전무대를 설치한다. 회전 무대는 원래 장면전환을 신속하게 하기 위한 장치이지만, 굳이 막을 내리지 않은 채, 관객이 보는 앞에서 무대를 회전시키기도 한다. 이 방법은 장소가 옮겨지고 있는 과정이나, 전후 장면의 대조적인 분위기로 바뀐 과정을 시각적으로 느끼도록 하는데 매우 효과적인 연출법이다. 회전무대는 막의 전환에 쓰이는 시간이 절약된다는 실리적인 기능과, 관객들의 장면의 전환 과정까지도 감상할 수 있다는 예술적 효과를 지닌다.

무대의 천장에는 장면 전환에 쓰이는 수많은 막이 준비되어 있을 뿐 아니라 장면에 따라서 건물이나 대도구 등의 무대장치를 통째로 위로 끌어올리는 리프트 장치도 있다. 눈이 오는 장면에서 종이 눈을 뿌리거나, 꽃잎이 날리는 장면 등에 쓰이는 바구니도 매달려 있다.

가부키 무대에는 굵은 주황색 · 진초록색 · 검정색 등의 세 가지 색깔의 가로줄 무늬로 된 막을 드리운다. 이 막은 히키마쿠(引幕) 또는 죠시키마쿠

히키마쿠

(定式幕)라고도 한다. 신작 가부키나 무용극에서는 상하로 오르내리는 막을 쓰기도 하지만, 전통적 가부키에서는 사람이 나와 직접 히키마쿠를 좌우로 끌어 당겨서 열고 닫는다.

가부키를 시작할 때는 효시키(拍子木) 소리를 울리며 막을 연다. 원래 효시키는 스모나 인형극에도 쓰이는데, 시작을 알리거나, 단락이 바뀔 때, 끝남을 알릴 때 등의 신호로 두드리는 나무 막대기를 말한다. 매우 맑고 높은 음을 내는 효시키의 '따악 따악, 딱… 따악, 따악 딱…'하는 독특한 소리는 가부키 무대의 분위기를 청각적으로 전달하는 역할을 하도록 고안되었다.

▌ 무대 좌우의 음악 ▌

무대의 좌우에는 가부키 음악을 연주하는 악사들의 자리가 마련되어 있다. 왼쪽에는 작은 창을 여러 개 내고, 발을 드리워 객석에서는 들여다보이지 않게 한 방이 있는 데, 이를 게자(下座)라 한다. 게자는 피리·샤미센·징·목탁·여러 가지 북 등을 연주하는 방이다. 여기서는 쓸쓸한 장면이나 신나는 장면 혹은 애틋한 장면을 나타내는 효과 음악을 연주하고, 새 우는 소리나 벌레 소리, 비 오는 소리, 뇌성, 시냇물, 파도치는 소리 등을 상징적으로 나타내는 효과음도 낸다.

샤미센

오른쪽에는 유카(床)라고 하는 높은 덧마루를 만든다. 유카는 장면의 정경이나 인물의 동작, 심경 등을 말과 노래로 전하는 내레이터가 앉는 자리이다. 내레이션은 기다유부시(義太夫節)라는 곡조에 맞추어 하게 되며, 이 악사를 다유(太夫)라 한다. 다유의 옆 자리에는 샤미센(三味線)으로 기다유부시의 반주를 담당하는 악사가 앉게 된다. 유카와 게자는 서양 오페라의 오케스트라 박스와 같은 공간이라 할 수 있다.

▌구마도리(隈取り)와 미에(みえ) ▌

가부키 무대에서 이루어지는 연기나 대사는 음악과 더불어 전개된다는 특징이 있다. 관객들은 이미 알고 있는 극의 전체적인 스토리보다는, 음악과 더불어 전개되는 극의 각 장면을 즐긴다는 말이다.

가부키는 리얼리즘을 추구하는 연극 장르보다는 오페라나 뮤지컬 등의 음악극 장르에 가깝다고 할 수 있다. 따라서 가부키는 가벼운 기분으로 즐기는 양식화된 음악극의 일종인 셈이다. 가부키의 양식화된 연출법은 각 장면의 분위기나 등장인물의 성격들을 설명해 주며, 감정을 고조시키는 역할을 한다.

이러한 양식성은 배우와 연기에도 많이 나타난다. 화장하는 방법이나, 동작, 등퇴장하는 방법 등에 이미 정해져 있는 양식을 활용하여 배우가 전하고자 하는 메시지를 보다 즐겁고도 설득력 있게 전달한다.

구마도리

가부키 배우들은 얼굴에 매우 짙은 화장을 해서 등장인물의 성격을 나타낸다. 얼굴에 유성염료로 붉은 색의 줄이나 파란 색의 줄을 그려서 배역의 성격을 인상적으로 표현한다. 대체적으로 씩씩하고 선량한 사람, 즉 영웅이나 강자 등은 붉은 색으로, 악인이나 유령을 나타낼 때는 푸른색으로 그리기로 되어 있다. 그로테스크하며 매우 과장된 화장법을 씀으로써 선인과 악인의 내면적 성격을 외관으로 직접적으로 드러나게 한다. 이 유형화된 화장법을 **구마도리(隈取り)**라 하는데 가부키 연출의 중요한 기법이다.

영웅이나 초인간적인 강력함을 지닌 인물은 얼굴뿐 아니라 팔이나 다리에도 강력함을 강조하는 빨간 줄무늬를 그린다. 이러한 인물이 무대 위를 누비고 다니면서 악인이나 악귀를 통쾌하게 해치우곤 한다.

배우가 연기하는 중에 감정이 고도로 격앙된 순간이나 절정에 달했을 때,

효시키를 두드리는 소리와 함께 그 멋진 순간의 동작을 그대로 정지시켜 보인다. 관객에게 가장 멋진 연기 대목을 찬찬히 음미할 수 있도록 한 연출법이다. 이런 절정의 대목에 정지된 동작을 미에(見得)라고 한다.

배우의 멋진 동작의 절정 부분을 정지시켜서 보는 이 과장된 연기법에는 마치 비디오를 보다가 한 순간을 정지 화면으로 음미하는 것과 같은 효과가 있다. 실제 상황 가운데서는 도저히 있을 수 없는 동작 양식이지만, 관객들은 미에를 보며 극적 감정을 고조시키며, 배우의 멋진 모습을 머릿속에 확실하게 새겨 불 수 있게 된다.

▌ 대대로 이어지는 배우의 가업 ▌

명배우가 각고 끝에 창안해 낸 연기 기술은 대대로 세습되면서 세련미를 더하여 간다. 배우들은 관객들에게 보다 큰 즐거움을 주기 위해 여러 가지 연기 기술을 고안하며, 많은 훈련을 쌓는 등의 노력을 기울였다. 가부키의 세계에는 무명 청년이 운이 좋아서 어느 날 하루아침에 스타가 되었다는 일은 있을 수 없다. 배우의 가업은 세습제로 이어지기 때문에 배우들은 어려서부터 오랜 수련 기간을 거쳐서 탄생되었다.

연기의 훈련은 철저하고 장기간에 걸쳐서 이루어지며, 일정한 수준에 도달하면, 조부나 부형이나 스승의 이름을 이어받아 연기자 생활의 대를 잇게 되는데, 이름을 이어받는 일을 슈메이(襲名)라고 한다. 이 과정에 이름만 이어받는 것이 아니라 연기의 양식과 팬 그룹도 물려받게 된다.

가부키는 극적인 음악과 일상에서 출발하여, 그것을 극복하여 창조된 양식적 연기의 세계를 즐기는 연극이다. 일본의 전통적인 미의식이 잘 반영되어 있는 화려하고 잘 정돈된 무대 위에 전개되는 이야기는 일본인들의 정서와 가치관을 잘 드러내고 있는 일본 전통극의 대표적 존재이다.

5. 현재의 가부키

한 집안에서 대대로 이어가는 것이 가부키의 전통이지만, 보다 폭 넓은 층에서 인재를 육성하기 위해 1969년에 국립극장이 만든 가부키 배우 양성소는 2년제로, 매년 약간명만을 모집한다. 합격하면 수업료 일체가 무료이고 졸업 후에는 가부키 배우의 길도 열린다.

도쿄 중심부 고쿄(皇居)의 수로에 인접해 있는 국립극장에 일주일에 5번, 여섯 명의 젊은이가 모인다. 그들은 가부키 배우를 목표로 공부하고 있는 가부키 배우 양성소의 제17기 학생들이다. 동기생인 이들의 나이는 16세부터 24세로 연령층이 넓다.

일본에서 가부키 배우가 되기 위한 방법은 3가지가 있다. 첫째는 가부키 가문의 아들로 태어나는 것, 둘째는 가부키 가문에 문하생으로 들어가는 것, 그리고 마지막은 이 양성소에 입문하는 것이다.

가부키에서는 일본무용과 나가우타(長唄), 샤미센(三味線) 등 전통예술에 관한 기본소양이 필요하다. 가부키 배우의 집에 태어나면 어릴 때부터 지도도 받고, 아역으로 무대에도 서면서 기본소양을 습득할 수 있으나, 일반가정에 태어난 사람들은 문하생으로 들어가든지 양성소에 입학하는 것 말고는 가부키 배우가 되는 방법이 없다.

양성소에서는 발음이나 발성법, 화장법, 춤과 체조, 음악 등의 실전에 입각한 수업이 이루어지고 졸업 후, 바로 무대에 설 수 있도록 육성하고 있다. 근래에 와서는 큰 배역을 맡는 선배도 차츰 나오게 되었고, 이곳의 졸업생들은 가부키계에서 빼놓을 수 없는 존재가 되어 가고 있다.

그렇다면 이들이 양성소를 찾게 되는 계기는 무엇일까?

학생 중에는 어릴 적부터 일본무용을 배우던 사람, 양성소에 입학하기 전부터 가부키에 흥미를 가지고 있던 학생도 있다. 그러나 「연극이나 자작영화 등에서 자유로운 표현 활동을 하고 있었는데 전혀 다른 고전적 표현에 매력을 느꼈다」, 「일본인이면서도 가부키에 대해 전혀 몰랐기 때문에 직접 경험해보고 싶었다」는 등, 가부키에 대한 지식이 전혀 없는 이들도 적지 않다고 한다. 그리고 「미지의 세계였던 가부키를 배우게 되어 즐겁다」라고 한결같이 입을 모은다.

이들 모두의 머리 속에는 가부키로 가득 차 있다. 수업시간은 물론, 휴식 시간조차도 마치 인기 드라마에 나오는 인기배우를 친구들과 얘기하듯, 가부키 등장인물들에 대해 이야기하는 모습은 같은 세대의 젊은이들이 좋아하는 스포츠나 음악에 빠져 드는 모습과 조금도 다를 바가 없다. 그리 멀지 않은 장래에 전통과 격식을 중요시하는 가부키계에 새로운 바람을 몰고 올 젊은이가 이 양성소에서 배출되어, 내일의 스타가 되기를 기대해 본다.

2. 일본의 국기(国技) - 스모

일본의 전통 문화에서 빠지지 않는 것이 스모다. 거대한 체구에 마와시(回し : 샅바)를 입는 스모 선수의 그림이나 사진만 있어도 바로 일본을 나타낸 것이라고 누구나 짐작한다.

런던대학 동양 아프리카 연구 스쿨에서 일본 인류학을 가르치는 돌로레스 마르티네즈는 그의 저서 '일본인은 왜 스모에 열광하는가!'에서 일본 스모의 양식화된 동작은 가부키 연극과 일맥상통하며, 대중의 우상으로 받들어 지는 스모 선수는 국민적 우상인 천황의 또 다른 모습이라고 말한다. 스모 선수들이 입장하고 퇴장할 때 관객들이 선수들의 몸을 만지는 것은 그들이 과거 왕족과의 신체 접촉으로부터 힘을 전해 받을 수 있다던 믿음과 상통하며 천황제와 스모 사이에는 긴밀한 연관성이 존재한다는 데서 스모는 일본 속에서 도도하게 자리 잡고 있다는 것이다. 천황의 대중에 대한 인기가 내려가면 스모의 관객 수도 실제로 줄어든다는 것 또한 이를 뒷받침하는 현상이라고 그는 분석했다.

요즘엔 우리나라에서도 NHK 방송을 통해 주말에 가끔 스모 경기를 볼 수 있기도 하다.

고대의 이미지를 연상시키는 화려한 '마와시'(回し : 샅바)와 '오이쵸'(은행잎으로 올린)라고 불리는 독특한 머리 모양과 함께 스모는 '도효'(土俵 : 밑짚으로 만든 높은 경기장)와 순위 제도 등의 전통적 관습을 따르고 있으며 신도의 종교적 의식과 결합되었다.

거한들이 샅바만 두른 채, 혼신의 힘을 다해 힘과 기술을 겨루는 스모를 보고 있노

라면, 경기의 승패 결과도 흥미 있지만, 그 진행 과정이나 경기장의 장식 또한 매우 흥미롭다. 샅바만 두른 두 장사가 나와 상대방을 쓰러뜨려 승패를 가른다는 기본적인 양식은 우리의 씨름과 다를 것이 없다. 그러나 일본의 스모의 형식에는 일본의 문화적 전통이 반영되어 있으며, 스모를 진행하는 사람들의 감정은 절제된 표현으로 나타난다. 마치 종교의식이라도 치루는 것처럼 보이기도 한다.

스모의 출발점은 민간에서 행해지던 자연발생적인 단순한 힘겨루기 놀이에 있었으나, 한편 신화나 궁정의례와 관련되면서 그 내용에 상징적인 요소를 첨가하기도 하고, 흥행적인 면으로도 조직화되고 세련되어 왔다.

우악스럽게 힘만을 겨루는 것이 아니라, 종교 의례적인 요소를 연출하며, 또한 엄격하게 예의범절을 지키는 가운데, 아기자기한 요소를 볼거리로 제공하는데 그 묘미가 있다. 이런 묘미를 잘 엮어서 발전시켜 온 스모는 오늘날 인기 스포츠이자 '일본의 국기(国技)'로 정착되기에 이르렀다.

� 1. 백제와 관련되어 있는 스모의 기원

기록에 나타난 스모의 기원을 논할 때는 대개 고지키(古事記)나 니혼쇼키(日本書紀)의 신화를 인용한다. 물론 신들의 세계를 이야기하는 과정에 등장된 스모이기 때문에 역사적 사실로 받아들일 수는 없지만, 고대인들의 스모에 관한 인식을 읽어 낼 수 있는 좋은 자료가 된다.

다케미카즈치신(建御雷神)과 다케미나카타신(建御名方神)이라는 두 신이 벌인 힘겨루기 내기에 관한 기사나, 노미노스쿠네(野見宿禰 : 일본서기에 등장하는 스모신)와 다이마노케하야(当麻蹴速)의 격투에 관한 기사는 일본의 스모에 관한 역사를 말할 때면 반드시 등장되는 이야기이다.

흥미롭게도 일본의 스모에 관한 가장 오래된 사실(史実)은 우리의 역사와 관련되어 있다. 서기 642년에 왕이 백제에서 온 사신을 환대하기 위하여 궁정에서 병사들 가운데 장사를 뽑아 스모를 하게 했다는 기록이 니혼쇼키(日本書紀)에 전해지고 있다.

그 후 스모는 정기적인 궁정의례의 하나로 오랫동안 행해졌다. 중앙집권의 강화를 위한 목적으로 왕은 신하들을 불러서 여러 가지 형식으로 여는 잔치인 세치에(節会)를 계속했다. 세치에 가운데는 스모세치에도 있어서, 440년간이나 지속되었던 일은 스모의 역사와 성격과 방향을 결정짓게 했다.

✿ 2. 프로 리키시(力士)의 등장

중세에 권력이 조정으로부터 무사들의 손으로 넘어가자, 스모는 무사들 사이에 전쟁을 위한 연습이나 일상의 신체 단련 등, 이른바 실전용의 무술로서의 실용적 의미가 강조되었다. 가마쿠라막부 설립 후 1189년에 장군 미나모토요리토모(源賴朝)는 가마쿠라의 츠루오카하치만신사(鶴岡八幡宮)에서 스모 대회를 열어 친히 관람하며 즐겼고, 그 후에도 자주 열었다.

전국시대가 되자 각 영주들도 스모를 장려하여 무사들의 필수적인 무술로도 유행하기에 이르렀다. 그 가운데서도 오다 노부나가(織田信長)는 1570년부터 1581년 사이에 아즈치성(安土城)에서 여러 차례 스모 대회를 열어 관람했는데, 이때 참가한 리키시의 수효가 1500여명에 이른 경우도 있었다. 이처럼 스모가 장려되면서 이에 따라 직업적으로 스모를 하려는 사람, 리키시(力士)가 등장하게 되었다.

▌ 종교성을 표방 ▌

한편 스모는 경기 진행방법에 여러 가지 제한을 두게 되자 실전적인 기능이 약화되었다. 실용이 아니라 경기를 위한 경기로서의 의미가 강조되자, 이윽고 대중오락으로 변신하게 된다. 이런 상황 가운데서 등장하는 것이 간진(勸進) 스모다. 간진이란 원래 불교어로 신사나 절의 건립이나 수리에 필요한 자금을 모으기 위해 여는 행사를 말한다.

전국시대가 막을 내리고 전란이 사라지고 일자리를 잃은 많은 떠돌이 무사들을 중심으로 하는 직업적인 스모 집단이 생겨났다. 이들은 오사카·교토·에도 등지에서 간진스모(勸進すもう : 신사나 절의 건립에 필요한 자금을 염출하기 위해 여는 행사)라는 간판을 내걸고 활동하기 시작했다.

남아 있는 기록에 의하면 1645년 교토에서 관청의 허가를 받고 행했던 간진스모가 최초의 것이다. 이후 각지의 영주들의 비호를 받으며 간진스모 흥행 집단들은 각지를 순회하게 되었다. 간진스모는 종교행사로 출발했지만, 차츰 그 목적을 벗어나서 리키시 자신들의 생계유지의 수단으로서 상업성을 띤 흥행물로 바뀌어 갔다.

이 무렵에 형성된 스모 대회의 흥행적인 성격은 오늘날에도 잘 전승되어 있다. 요즘에도 매년 6차례씩 정기적으로 열리고 있는 본대회인 오즈모(大相撲)의 양식은 간진스모의 양식을 이어받은 것이다.

▌ 개화의 물결과 리키시의 머리 모양 ▌

간진스모는 처음에는 교토와 오사카를 중심으로 흥하더니, 1750년을 전후하여 에도로 주도권이 옮겨졌다. 이에 따라 스모를 운영하는 조직도 효과적인 흥행을 할 수 있도록 변화되었다. 서민문화의 대두라는 당시의 사회 체제에 맞추어 스모 집단의 인적 구성과 경기진행 제도 등을 정비하던 것도 이

시기였다.

도쿠가와(德川) 막부가 붕괴되고 메이지유신에 의한 새로운 정치제도는 지금까지의 영주의 비호 아래서 활동하고 있던 리키시들에게 한동안 큰 타격을 주었다. 문명개화의 풍조에 따라서 젊은 관리들로부터 '스모란 벌거숭이로 사람들 앞에서 추는 미개한 춤'이라며 비하되었다. 설상가상, 1871년에는 단발령이 발표되어 리키시들도 일반인들처럼 머리를 짧게 자르라는 명령이 있었다. 리키시들의 독특한 모양의 상투머리를 금지한다는 것은 리키시들로서는 매우 치욕적인 일이자 스모를 모독하는 일이라고 여겼다.

그러나 마침 몇몇 고관들 가운데는 스모 애호가가 있었다. 이들의 힘으로 리키시들에게는 단발령을 적용하지 않는다는 예외 조항을 두어, 리키시들은 전통적인 머리 모양을 유지할 수 있게 되었다. 오늘날에도 리키시들은 전통적인 리키시 상투를 틀고 스모에 임하고 있다.

고쿠기칸(스모전용경기장)

스모가 다시 인기 회복의 기미를 보였던 것은 1889년 왕이 친히 스모를 관람하던 때부터였다. 그 후 1909년에는 스모 전용 경기장인 고쿠기칸(国技館)이 도쿄 시내의 료고쿠(両国)에 건립되어 13,000명의 관객을 수용할 수 있게 되자 스모 관람은 바야흐로 대중성을 띠게 되었다. 1925년 무렵부터는 매스미디어의 발달에 힘입어 전 국민의 관심을 불러 모으게 되었고, 그 여파는 현재까지 이르러 스모의 인기는 지금도 대단하다.

▌ 농촌의 호노(奉納)스모 ▌

스모가 이러한 폭넓은 지지를 얻는 까닭은 무엇인가. 그 이유는 귀족들의 큰 후원이 있었음은 물론, 민간의 풍속 가운데도 스모가 널리 뿌리를 내리고 있었기 때문이다. 농촌에서는 자신들의 마을에 와서 순회 흥행을 하는 리키시들을 통해서 스모를 알고 있었을 뿐만 아니라, 농민들 스스로가 스모를 하기도 했다. 힘겨루기 놀이로서 마을 사람들끼리 부담 없이 즐기던 스모는 '구사(草) 스모'라 했다. 뿐만 아니라 농촌에서는 일정한 절기마다 '호노(奉納)스모'라 해서 마을의 수호신을 즐겁게 해드리기 위해서 신에게 바치는 스모, 즉 제사 의식의 하나로 스모를 열었다. 농촌의 호노스모는 단순히 승부를 겨루기 위한 경기성만 강조되었던 것이 아니라, 오곡 풍년의 기원이나, 자손 번영을 기원하는 의미가 강조되었다.

스모는 승패 결과로 승자에게는 풍요한 번영을 가져다주지만, 패자에게는 불운이 따르게 되어 있었다. 따라서 승패에 대하여 상당히 신경질적인 반응을 나타낼 수밖에 없었다.

▌ 혼자서 하는 히토리(一人)스모 ▌

때로는 사람이 다치거나 죽어서 크게 다투는 일도 벌어졌다. 이런 불상사를 막기 위하여 서로 비기게 하거나, 승자와 패자를 미리 정해 두고, 우연에 승패를 맡기는 일이 없도록 의식화된 스모 진행법을 고안해 내기도 하였다. 때로는 '히토리 스모'라 하여 보이지 않는 신과 인간이 스모를 하는 의식화된 스모가 오늘날에도 전승되고 있다. 신전에 하는 이 스모는 한사람이 나아가 신과 인사를 나눈 뒤, 신과 맞붙어 실감나게 싸우는 흉내를 내는 식으로 진행된다. 스모의 결과는 결국 신의 승리로 끝난다. 인간이 신에게 짐으로써 스모를 좋아하는 신에게 즐거움을 선사한다. 신의 위력을 연극적으로 확인하며, 그 대가로 풍년을 얻을 수 있다는 신앙이 바탕에 깔려있는 것이다. 스모의 승패를 미리 정해 둔다든지, 보이지 않는 신과 싸우는 흉내를 낸다든지 하는 일은 스모에 내재되어 있는 종교적인 성격이라 할 수 있다.

3. 스모의 종교성과 흥행성

실제로 오늘날 오즈모에서 연출되는 여러 가지 의식, 리키시의 동작 하나 하나, 경기장의 장식 등에는 종교적인 색채가 짙게 깔려 있다. 천장에 드리운 네 기둥으로 구획되는 스모장, 즉 도효(土俵)는 신성한 구역이어서 속세와 구별된 공간으로 인식된다.

지붕에 드리운 기둥과 기둥 사이에는 막을 드리우는데, 이 막은 미즈비키마쿠(水引幕), 즉 물을 드리운 막이라 한다. 이는 리키시들이 싸울 때 생기는 열기, 즉 불을 잠재우기 위한 상쇄력을 지닌다고 한다. 이밖에 지붕의 네 귀퉁이에 드리우는 색 실타래, 도효를 만들 때 그 바닥에 묻어 두는 제물 등도 종교적인 요소가 발견된다. 경기 전후에 손바닥을 치고 손을 모았다가 벌리고, 다리를 올렸다 내렸다 바닥을 힘 있게 밟는 일, 이긴 리키시가 다음에 싸울 자기편 리키시에게 물을 떠주는 일, 소금을 쥐었다가 힘껏 뿌리는 일, 상금을 받을 때 손을 좌우로 흔드는 일 등등 스모에는 의례적인 색채와 예절이 매우 중시되고 있다.

현대 스포츠의 하나인 스모 가운데서 우리는 스모의 흥행성과 종교적 성격을 동시에 발견하게 된다.

✳ 4. 스모의 특징

▌ 혼바쇼는 매년 여섯 차례의 큰 대회 ▌

일년에 여섯 차례씩 열리는 큰 스모대회를 가리켜 혼바쇼(本場所)라 하는데, 혼바쇼를 통해서 오늘날 일본 스모의 모습을 종합적으로 이해할 수 있다. 매번 15일간의 일정으로 진행되는 혼바쇼는 텔레비전과 라디오를 통해서 전국에 중계 방송되며, 신문과 잡지에서도 현장의 모습을 생생하게 소개함은 물론, 스모 세계의 숨겨진 이야기까지 구석구석 찾아내어 상세하게 보도한다. 혼바쇼는 신년을 맞이하여 1월에 도쿄에서 열리는 하츠바쇼(初場所)를 필두로, 3월에 오사카의 하루바쇼(春場所), 5월에 도쿄의 나츠바쇼(夏場所), 7월 나고야, 9월 도쿄의 아키바쇼(秋場所), 11월 큐슈의 후쿠오카에서 열리는 큐슈바쇼(九州場所) 등의 여섯 차례의 정규대회가 열린다.

스모 리키시(力士)들은 하루에 한 경기씩 연간 총 90일간의 대장정을 치러야 한다. 혼바쇼가 열리지 않는 날에는 맹훈련을 해야 할뿐만 아니라 각 지방이나 외국을 순회하며 하는 스모, 후원 단체나 팬들에게 인사를 해야 하는 등 일년 내내 바쁜 나날을 보낸다.

▌ 리키시들의 랭킹을 나타내는 반즈케(ばんづけ) ▌

혼바쇼가 끝날 때면 심판 위원들은 리키시들의 시합 성적에 따라 랭킹을 새로 정해둔다. 이 랭킹 일람표를 반즈케라고 한다. 반즈케는 성적이 좋은 리키시의 이름을 위쪽에 큰 글씨로 쓰고, 성적순에 따라 점점 아래쪽으로, 점점 작은 글씨로 써나간다. 입문한지 얼마 되지 않는 리키시는 반즈케에 이름이 오르지도 못한다. 리키시들은 열심히 훈련을 거듭하여 실력이 향상됨과 동시에 반즈케의 제 이름이 점점 위로, 점점 큰 글씨로 적히게 되므로, 반즈케의 변화에 대해 민감하지 않을 수 없다.

█ 조노구치(序ノ口)에서 요코즈나(橫綱)에 이르는 길 █

리키시들의 세계는 실력에 따른 철저한 위계질서로 구성된 피라미드형 계급 사회라 할 수 있다. 리키시로 갓 입문한 최하위 단계로부터 정상에 오르기까지는 모두 10단계로 나눠진다. 스모에 입문하여 기본적인 역량을 인정받으면 우선 최하급 리키시가 되는데 이 단계를 조노구치(序ノ口)라고 한다. 여기서 좋은 성적을 올리면 조니단(序二段)으로 승진한다.

이어서 산단메(三段目), 마쿠시타(幕下), 주료(十両), 마에가시라(前頭) 등의 순서로 승진한다. 이보다 높아지면 상위권에 드는 중요한 리키시로 대접받게 된다. 특히 고무스비(小結), 세키와케(関脇), 오제키(大関) 등은 삼역(三役)리키시라 해서 반즈케의 이름도 큰 글씨로 오르고 인기도 많아진다.

이런 과정을 두루 거쳐 피라미드의 정점에 오른 최고 실력의 리키시를 요코즈나(橫綱)라고 한다. 요코즈나는 혼바쇼에서 여러 번 우승한 리키시 가운데서 심사위원회가 선발한다. 리키시들은 요코즈나가 되기를 꿈꾸며 스모에 진력하지만, 요코즈나에 오르기는 매우 어렵다. 요코즈나로 선발되면 고향에 금의환향하여 큰 잔치를 열고 고향의 명예를 높인 사람이라 하여 크게 받든다.

요코즈나(貴の花)

█ 산과 바다에서 따온 리키시의 이름 █

리키시가 되면 본명 대신에 새로 이름을 짓는데 이를 시코나(四股名)라 한다. 시코나는 '梔葉山' '千代の富士' '高見山' '朝潮' '北勝海' '北の潮' '大

の国' '小錦' '貴の花' '若の花' '牛若丸' 등의 예에서 보는 바와 같이 산이나 바다를 나타내거나 힘이 센 것, 혹은 경사스러운 의미를 담은 글자를 많이 쓴다. 특히 산과 바다처럼 듬직하고 강한 이미지를 상징적으로 나타내도록 한다. 이런 시코나는 본인이 지어 붙이는 경우도 있지만 대개는 스승이나 후원 단체가 시코나를 지어주게 되며, 출신지의 지명과 관련지어 짓거나, 스승의 이름에서 한 글자를 따다가 붙이기도 한다. 가령, '아사이쿠니(旭国)'라는 스승 아래 있던 리키시는 스승의 이름의 '旭'자를 따서 '旭富士' '旭道山' '旭豪山' 등의 시코나를 썼다.

┃ 도리쿠미(取組)는 전날에 발표되는 대진표 ┃

혼바쇼 15일 동안의 대진 일정표 가운데 첫째 날과 둘째 날의 일정표는 미리 짜 두지만, 셋 째 날 이후의 대진 일정은 리키시들의 성적을 보아가며 하루 전날에 대진표를 짜서 발표한다. 이런 대진 일정표 혹은 대진하는 일을 **도리쿠미**(取組)라고 한다.

매일 매일의 대진 즉, 도리쿠미는 하루 종일 진행된다. 매우 한가한 관중은 아침부터 입장하여 첫 대진부터 관전하기도 하지만, 점심때가 지나서부터 서서히 관중이 모여들다가 저녁 무렵에는 초만원을 이룬다. 하급 리키시들의 스모가 아침에 시작되면 차츰 등급 순서대로 진행되어 한낮에는 중간 정도의 리키시들의 스모가 이어진다. 저녁에는 중량급 리키시들의 대전이 있고, 당일 경기가 끝나기 직전에 삼역 리키시의 경기가 열리고, 맨 나중에 요코즈나와의 경기가 열리도록 도리쿠미를 짠다. 하위의 리키시라 해도 혼바쇼가 진행되는 동안 예상보다 훨씬 좋은 성적을 얻는 경우에는 상위 리키시와 대전할 기회를 주며 관중들의 흥미를 고조시킬 겸 도리쿠미를 유연하게 짜는 것이다.

▌먼저 부정을 씻어내는 의식이 열리고 ▌

시합 가운데서도 관중들의 흥미는 중간 휴식 후에 열리는 중량급 리키시들이 벌이는 마지막 15판의 시합에 집중된다. 이 15판의 시합은 마쿠노우치(幕內)의 도리쿠미라고 하여 중시한다. 이때는 먼저 요코즈나가 씨름판인 도효에 입장하여 부정을 씻어내는 의식을 행한다. 요코즈나는 앞치마 모양의 장식용 복장인 게쇼마와시(化粧廻し)를 두르고 칼을 든 두 리키시의 호위를 받으며 등장한다. 요코즈나는 도효에 올라가서 바닥을 힘차게 밟기도 하고, 손을 힘차게 올렸다 내렸다, 벌렸다 오므렸다 한다. 이는 땅과 하늘의 신에게 도효에 부정이 타지 않도록 비는 의식이다. 시합이 정정당당하고 무사히 진행되기를 빈다는 의미를 상징적으로 나타내는 것이다. 이런 의식이 끝난 다음에 비로소 동편과 서편의 리키시들이 등장하여 힘과 기량을 겨루게 된다. 스모를 보고 있노라면 우리의 씨름과 그 진행 과정이 매우 다르다는 것을 알 수 있다. 도효에 오른 두 리키시는 맞붙어 싸우기에 앞서서 몇 가지 의례적인 행위를 한 뒤에야 승부에 들어간다. 먼저 리키시가 도효에 오르면 한쪽 발을 들어올렸다가 힘껏 내리는 동작을 한다. 몸의 긴장을 풀며 정신을 집중시키기 위한 동작이다. 동군과 서군의 리키시는 도효의 코너에 놓인 물통의 물을 국자로 퍼서 몸을 깨끗하게 한다는 뜻으로 입을 헹구고 종이로 입가의 물기를 가볍게 닦아낸다. 바로 앞에 싸웠던 리키시 가운데서 이긴 리키시가 자기편의 다음 리키시에게 종이와 물을 떠주며 승리의 운이 이어지기를 기원한다. 진편의 리키시는 물을 떠주지 않고 그대로 물러가기 때문에 진행위원이 떠주는 물과 종이를 받아 입을 헹구고 물기를 닦아낸다.

리키시는 도효 가운데로 나오면서 놓여있던 소금을 한 움큼 집어 허공에 흩뿌린다. 이것은 소금으로 도효의 부정을 씻어낸다는 의례적인 행위이다. 보기에도 시원한 감을 주기 때문에 리키시들은 소금을 보다 멋지게 뿌리기 위한 연습도 한다.

▌ 스모의 승부수 총 70종 ▌

제한 시간에 이른 두 리키시는 웅크린 자세로부터 힘차게 일어나면서 격돌하는데 이를 **다치아이**(立合い)라고 한다. 다치아이의 힘찬 모습이야말로 스모의 핵심적인 장면이다. 힘껏 상대방을 밀어내며 자신에게 유리한 태세를 만들고 다음 공격으로 이어지도록 하는 다치아이에 연결되는 기술 또한 볼만한 대목이다. 작전은 순간적인 판단으로 정해야 한다.

리키시는 상대방에게 이기기 위해서 손, 발, 머리, 허리 등을 써서 여러 가지 기술을 발휘하는 데, 이기는 순간에 쓴 기술 즉, 승부수를 기마리테(決り手)라고 한다. 예전에는 기마리테의 가짓수를 총 48수라고 했으나, 요즘에는 일본 스모협회가 총 70수로 정리했다. 70수란 샅바 즉, 마와시(廻し)를 잡고 끌어당기거나 좌우로 젖히는 기술, 안쪽 혹은 바깥쪽으로 다리를 걸어서 넘어뜨리는 기술, 허리로 젖히는 기술, 어깨로 떠올려서 뒤로 넘기는 기술, 머리로 가슴을 밀어붙여 뒤로 자빠지게 하는 기술, 번쩍 들어서 바깥으로 내 보내는 기술 등 매우 다양한 기술이 개발되어 있다.

▌ 군바이(軍配)는 이긴 리키시를 향하고 ▌

승부는 상대방 몸의 일부분이 먼저 땅에 닿게 하거나 도효 바깥으로 밀어내는 쪽이 이긴다. 이때 심판은 군바이(軍配 : 심판이 들고 있는 경기용 부채)를 이긴 리키시 쪽을 가리키면서 어떤 수를 써서 이겼는가를 힘차고 확실하게 선언한다. 이긴 리키시에게는 심판이 즉시 상을 준다. 심판은 군바이에 상을 얹어서 전해주는데 리키시는 오른손을 펴서 좌, 우, 중앙으로 흔든 다음에 상을 집어든다. 이런 동작은 이번 판에서 이기게 해준 신에게 감사한다는 뜻이다.

菊綴
鳥帽子
菊綴
軍配団扇
帶
短刀
軍配之房
菊綴
足袋
草履

심판 '교지'의 모습

스모에서는 승부에 크게 집착하면서도 승부의 감정 표현을 극도로 자제해야만 한다. 이긴 리키시도 들뜨지 않으며, 졌다고 해서 관중 앞에서 불쾌한 표정을 짓지 않는다. 심판의 판정에 따르며 승부를 담담하게 받아들이는 자세도 훈련으로 단련시켜 간다.

매우 드문 일이기는 하지만 도효 위에서 허리에 두르고 있던 마와시가 풀어져 내리면 역시 심판이 패배를 선언한다. 마와시는 긴 천을 접어서 허리에 두르고 뒤에서 매듭을 지어 묶을 뿐, 풀어지지 않도록 실로 꿰매거나 다른 도구는 쓰지 않는다. 이밖에도 반칙을 해서 지는 경우가 있다. 주먹으로 상대방을 때리기, 상투를 휘어잡기, 손가락으로 급소를 찌르기, 양 손바닥으로 동시에 얼굴을 때리기, 마와시의 앞부분에 손 집어넣기, 목 조르기, 발끝으로 배차기, 꼬집기 등은 반칙패가 되어 심판은 군바이를 올려 상대 리키시의 승리를 선언한다.

5. 우리나라 씨름과 일본 스모의 공통점과 차이점

1) 비슷한 경기인 것 같은데, 기술이나 쇼 맨쉽이 스모가 더 낫다고 한다.

일본의 국기(国技) 스모(相撲)와 한국의 씨름은 외형상 비슷한 점이 많지만 자세히 안을 들여다보면 아주 다른 점이 많다. 일본학자들은 스모가 신화시대로부터 존재했으며, 농경과 연관된 제례(祭礼)인 신지(神事)로 행해지다가 6세기경에 스포츠의 형태로 탈바꿈되었다고 주장한다. 그야 어찌되었든 씨름과 스모의 차이에서는 닮았으되 닮지 않은 두 나라 국민성이 엿보인다. 스모는 도효라 불리는 직경 4.55미터의 둥근 씨름판에서 행해진다. 발바닥 아닌 신체의 일부분이 바닥에 닿거나, 도효 바깥으로 밀려나면 지게 되어있다.

2) 그렇다면 스모와 씨름은 무엇이 어떻게 달라 민족성까지 비교되
는 것일까?

씨름이 5판 3승으로 승자를 가리는 데 비해 스모는 단판 승부다. 한번의
실수는 누구나 저지를 수 있다는 너그러움의 씨름과 패자에게는 군소리가 필
요 없다는 담백함의 스모. 씨름은 백두급, 한라급 등 이렇게 체급의 차이가
있지만 이를 인정치 않는 스모에서는 덩치가 크든 작든 강자만이 살아남는
다. 씨름도 원래는 그랬으나, 근래에는 체중별로 그룹을 나눈다.

3) 스모의 심판은 절대적인 존재이다.

설사 그릇된 판정이 내려지는 한이 있더라도 다소곳이 따른다. 씨름에서는
왕왕 거칠게 어필하는 선수를 발견하는 수가 있다. 오랜 세월 절대자의 한마
디에 복종해온 길들여진 민족과, 자기주장이 강한 민족의 차이일수도 있다.
그래서인지 스모 선수들은 이기든 지든 표정의 변화가 거의 없다. 씨름에서
의 승자는 포효하는데 반해서, 본심을 겉으로 드러내지 않는 사람과 다혈질
의 기질 차이다.

의식의 유무도 크게 다르다. 스모는 두 선수가 맞붙는 시간보다 시합 전의
요란한 의식에 훨씬 공을 들인다. 양은 적어도 요모조모 아기자기하게 모양
을 내어 '눈으로 먹는다'는 일본음식과 상다리가 휘어지도록 차려야 직성이
풀리는 한국음식의 차이가 스포츠에도 적용된 듯하다. 본래 씨름판에는 스모
의 도효와 같은 경계가 없었다. 자연스럽게 빙 둘러쳐진 구경꾼들의 울타리
넘어서면 제자리로 돌아와 다시 붙었다. 이처럼 승패를 가르는 선의 있고 없
음을 두고 섬나라 일본과, 대륙으로 이어진 한국의 지정학적 차이를 거론하
는 이들도 있다.

6. 현대일본인과 스모

케이블TV를 통해서 스모를 보면 스모라는 경기의 매력에 푹 빠질 수밖에 없다. 일본에 대한 거부감을 가진 주위 사람들이 우리 씨름도 있는데 왜 하 필이면 일본 씨름을 보느냐고 가끔씩 힐책을 하지만 그저 스모라는 스포츠에 매력을 느낄 뿐이다. 앞에 언급한 스모에 대한 자료에도 나와 있지만 우선 경기를 하는 선수들은 판정에 대해 깊은 신뢰를 갖고 있음을 알 수 있다. 우 리 씨름을 보다보면 판정에 대한 항의를 너무 자주한다는 느낌이다. 물론 일 본 스모협회도 다분히 독단적인 판단을 하거나 자국의 선수 위주로 등급심사 를 한다는 느낌은 지울 수 없긴 하지만, 어쨌거나 빠른 경기진행과 판결에 대한 승복, 그리고 무엇보다도 스모를 프로야구에 못지않은 인기 스포츠종목 으로 만든 것에 대해서는 관심을 기울일 필요가 있다. 현대 대한민국 씨름의 현실을 보면 더욱 더 일본 스모에 대한 그들의 관심과 지원이 부러울 따름 이다.

2006년 현재의 현역 리키시 가운데는 몽골 출신의 외국인 리키시들의 강 세가 돋보인다. 단 한명 뿐인 요코즈나에 아사쇼오류, 서열2위의 오제키에 신예 하쿠호 등도 몽골 출신의 리키시이고 마이노우미와 비슷한 체구의 아마 (安馬) 또한 몽골 출신이다. 그 외에 동유럽과 오세아니아 각 지역에서 외국 인들이 스모의 도효로 몰려오고 있다. 대한민국 출신의 리키시로는 현재 마 에가시라 8번 서열의 카스가오(春日王)가 있는데 인하대 씨름부 출신이다.

3. 예술과 일상의 가교 - 다도

다도

 1. 다도의 형성과 발전

(1) 다도의 형성

차(茶)란 차나무의 잎을 뜻하며 순수 우리말로는 '차' 혹은 '다'라고 부른다. 사전적 의미로는 명사로 차 잎이 아닌 다른 식물의 잎을 차(茶)라고 하지 않는다.

일본 차의 원류인 차 마시기는 중국에서 시작되었으며 정확한 시기는 알 수 없다. 대략 B.C 2700년경 신농 시대부터 마셨다고 육우가 지은 『다경』에 실려 있으나 차나무는 지금으로부터 5000년 전 경에 있었고 그때부터 차를 마셨을 것으로 짐작한다. 차가 독초에 중독된 증상을 제거한 것에서부터 인간에게 널리 차를 마시게 한데부터 그 기원을 유추할 수 있다. 『사기』에 의

하면 B.C 1600년 경 차의 재배가 행해졌다고 적혀있으며 춘추전국시대에 차
가 사대부들의 생활필수품으로 시장에서 매매가 이루어졌다고 말한다. 그러
나 당대에 들어서 비로소 보편화되기 시작한 것으로 본다. 이런 차의 문화가
일본의 헤이안시대(794~1192) 초기에 들어왔으나 일본에 정착되지 못하고 대
부분 소멸해 버렸다. 그러나 400년 후 가마쿠라 시대(1192~1333) 초기에 송나
라와의 활발한 교류로 인해 일본에 다시 차 문화가 들어오게 되었다. 차 문
화는 일본 임제종의 에사이(榮西 : 일본 임제종의 개조(開祖)로 차를 일본에 확산시킨 선
사) 선사의 공적으로 보며 중국에서 차나무가 들어온 이후 규슈와 교토로 차
가 급속히 퍼져나갔다.

(2) 다도의 발전

차는 주로 약용으로 시작되었지만 가마쿠라시대 후기에 일종의 기호 식품
으로 바뀌었다. 그리고 일본의 남북조 시대(1336~1392년)에 투차라는 차 맛을
구분하는 차 모임이 시민 사이에 널리 퍼지게 되었다. 한편 무사 귀족 사이
에는 호화로운 귀족의 사랑채에서 중국에서 들여온 미술 공예품을 선보이는
풍습이 인기 있었는데 예법 중 차를 대접하는 예절이 생겨나고 의례적으로
차 마시는 풍습이 발생했다. 무로마치(14세기) 시대와 모모야마 시대에 차 문
화의 보급이 뒤를 잇게 되었다. 차를 추구하는 문인들은 중국 물건 대신 일
본 물건 혹은 고려의 물건에 관심을 가지게 되며 중국의 섬세한 아름다움에
미치지 못하지만 거칠고 투박한 모습에서 중국에서 느끼지 못하는 따뜻함을
일본의 도자기와 고려의 도자기, 은둔문화와 연결되는 암자의 풍치, 선에 통
하는 고담 무심의 경지에 매력을 느꼈다. 이러한 중세 문화의 요소를 모아
차를 대접하는 예절이라는 새로운 문화가 창조되었고 와비차(侘び茶 : 화려한 다
도가 아니라 간소한 다도를 일컫는 말)라고 하는 다도의 새로운 방식이 탄생되었다.

와비차는 지금까지 없는 미의 기준이었기에 기물로 삼을 만한 물건은 주변에 흔히 있는 것들로 사용되었고 잡기나 한반도 기물이 와비차의 도구가 되었다. 뿐만 아니라 다실, 작업, 차를 대접하기 전에 내는 간단한 음식인 회석요리 등이 동반되어 여러 형식을 갖춘 문화로 완성되었다.

또한 다도는 차 작법만이 아닌 와비의 합리성, 사람에 대한 배려와 정신을 안정시키고, 자연과의 일치를 추구하며 천지의 이치 등과의 조화를 고려하는 것으로 일종의 정신문화로 볼 수 있다. 다음은 다도의 예, 와비 정신, 다회 진행 그리고 다도구와 차의 종류 등에 대해 살펴보자.

 2. 다도란 무엇인가

(1) 한국과 '다례'와 일본의 '다도'

다도와 다례는 비슷하나 그 질과 양면에 있어서 서로 다른 것으로 보는 견해가 있다. 정상구의 『한국다문화학』에서 다도는 그 폭이 광범위하고 질면에 있어서는 구도적인 측면을 가진 것으로 해석한다. '다'와 더불어 심신을 수련하여 다도의 멋 속에 인간의 도리를 추구하는 다에 관한 전반적인 수련의 길로 보는 견해와 다례란 '다'를 마시는데 있어 이를 중점적으로 다루는 예절과 심신수련을 의미한다고 본다. 그러나 박전열의 『일본문화와 예술』에서는 일본의 다도에 대해 다음과 같이 얘기한다.

다례란 의식이고 규범이다. 다례(茶礼)는 차를 마시는 것을 중점으로 하는 예의범절, 즉 예(禮)나 몸가짐 그리고 차와의 조화를 중심으로 한 분위기와 지식 등을 일컫는 것으로도 볼 수 있다. '차'도 깊은 경지에 이르며 예식으로 고조되어야 비로소 다도가 된다고 보았다. 이러한 예를 지키도록 요구하는데 다례에는 권위가 깃들어 있다. 다도에는 일종의 복종과 법을 지켜야만 하므로 다소 의문을 가지는 사람들이 있을지 모르나 다도에서는 법을 통한 자유를 꿈꾼다. 그러므로 다도의 법은 구속이 아닌 자유를 얻기 위한 것으로 질서를 만든 것이다. 다례란 사람들에게 자유를 선사하는 공도라고 생각한다. 모든 전통적인 예도에는 이러한 숨은 뜻이 포함되어 있는데 새로운 것은 형식을 통해 창조된다고 보았다. 그래서 '차'를 행할 때에는 반드시 '예'를 갖추어야만 한다고 보았다. 다례는 '차'가 법에 섞여 다례가 된 것으로 해석한다. 차를 달이는 일을 법에 맞도록 하는 것은 차를 달이는 행동이 좁혀져 모든 쓸데없는 것이 줄어들고 없어서는 안 될 것만이 남는다. 그것이 결정되면 자연적으로 형태만 남아 다례가 생성된 것으로 본다.

다례에는 '다례의 형식화'의 의미와 '마음의 형식으로서의'의미로 살펴볼 수 있다. 다례는 일종의 동작의 형식화로 볼 수 있으며 여기서 형식이란 단어가 가지는 오해로 인해 '모양화'라고 부른다. 사물의 형식적인 것이 축소되면 모양이며, 단순화 요소화된 것이다. '차'는 동작이 원소적인 것으로 환원되어 형태가 생긴 것으로 보며 그런 이유로 형태를 떠난 다례는 없는 것으로 본다. 그러나 필연을 떠난 형태는 단순한 형식에 빠지는 것으로 보며 자연스러움에서도 벗어난다고 보았다. 형식에 집착하면 부자연스러운 상태에 빠지므로 정적인 것으로 보는 형태도 중요하지만 동적인 것이 응축된 정적인 것이란 것을 잊어서는 안 된다. 또한 형식에 치우친 차는 차를 추한 것으로 만든다고 보았다. 예를 들면 소위 다인이 말차를 달이는 것을 보고 있으면 형태를 나타내라고 하기 때문인지 쓸데없는 행동에 많이 치우치는 경우가 많은데 형태가 필연을 넘어 의미 없는 것으로까지 과장되어 '거짓'된 것을 두드러지게 나타내는 것으로 생각해볼 수 있다. 과장이 일단 도를 넘으면 필연은 깨어지고 진실과 어긋나 버린다. 다도에서 때때로 쓸데없는 행동과 마주치기도 하고, 경우에 따라서는 부자연스러운 형태와 마주치며 때로는 불쾌한 과장과 마주친다. 자센을 씻을 경우에도 과장되고 쓸데없는 형식을 자주 볼 수 있는 데 형식에 치우쳐져있는 과장은 불필요한 것임에 분명하다.

(2) 화경청적

차를 마실 때 마음가짐인 다도의 마음은 '화경청적(和敬淸寂)'과 7칙을 강조한다. 화경청적의 화(和)는 '평화(平和)'의 화(和), '인화(仁和)'의 화(和)를 나타내고 있다. '화'의 마음은 온화한 분위기와 마음의 교류를 불러일으키는 것이다. '화'는 '조화(調和)'의 和이기도 하다.

사람과 사람은 물론이고 사람과 자연, 사람과 사물 여러 가지 요소의 균형이 잡혀 있는 것은 감성과 미의식의 원점이며 다도의 도구에 숨겨진 예술성과 세세한 테마 형식의 밑바탕에 흐르고 있는 것은 '의(義)정신'이라는 것을 잊어서는 안 된다. '경(敬)'은 상대를 공경하는 것으로, 서로 상대를 존경함으로서 서로 양보하는 마음이 생기고 온화한 마음이 될 수 있다는 것이다.

'청(淸)'은 청정, 청결을 의미한다. 겉모습은 물론 마음의 아름다움도 중요하다. 또 다도 예법의 여러 가지 동작, 도구 취급 방법도 청결해야 한다. 청은 더욱이 정(靜)으로도 통하고 정적(靜寂)이며 고요함 속에서도 침착하게 안정된 모습을 가리킨다.

'적(寂)'은 다도의 미의식을 지탱하는 '와비, 사비'를 가리킨다. 더욱 자신을 알고 만족함을 아는 마음도 가리키고 있다. 이것은 선(禪) 사상에 기인한 것으로 사려 깊고 마음이 평온한 상태, 이상적인 인간의 모습이라고도 말 할 수 있을 것이다.

다음과 같은 일화가 전해진다. 다도의 대성자, 센노리큐에게 어떤 사람이 '다도란 무엇입니까'하고 질문을 하였다. 그 질문에 대해 센노리큐는 4규 7칙으로 대답하였다. 즉 화경청적의 4규와 다음의 7칙을 다도의 정신으로 강조하였다.

화(和) - 서로 사이좋게 하나가 되는 상태
경(敬) - 서로 존중하는 마음가짐
청(清) - 물질적인 것에 대한 청적무구의 상태
적(寂) - 마음의 정적, 고요함

즉, 마음의 병이 많은 현대인들에게 서로를 존중하고 조화로운 세계를 이루어, 물질적인 것에 현혹되지 않는 정결한 마음을 만드는 것이 다도의 정신이다. 7칙은 타인과 접할 시의 마음가짐을 풀이한 것이다.

① 차는 마시기 쉽고 정성이 담겨야 한다.
② 재와 숯은 물이 빨리 잘 끓을 수 있도록 하여 낭비를 줄인다.
③ 여름에는 시원하게 겨울에는 따뜻하게 하여 자연의 섭리를 거역하지 않는다.
④ 다실에 꽂은 꽃은 자연 그대로의 모습을 중히 여긴다.
⑤ 시각은 약간의 여유를 가지고 가는 것이 좋다.
⑥ 눈, 비 오는 날만이 아니라 예기치 않은 상황에 항상 대비한다.
⑦ 항상 손님에 대한 배려를 잊지 않는다.

이 대답은 들은 사람은 화를 내며 "그 정도는 3살배기 어린애도 알고 있소"라고 말했다. 그러자 리큐는 "알고 있어도 행할 수 없는 것이 인간이지요. 만약 당신이 행할 수 있다면 내가 당신 제자가 되겠소"라고 말했다고 한다.

(3) 와비정신

센노리큐의 스승이었던 다케노쇼오(武野紹鷗)는 정직하고 신중하며 사치하지 않은 모습도 '와비'라고 불렀는데, 쉬워 보이지만 실제로 그렇게 지내기란 어려운 일이다. 일본이 중요하게 생각하는 '와비정신'은 다음에서 좀더 깊이 다루어보고자 한다.

일본인에게 의미 깊은 '와비정신'을 이해하기 위해서는 먼저 '적(寂)'과 '빈(貧)'의 의미를 생각해볼 필요가 있다. '적'이란 것은 불교에서 흔히 혼란을 갖지 않는 고요함과 조용함을 의미하며 적의 아름다움은 빈의 아름다움으로 부를 수 있다. '빈'이란 말은 경제적 의미에서의 가난을 말하는 것이 아니라 탐하는 것이 없는 뜻에서의 '빈'으로 사용한다. 주로 청빈의 의미로 사용하며 진정한 아름다움은 빈의 아름다움까지 무르익는 것을 말한다. 차 예절에서 이러한 빈의 아름다움과 적의 아름다움을 '와비'라고 한다. 와비는 한적하며 정취가 있는 모습을 말하며 '부족의 뜻'이며 빈의 마음이다. 부족한 것에서 만족을 아는 마음씨를 가리키는 것으로 보았다. 와비는 『젠차로쿠』에서 '부자유하지만 부자유하다는 생각을 품지 않고 부족해도 부족하다고 생각지 않고 부진해도 부진하다는 생각을 품지 않으면 와비라고 이해할 것'이라고 적혀있다. 늘 마음에 충만한 것을 갖는 것을 빈의 부로 보는데 와비에서 사람은 마음속에 아무런 지장을 갖지 않는다고 한다.

'와비 차'라는 것도 마음에 '와비'가 없으면 '차'가 되지 못한다. 와비는 사치를 뽐내지 않고 부족한 것에 괴로워하는 마음도 아니며 만족하려고 탐하는 마음도 아니고 또한 만족을 자랑하는 마음도 아니라고 한다. 있는 그대로를 만족하는 것이다. 빈의 상태에서 덕으로 되살아나서 어떠한 탐욕도 이겨내는 것이 빈의 덕인데 이와 결합되지 않는 '와비'는 있을 수 없다. 다도를 좋아하는 사람이란 여의치 않음을 그대로 만족으로 바꿀 수 있는 사람을 가리키는 것인데 아집이 있어서는 안 된다. 자신의 취향에 집착하지 않고 뭔가 부족한 것에서 충분히 만족을 아는 것이 다도를 좋아하는 사람으로 볼 수 있다.

3. 다회의 진행

일반적으로 다회는 다회를 주최하는 주인과 초대받을 손님들로 이루어진다. 보통 낮에 모여 다회를 즐기곤 하는데, 이것을 **낮다회**라고 불린다. 다회를 주최할 주인은 손님들에게 초대할 편지를 보낸다. 손님을 초대할 때 5명 이내를 원칙으로 한다. 손님들은 주인이 초대한 집으로 모여서 **외로지**(外露地)라고 하는 길 쪽으로 가서 준비된 걸상에 앉아 기다린다. 주인이 손 씻는 물그릇에 물을 채워놓으면 손님들은 일어나서 차례로 손을 씻는다. 그리고 주인은 내로지(內路地)로 들어가는 문을 열어놓고 손님들을 맞이한다.

니지리구치

손님들 중에서도 정객(正客), 차객(次客), 삼객(三客), 사객(四客), 말객(末客)으로 나누어져있고, 역할이 분담되어 있다. 그에 따라서 차를 대접받는 순서나 앉는 자리가 정해진다고 한다. 니지리구치(にじり口)는 다실의 입구로 문의 크기가 약 가로 60, 세로 60센티미터이며, 들어갈 때에 몸을 움츠려 고개를 낮추고 기어 들어가듯 해야 들어갈 수 있도록 아주 작게 만들어져 있다. 그 이유는 신분의 귀천을 벗어나 대등한 자격으로 만나야 한다는 상징적인 의미로서 빈부귀천을 따지지 않으며 인간의 원래의 겸손한 자세로 돌아가서, 모두가 평등한 관계에서 다회를 진행해야 한다는 의도가 있다고 한다.

주인은 다실에 먼저 들어가서 손님을 기다린다. 손님들이 다실로 들어온 후 인사를 나누고 차례대로 정해진 자리에 앉는다. 주인은 로(炉)라고 하는 실내용 화덕에 숯불을 피우면 손님들은 숯불이 피는 모습을 감상한다. 주인은 향(香)을 피워 놓고 준비해 두었던 회석요리를 내어 대접한다.

Tip 차를 타고 마시기

1) 차 끓이는 순서
- 찻잔에 맛차(抹茶 : 녹차의 일종)를 넣고 솥의 뜨거운 물을 붓고 챠센
  (茶せん : 차를 젓는 도구)으로 빙빙 저어서 거품을 낸다.
- 연녹색의 거품이 잘 생겨서 완성되면 마지막으로 히라가나의 노
  (の)라는 일본 글자 형태로 마무리한다.
- 차를 마시기 전에 떡을 먼저 먹는다.
- 차가 나오면 잘 마시겠습니다(오테마에 쵸다이 이타시마스)라는 말을
  하고 찻잔을 받는다.

2) 마시는 방법
- 찻잔을 들어 왼손 바닥 위에 얹고 찻잔의 정면이 자신을 향하고
  있으므로 오른손으로 찻잔을 두 번 쯤 가볍게 시계방향으로 돌려
  마신다.
- 정면을 피해서 마시는 것이 겸손한 마음의 표시
- 마시고 난 후, 손끝으로 찻잔을 가볍게 씻은 다음 손은 흰 종이
  로 닦는다.
- 찻잔의 정면이 자기 앞으로 오도록 한다.

Tip 다회 손님으로서의 마음가짐

1) 시간과 복장
  지정된 시간보다 2-30분 정도 일찍 도착한다. 복장은 특별한 행사가
  아닌 이상 기모노나 양장, 그러나 유카타에 맨 발이거나 상의를 입지
  않거나 넥타이를 하지 않으면 실례가 된다.

2) 소지품

카이시(흰 종이)나 부채 정도는 가지고 가는 것이 좋다. 또한 갈아 신을 다비(일본식 버선)나 양장의 경우 양말 등을 가지고 가 현관에 들어서면 새것으로 갈아 신는다.

3) 요리츠키(寄代き : 다회에서 다실에 들어가기 전에 손님이 기다리는 곳)

정원에 있는 간단한 휴식처인 요리츠키에서 손님들이 모두 올 때까지 기다린다. 주인 측의 안내로 다실에 들어가는데 사전에 객순을 정한다. 상객을 정객(正客)이라 하고 마지막을 오츠메 또는 맛카큐(末客)라 한다.

4) 도코노마 감상

정객은 다실에 들어서면 먼저 도코노마 앞으로 간다. 부채를 무릎 앞에 놓고 가볍게 인사한 후 족자를 본다. 족자는 그날의 다도회의 표제와도 같은 것이니 글귀를 살피고 꽃꽂이 된 꽃을 감상한 후 차도구가 놓여 있는 다다미 쪽으로 나아가 이로리, 솥, 선반 등을 감상한다.

(1) 회석요리(懷石料理)

회석이란 '가이세키'라고 불리며 불교에서 나온 말이다. 선방(禪房)에서 수양하는 젊은 승려들이 긴긴 겨울 밤 공복에 시달릴 때, 이를 이기지 못하여 돌을 따뜻하게 데워서 품속에 넣어 허기를 잊으려 했다는 고사에서 유래한다. 회석요리는 허기를 달랠 정도 분량의 간단한 식사로서 밥 한 주먹, 반찬 한 두가지, 국 한 그릇으로 차린 조촐한 상차림을 말한다. 회석요리를 먹을 때는 술을 곁들이는데 술은 취하지 않을 정도만 마신다. 그리고 다과를 먹은 후 손님들은 다실에서 나와 정원에서 휴식을 취한다.

휴식을 취할 동안 주인은 다실에 걸어 두었던 족자를 떼어

회석요리

내고 그 자리에 꽃을 장식하고 차를 준비한다. 그리고 손님들을 부르기 위해 징을 울린다. 손님들은 다시 손을 씻고 차례대로 들어오면 주인은 제일먼저 맛이 진한 농차(濃茶)를 준비한다. 준비하는 동안 손님과 여러 가지 이야기를 나누기도 하고, 시도 지으며, 주인의 다도구나 다실에 대한 감상을 하기도 한다. 이 모든 진행은 4시간이내를 기준으로 한다.

(2) 다사 칠칙(茶事七則)

다회의 개최 시기와 목적 등에 따라서 일곱 가지로 분류하는데 이를 다사 칠칙(茶事七則)이라고 한다.

1) 정오에 모여 간단하게 식사를 곁들여 여는 다회는 '낮 다회'라 한다.
2) 밤에 모여 이야기를 나누며 여는 '밤 다회'는 주로 겨울밤에 열며, 이 때는 긴 겨울의 정취를 이야깃거리로 삼는다.
3) 아침에 여는 '아침다회'는 주로 여름날 아침에만 열며, 이른 아침에 느끼는 청량감을 이야깃거리로 삼는다.
4) '새벽다회'는 새벽 4시부터 동이 트는 풍경을 보면서 그 정취를 이야 깃거리로 삼기 위하여 연다.
5) 신분이 높은 귀한 손님이 다실에 다녀간 직후에 비록 그 손님과 함 께 차를 마시지는 못했으나 그 손님과 같은 자리에 앉아서 그 손님 이 쓰던 다도구로 차를 마시며, 그 분의 정취를 느껴보기 위해 여는 다회를 '자취다회'라 한다. 귀한 손님의 자취를 음미하며 감상에 젖어 보는 데 의미가 있다.
6) 미리 알리지 않고 불쑥 찾아온 손님을 위하여 여는 다회를 '불시다회' 라고 한다. 이 경우에는 정식절차를 갖추지 못하며 손님도 이를 탓하 지 않는다.

7) 그 해에 새로 딴 찻잎을 차단지에 넣어 봉해 두었다가 11월에 손님을 모신 자리에서 개봉하고 그 자리에서 찻잎을 갈아 차를 달여 대접하는 다회를 '개봉 다회'라 한다. 손님이 보는 앞에서 개봉하는 일은 그 손님에게 소중한 것을 드린다는 정성의 표시가 된다.

다회에서의 마음가짐은 금전에 관한 이야기, 남녀 관계 이야기, 정치에 관한 이야기 등은 금기되고 있으며, 시나 차에 대한 이야기를 이상적인 이야기로 삼으며 다실을 통해 풍류를 즐긴다. 다실은 차를 마시는 공간이자 예술 감상을 위한 공간으로서 다실 안에 족자를 걸어놓거나 꽃꽂이를 장식하기도 한다. 다실은 일상생활과 예술 세계를 연결짓는 완충지대 역할로서 다실에 들어감으로써 번잡한 일상생활에서 단절되고 정신적으로 해방된 예술세계를 의미한다.

✿ 4. 茶聖(다성) '千利休(센노리큐)'

千利休(센노리큐, 센리큐 1522-1591)는 일본에서 16세기에 활약한 茶聖(다성)이다. 일본 오사카에 위치하는 堺(사카이)의 차 문화에 있어서 중심인물이었던 스승의 흐름을 계승하면서 그 방법을 더 체계화한 제자가 千宋易(센소에키)이며 센노리큐 그 사람이다. 널리 알려진 리큐라는 이름은 正親町天皇(오오기마치 천황)이 하사한 이름이다. 그 당시에 최고의 스승이 된 센노리큐는 도요토미 히데요시의 측근으로서 권력을 가지기 시작해 무사(武士)와 무사의 사이를 중개하거나 분쟁을 중개에 나서고 정치에 관련된 부분에서도 권력을 가졌다. 그러나 도요토미 히데요시가 사카이 사람들보다 하카타 사람들에게 접할 기회가 많아지기 시작한 것에 의하여 결국 1591년에 도요토미 히데요시는 센노리큐에게 切腹

(셋푸쿠：무사의 자살 방법)을 명령했다. 그 죽음의 이유는 다기의 매매에 관련된 부정한 행위, 大德寺 山門(다이토쿠지, 산문)에 자기 모습의 목상을 세운 것 등 이라는 이야기가 있지만 아직도 해명되어 있지 않다. 타의 추종을 불허하는 독자성이 넘치는 감각으로 일본의 차문화를 완성시킨 센노리큐는 다도에서 대성한 위인으로서 후세에 큰 영향을 주었다.

쉽게 말하면 손님을 불러 한 그릇 차를 대접한다는 일본 특유의 문화가 '茶の湯(차노유)' 즉 다도이다. 차를 젓는 동작(맛차를 뜨거운 물에 넣고 젓는 동작), 그리고 그것을 마시는 동작 안에도 정신의 수행을 쌓아 사귐의 의례도 깊게 한다고 하는 차와 정신세계를 연결시킨 하나의 문화라고 말할 수 있다.

다도의 세계를 높이는데 있어서 필요한 것은 매우 다양하다. 다도라고 하면 곧 떠올리는 그릇 등 차를 저을 때 사용하는 여러 가지 도구는 물론, 나무나 풀, 돌, 모래의 배치가 중요한 정원이나 건축양식과 창호, 그리고 실내에 놓는 장식물이나 꽃, 또 맛차와 과자 등 그 종류는 아주 많다. 다실 등 공간 디자인으로서의 건축, 도자기나 족자 등의 예술, 차의 생산, 요리와 제과 등의 식생활 문화 등등 폭넓게 일본생활 문화에 관련되어 큰 영향을 주어 온 다도가 종합 문화라고 칭해지는 이유이다. 여기저기에서 센노리큐의 공적을 엿볼 수 있다.

다도를 접하려고 해도 격식 차린 딱딱한 이미지도 있고 일본에 있어도 그런 기회가 별로 없는 것은 사실이다. 그렇지만 다과회에 가지 않아도 차에 접할 기회는 있다. 특히 다도의 법식을 몰라도 그 분위기를 느낄 수 있다. 중요한 것은 그 공간을 만들고 있는 것, 예를 들어 차를 저어준 사람이나 정원을 만들어 준 사람, 그리고 바로 옆에 있는 소중한 사람, 혹은 공기나 자연 등에 감사하는 마음을 가지면서 五感(오감)을 사용하면서 느끼는 것이다. 五感(오감)으로 즐기는 방법의 예는 다음과 같다.

시각 : 정원의 풍경, 도코노마(床の間)에 놓여진 꽃꽂이와 차의 초록
　　　* 도코노마(床の間) : 객실인 다다미방의 정면에 바닥을 한 층 높
　　　　　여 만들어 놓은 곳
청각 : 작은 새의 지저귐, 자연 속의 바람 소리, 정적
촉각 : 다다미의 감촉, 그릇의 온기
후각 : 香(향)의 향기, 식물의 향기, 차의 향기
미각 : 과자의 맛, 차의 맛. 차를 통해 마음을 조용히 안정시키면 의식
　　　하지 않아도 그런 기분이 될 것이다.

　그의 다도는 일본 특유의 예능체계인 이에모토(家元)제도에 의해 계승되었다.

Tip　이에모토(家元)제도란?

　　일본예능에서 각 유파의 시조를 이에모토(家元)라고 하는데 문하생에
게 예능을 전수하고 문하생은 제자로서의 의무를 서약하게 된다. 다도의
이에모토(家元)는 각 등급의 다도를 전수받은 제자에게 사범의 면허 발
행권과 교수권을 수여한다. 즉 이에모토제도는 피라미드 형태로 구성된
다도 계승체계이다.

 　5. 다실, 다도구와 차의 종류

▌ 다실 ▌

　차를 마시는 방(다실)은 보통 3㎡(다다미 4.5장 넓이의 방)이며, 매우 단순하게
장식되어 있다. 다실의 기원에 관해서도 여러 가지 설이 있지만 무로마치 시
대에 넓은 객실의 한 부분을 병풍 등으로 가리고 그곳에서 차를 마시던 것

이 기원이 되었다고 전해진다. 기본적인 넓이는 사방 3미터 정도의 방이 있고 그 넓이가 오늘날의 다실의 기준이 된다. 다실의 외관은 소박한 맛을 풍기도록 꾸미는데, 보통 초가로 지붕을 만들고 벽에는 흙을 발라 자연미가 넘치는 시골집의 운치를 느끼게 한다. 다실은 원래 실용성을 가장 중시했었지만 외관 또한 주인의 차에 관한 마음을 잴 수 있는 기준이 되었기에 오늘날과 같은 최고의 멋을 추구하게 된 것이다.

다실

▌다도구 ▌

다도구류는 중국에서 처음 넘어 왔다. 아직 찻물을 끓이는 다도의 예법이나 양식이 제정되어 있지 않으나 15세기 무라타 쥬코(村田珠光)에 의해 예법이 정해지고 여러 가지 도구가 필요하게 되었다. 이러한 도구들을 다음에서 소개하고자 한다.

1. 다이스(台子)

다도에서 차 도구 일체를 올려 놓는 선반을 말한다. 다이스는 선종의 불구(仏具)로서 가마쿠라 말기에 중국에서 넘어왔다. 가운데 풍로 가마를 놓고 미즈사시, 겐스이를 장식하는 것이 정식이다.

다이스

2. 미즈사시(水差し)

물을 담아두고 차를 끓이는 동안에 찻종을 씻거나 가마에 끓이는 물을 대기 위해 언제나 다실에 준비해 두는 도구이다.

미즈사시

3. 차이레(茶入れ)

차이레

중국에서 차의 씨를 가져올 때 작은 단지에 넣어 왔는데 이것이 농차의 분말을 담아두는 그릇이 되었다. 여기에서 사후쿠라는 이름의 도구가 나오는데 이것은 차이레를 넣는 주머니이다.

4. 차샤쿠(茶杓)

차샤쿠

맛챠를 떠내는 숟갈로 처음에는 상아로 만들어졌으나 다케노쇼오(武野紹鷗) 무렵부터 대나무로 만들어지기 시작했다. 대나무에 매듭이 있는데 매듭이 없는 것을 '신', 중간 정도에 있는 것을 '소', 아래에 있는 것을 '교'라 등급을 매겼다. 이 중에서 일반적으로 쓰이는 것이 '소'이다.

5. 차완(茶碗)

차완

청자, 백자 등의 차완이 있는데 16세기 말부터 고오라이챠완(고려에서 들여온 다기)이 사용되기 시작했다. 고오라이챠완 중에서도 이도챠완(井戸茶碗)은 다회에서 사용되는 차완 중에 가장 중시한다.

6. 가마(釜)

가마는 차를 마시기 위해 불을 끓이는데 사용되는 도구이다. 리큐는 '가마 하나만 있으면 다회는 이루어진다'는 와카(和歌)를 지어냈다.

7. 차센(茶せん)

차센

가루차를 끓일 때 차를 저어서 거품을 일게 하는 도구이다. 송나라 시대에 중국에서 사용되고 있는 것은 나무주걱 비슷한 것의 끝 부분을 잘게 쪼갠 것인데 일본으로 건너가서는 여러 가지로 개조되었다. 자센은 손님을 맞이할 때마다 새로 쓰는 것을 다인(茶人)의 마음가지로 삼는다.

8. 가시키(菓子器)

가시키는 한자 그대로 풀어서 과자를 담는 그릇이라는 뜻을 가지고 있다. 다회의 자리에서는 가시(菓子)를 후지다카에 담아서 손님에게 권하는 것이 정식이다. 가시는 요즘처럼 기호물이 아니라 차를 대접하기 전의 간단한 요리였기 때문에 정성을 많이 들였다.

가시키

9. 겐스이(建水)

일반적으로 고보시라고도 한다. 차완을 씻은 물을 버리는 그릇으로 정식으로는 엷은 나무 널빤지를 굽혀서 만든 것을 사용한다. 나무로 만든 겐스이는 손님을 맞이할 때마다 새로운 것을 사용한다. 차완을 씻은 물을 버리는 더럽혀진 역할을 하기 때문에 손님에게 그것을 느끼게 하지 않도록 차완과 마찬가지로 새로운 것을 사용한다.

겐스이

10. 후타오키(蓋置)

가마의 뚜껑을 놓는 받침대이다. 처음에는 중국에서 먹을 올려놓는 받침대와 같은 금속제를 후타오키에 사용하고 있었는데 리큐는 대나무로 후타오키를 만들었다. 그 후 여러 가지의 재료를 사용한 후타오키를 만들었다.

11. 하나이레(花入)

하나이레는 꽃을 담는 그릇이다. 다실 안에 화사함을 만들기 위해 도코노마에 장식되는 생화이다. 다도에서는 청동, 청자, 도자기, 대나무, 소쿠리 등의 하나이레가 그때그때 상황에 따라 사용한다.

12. 고고(香合)

고고는 속에 향을 집어넣는 그릇이다. 다도에서는 손님이 다실에 들어오기 전에 향을 피워두는 것이 다인의 취향으로 되어 있는데 스미테마에(炭点前 : 불을 지피기 위해 숯을 더하는 것)라고 해서 차를 끓이기 전에 우선 화로나 풍로에 숯을 지피는 경우가 있다. 이 스미테마에 후에는 반드시 향을 피운다.

13. 나츠메(なつめ)

박차의 분말을 넣어 두는 그릇이며 그릇의 모양새가 대추열매(나츠메)와 유사한 형태를 한 데서 그 명칭이 유래한다.

▌차의 종류 ▌

1. 무 발효차(료쿠차)

(1)맛차(抹茶) - 찻잎을 곱게 갈아 뜨거운 물에 풀어 마시는 차로, 찻잎을 함께 먹는다. 가장 연한 새싹만을 따서 말려서 쪄서 맷돌로 갈아서 만든 가루차로 최고급차이다.

(2)센차(煎茶) - 찻잎을 잘게 썰어 만든 후 뜨거운 물에 우려 마시는 차로 일본차의 80%이다.

(3)교쿠로(玉露) - 그늘에서 비료 등의 영양공급을 충분히 하여 키운 고급 녹차로 값도 비싸고 맛과 향이 강해서 적은 양을 마신다.

(4)반차(番茶) - 오래된 찻잎으로 만든 차로 중저가의 차이다.

(5)구키차(莖茶) - 줄기 부분을 모아서 만든 차이다.

(6)겜마이차(玄米茶) - 센차나 반차에 볶은 현미를 섞어 넣은 차이다.

(7)호오지차(ほうじ茶) - 반차를 볶아서 달인 차로 카페인 등 자극물질이

적고 맛이 시원하다.

2 반 발효차(우론차)

중국에서 제조한 것으로 차 잎을 햇볕에 약간 말리므로 잎 속에 있는 성분의 일부가 산화되어 좋은 향기를 나게 한다. 막 향기가 날 때쯤 가마솥에 넣어 볶아 산화를 정지 시킨 것이다.

3 완전 발효차(코차)

홍차, 차나무의 어린잎을 따서 발효시킨 것으로 홍갈색을 띤다.

4. 사상과 예술의 음미 - 정원

1. 일본 정원문화의 특성 – 한국 정원문화와의 비교

나라마다 입지풍토와 생활풍속이 다르듯 정원의 개념은 물론 그 꾸밈새가 서로 상이하다. 일본에서의 정원은 庭園이고, 한국에서의 정원이란 庭苑으로 庭은 건물이나 울타리로 에워싸인 뜰의 개념이며, 苑은 주거공간에서 벗어나 넓은 들과 산림을 뜻하는 것으로 공원이 포함된다. 따라서 한국의 정원은 일본과 달리 뜰(garden)과 들(park)의 복합용어이다.

겐로쿠엔

우리나라는 국토지리상 대부분이 산이며 삼면이 바다이며, 사계절의 변화를 가진 수려한 경관을 이루고 있으며 자연경관이 뛰어난 명산이 많다. 한편 강이나 바다에는 석조가 떠있다. 이렇듯 한국의 자연은 그 자체가 경관식 자연의 꾸밈새를 갖추고 있으며 자연의 수경과 모습이 아름다워 자연 경관을 그대로 정원에 끌어 들여 정원의 원경으로 삼았다. 자연 풍경식의 정원양식을 이어온 한국과 일본 정원의 특징을 요약하여 보면 한국은 주위의 산수 경관을 그대로 받아들여 최대한의 인공을 배제함으로서 자연인지 인공인지 분간하기 어려운 중립적인 지향을 써왔으나 일본정원은 강한 인공미를 풍긴다.

또한 우리나라 정원에서 창덕궁 후원 부용지를 보면 축대 모퉁이에 새겨놓은 잉어 조각이 있다. 이는 등용문 설화와 관련된 것으로, 옛날에는 부용지 일대가 과거 시험을 치르던 장소였음을 암시하며 또 남원 광한루의 거북 (자라) 석상은 흔히 '별주부전'이라고 알려진 귀토설화와 관련된 것으로, '달

속에 있다'는 가상의 궁전 광한전에서 이름을 따온 광한루원이 사실은 월궁 뿐만 아니라 바다 속의 용궁까지도 염두에 두고 조성된 정원이라는 것을 그 거북 석상은 말해준다. 광한루 기둥 곳곳에 장식된 거북 등에 올라 탄 토끼 의 조각상들이 그 증표이다. 이처럼 한국의 전통 정원들에는 건물들뿐만 아 니라 사소해 보이는 조각상과 장식 무늬 하나하나까지도 깊은 의미를 담고 있으며 여백의 미를 강조한 '자연그대로'의 멋을 살리고 있다.

그에 반해 일본은 화산지대의 장년기 지형으로서 풍부한 산림의 혜택을 받는 나라이다. 일본인들은 식물이나 동물, 인간이 원래는 같은 뿌리에서 파 생된 자연 속의 일시적인 모습으로서 이 세상을 '최후의 은신처'라고 보는 인생관에 기초한다고 믿었다. 따라서 자연 속으로 융합하고자, 가는 나무기둥 을 세우고 미닫이문을 끼워 툇마루를 돌리는 형태가 주택의 기본으로 되어 있다. 미닫이문을 열면 자연이 보여 집 밖의 푸름과 실내가 하나로 연결되어 있다. 이처럼 일본인들에게 정원이란 그들의 생활공간을 자연과 융화시키는 하나의 매개체로 존재해왔으며, 따라서 그들의 생활에서 필수적 요소가 되고 있는 것이다. 또한 나라 시대부터 인구과밀 현상이 나타나고 자연이 손실되 어 헤이안 시대부터 녹지를 찾고자 정원이라는 형태를 빌어 거대한 자연을 정원으로 불러들여 공간적인 미적 감각에 맞추어 나무와 바위, 인공적인 작 은 언덕과 물을 소재로 수채화같이 표현 하였다(실제로 맨 처음 일본의 정원은 일본 화를 그리던 화가들에 의해 만들어졌다고 한다).

일본정원 조경사는 3가지의 기본 원칙을 따르는데 그 원칙이란 바로 규모 의 축소, 상징화, 경치의 차용 등이다. 첫 번째 원칙은 산과 강의 자연적 경 관을 축소하여 만듦으로서 제한된 공간에 모두 재현할 수 있도록 하기 위한 것이다. 이는 도시 안에 산간마을의 경관을 창조할 수 있음을 의미한다. '상 징화'는 예를 들자면 흰모래가 바다를 상징하는데 쓰이는 것과 같은 추상성

을 뜻한다. 조경사는 정원 뒤 또는 주위의 배경경관을 이용하여 그 '경치를
차용'하는데 이는 경관조성의 중요한 부분이 되었다.

 ## 2. 일본정원의 기원이 되는 신석(神石)

일본정원의 기원이 되는 신석으로는 돌과 바위이다. 교토에는 가미가모신
사(上賀茂神社)라 불리는 신사가 있다. 이 신사의 맨 북쪽에는 가미야마라는
산이 있는데 이 산의 정상에는 크고 평평한 바위가 있다. 이 바위에 신이 강
림해서 가미야마와 신사 사이에 있는 한 단 낮은 마루야마라는 산으로 건너
간 다음에, 계단을 내려오듯이 신사의 본전으로 왔다는 것이다.

신이 신의 세계에서 인간의 세계로 내려올 때 최초의 발판이 된 것이 '고
야마'라는 산의 정상에 있는 크고 평평한 바위라는 것이다. 이런 연유로 바
위를 신앙의 대상으로 삼고 있는 신사는 일본 전역에 많이 있다. 그렇게 신
앙의 대상이 된 바위를 반좌라고 부른다.

가미가모신사에서는 헤이안 시대까지 본전의 뒤편에 신이 지나다닐 수 있
도록 문이 있었고, 신이 출입할 때는 열어 두었다고 한다. 사람들이 본전에
배례할 때 맨 북쪽으로 향하게 되는데 이는 고야마의 반좌를 향해서 절을
하는 것이 된다. 이처럼 예부터 산의 돌을 신앙의 대상으로 삼고 있었다. 높
은 산에 거대한 바위가 노출되어 있는 곳은, 거의 반좌로서 받들어 모셔지고
있다. 고대에 돌은 신의 발판으로 여겨졌던 것이다.

이와 같이 산의 바위나 수목, 혹은 산 그 자체에 신의 영혼이 하늘에서 내
려 왔다는 유형의 신사를 '수직강림형'이라고 한다. 하늘에서 곧바로 지상에
내려 왔다는 뜻으로 그렇게 말한다.

신사 안에는 돌을 나르고 흙을 파서, 여러 개의 큰 돌을 고정시켜 만들어

진 반좌가 있다. 이시구미(石組)의 탄생이다. 일본의 정원에 꾸며지
는 이시구미는 여기에서 발전되어 온 것으로 여겨진다. 일본정원의
주역은 소나무도 아니며 등롱(灯籠)도 아닌 자연석의 배치이다. 일본
정원에 있어서의 돌의 배치를 이시구미(石組)라고 하는데 일본 최고
(最古)의 정원서에 쓰여진 돌의 배치법을 지금까지 답습하고 있다.
일본정원에 있어서의 이시구미는 돌 하나하나가 지니고 있는 특성을
보여줌과 동시에 집단으로 조합된 돌의 형태(자연풍경을 재현한 인공산, 야
트막한 언덕인 노스지, 징검돌 도비이시, 포장석 시키이시, 석등, 물 담는 돌그릇, 울타
리 등으로 집단으로 조합된 돌의 형태)에서 그 시대의 종교, 철학, 인간의
이상론 등을 추상적으로 표현하고 있다. 즉, 이시구미란 여러 개의
돌을 조합해서 미적으로 배치하는 것이다.

이시구미(石組)

　돌의 조합에는 세 개의 돌을 조합하는 방법과 두 개의 돌을 조합하는 방
법이 기본이 된다. 또 이 두 형태가 합해져 다섯 개의 돌 조합 형태를 이루
고 혹은 일곱 개의 돌 조합 형태를 만들어 내기도 한다. 이시구미는 기본적
으로 두 개의 돌을 조합하는 형태 외에는 홀수가 약속으로 되어있다.

✿ 3. 시대흐름의 관점에서 본 일본정원의 형식과 종류

(1) 고대의 정원(츠키야마린센(築山林泉)식 정원)

　최초의 정원은 아스카 시대(飛鳥時代 593~710)와 나라시대(奈良時代 710~794)
로 거슬러 올라간다.

　불교가 한반도를 거쳐 대륙으로부터 전래된 때도 바로 이 시기로 대륙에
서 온 이주자들은 일본 정원에 대륙적 요소를 도입하였는데 중국식의 돌 분
수와 석교가 그 예이다.

이 시대의 정원은 '츠키야마린센(築山林泉)'식 정원으로 흙이나 돌을 쌓아 산의 모양을 만들고 철쭉을 심기도 했으며, 물을 흐르게 하여 연못이나 내의 모양을 만들어 자연의 경관을 그대로 표현하고 강변의 풍경을 표현한 양식으로 일본정원의 원조가 된다.

이렇게 연못을 만들어 바다의 풍경을 표현한 이유는 자연에 대한 동경과 종교적인 요인이었을 것으로 추측된다. 나라 시대에 시작된 자연 풍경의 재현이라는 사상과 기술은 일본정원의 조형 수법으로 정착하게 되며, 이것이 정원 조성시의 규약이 되어 츠키야마린센식 정원 양식을 형상하게 된다.

일본에서 정원에 대한 첫 기록은 626년에 숨진 섭정 소가노우마코(蘇我馬子)의 저택에 있던 정원에 대한 니혼쇼키(日本書紀)의 묘사다. 작은 연못을 파고 그 가운데 섬을 만들어 지배층 사이에서 대호평을 얻었다. 당시 불교와 신선 사상을 전한 백제인이 정원 축조기술도 함께 전했다는 설도 있다.

츠키야마린센식 정원의 예를 들면 교토의 다이고지 산포우인(醍醐寺三宝院)이 있다. 이곳은 츠키야마를 후지산과 비슷하게 만들기 위해 하얀 이끼를 산에 이용해 눈처럼 보이게 하였으며, 도쿄의 고이시가와(小石川), 고라쿠엔(後樂園)에 있는 츠키야마를 산 전체의 끝 부분 능선에 주름을 넣어 사형을 만들기도 하였다. 또한 연못은 바다 및 호수를 재현하기 위하여 거친 파도의 해안 풍경은 기암괴석을 거친 질감으로 쌓아 재현하고, 백사청송의 모래사장은 하얀 모래를 깔았으며 소나무를 식재하는 방식으로 자연을 묘사하였다.

최근 아스카(明日香) 지역에서의 잇단 정원 유구 발굴로 그 형태가 한결 뚜렷해진 당시의 정원은 오늘날 일본의 대표적인 정원 양식인 츠키야마린센식의 원형이다.

(2) 신덴-즈쿠리(寝殿造り) 형식의 정원

헤이안 시대(平安時代 794~1185)가 시작되면서 귀족 가문인 후지와라(藤原)는 그들의 권력을 강화하고 전통예술과 문화를 발달시켰다. 이러한 귀족계층들은 '신덴-즈쿠리'형식의 사치스런 저택과 정원을 가졌다. 교토의 여름은 덥고 온도가 높아서 야리미즈(やり水)라고 불리는 개울을 만들어 건물과 저택의 정원 사이에 흐르게 했다. 이러한 후나 아소비(舟遊び) 형식의 정원에는 종종 보트를 탈 수 있을 만큼 큰 타원형의 연못이 있었는데, 물위에 설치된 천막건물이 낚시를 편하게 할 수 있도록 하였으며, 저택의 다른 건물들과 통하는 복도도 있었다.

츠키야마린센식 정원

주 건물과 연못사이의 넓은 공간에는 하얀 모래가 깔려 있었는데 이곳은 의식행사를 치르기 좋은 아름다운 곳이었다. 또 다른 정원으로는 사람들이 각각 자기위치에서 다른 경치를 즐기며 산책할 수 있는 슈유(周遊)형식의 정원이 있다. 이러한 정원에는 종종 헤이안, 가마쿠라, 무로마치 시대의 사찰이나 큰 저택이 있다. 무로마치 시대의 승려 무소 소세키가 만든 교토

신덴-즈쿠리식 정원

의 사이호지(西方寺)의 정원은 전형적인 산책형식의 정원이다. 이 정원은 배경의 산을 이용하여 연못이 자연적으로 조화되도록 디자인되었다.

(3) 선종(禪宗) 정원

가마쿠라 막부(鎌倉幕府 1185~1333년)에는 중국 선종의 영향을 받은 무사계

급이 성장하였는데 이러한 이유로 주택과 정원의 양식이 변화되었다. 정원에서 화려한 의식을 치르는 것은 무사들의 관습이 아니었다. 대신 그들은 집안에서 정원을 감상하는 것을 더 즐겼는데 그에 따라 정원도 그들의 시각적인 흥미를 끌만한 형식으로 디자인되었다. 바로 이시기에 조경사와 이시타테소(石立僧 : 직역하면 바위를 배치하는 수도사)가 등장하였다. 일본정원의 황금기는 무로마치 시대(室町時代 1333~1568)라고 전해진다. 센즈이 카와라모노(泉水河原者 : 산, 도랑, 강바닥을 만드는 사람들)라고 불리던 숙련된 장인집단들은 '가레산스이'(枯山水 : 돌과 모래로만 산수를 표현한 정원)라고 하는 새로운 양식의 정원을 만들었다. 선종의 영향을 많이 받은 이러한 정원들은 매우 추상적인 성질을 가지고 있는데 바위들은 산과 폭포를, 흰모래는 유수를 표현하는데 쓰였다.

다른 곳에서는 잘 볼 수 없는 이러한 형식의 정원은 민둥산과 건조한 강바닥을 그린 중국 수묵 풍경화의 영향을 받았다. 그 예로는 교토에 있는 료안지(竜安寺)와 다이토쿠지(大徳寺)의 바위 정원이 있다. 15개의 바위와 평지의 흰모래로 꾸며진 료안지의 정원은 평지정원의 전형적인 예로 바다, 호수 연못 등이 주제이며 돌, 나무, 석등, 물동이, 우물 등으로 이루어져있다.

료안지 정원(가레산스이식 정원)

덧붙여 이 시기의 정원들에는 쇼인 즈쿠리(正院造り)라는 건축양식의 영향을 받은 도코노마, 치가이다나(흔들이는 선반), 후스마(종이 미닫이문) 등을 찾아볼 수

있는데 이 정원은 오늘날 일본 가옥의 원형이 되었다.

(4) 조도(浄土) 형식의 정원

10세기에 일본의 귀족들은 점차 불교에 심취하면서 '정토 (浄土)'라고 하는 낙원에 대한 믿음이 확산됨에 따라 정원들 도 불교의 경전이나 책자에서 묘사된 '정토(浄土)'의 이미지 를 표현하기 시작하였다. 이 정원은 주로 중앙의 섬과 연결 된 아치형의 다리가 있는 연못에 중점을 두었으며 헤이안 후기에 완성되어 정토사상의 표현으로 불상조각, 침전과 연 못 만들기가 시작이었다. 교토에 있는 절인 뵤도인(平等院)의

뵤도인(平等院)

정원은 '조도' 형식의 대표적 예이며, 뵤도인은 극락정토 궁전의 상징으로 화 려하고 정밀한 색으로 채색한 것이 특징이다.

(5) 차시츠(茶室 : 다실)와 차테이(茶庭 : 다도정원)

무로마치 시대의 전란이 끝나고 안정됨에 따라 성곽이나 큰 저택이 건설 되고 이런 화려한 경향에 대치하는 표현으로 차시츠와 그곳에 이르는 좁은 길 을 조경하는 수법이 개발된다. 차시츠는 일종의 수양하는 자리를 꾸미는 건 축이고, 그 길을 중심으로 공간에 꾸며지는 차테이는 일종의 자연식 정원이다.

당시의 정원에는 차세키(茶席 : 마시는 장소), 차테이라고 하는 건물과 정원이 고안되고 그 동안의 정원과는 형태가 근본적으로 차이가 나게 된다.

차테이는 노지(좁은 길)로 만들어지는데 종교의 종신적 기반을 갖는 형식이 라 할 수 있다. 차시츠는 수양하는 공간으로, 차테이는 그곳에 이르는 길을 중심으로 좁은 공간에 꾸며지는 자연식 정원이다. 당시 차세키와 차테이라는 특수한 공간 형식이 지금의 정원 양식에 큰 변화를 주었다.

다실과 다원

차테이는 로지(露地)라고도 불리는데 화려함과 장식적인 미감각을 철저히 거부해 만들어진 정원이다. 로지 안은 청정한 장소이기 때문에 수반의 물로 입안을 씻어내고 손을 깨끗이 하기 위해 징검다리나 돌로 포장했다. 이러한 로지, 차테이가 일반인의 관심을 끌게 되면서 일반 주택 정원의 구성 요소로도 사용되었다.

차테이

(6) 가이유(回遊)형식의 정원

수세기에 걸쳐 생겨난 다양한 정원형태는 에도 시대(江戸時代 1600 ~1868년)에 이르러 가이유 형식으로 종합되었는데 이 형식의 정원은 봉건영주를 위한 것이었다. 거대한 바위와 나무가 명승지의 경관을 재현하는데 쓰였는데, 사람들은 작은 정원을 걸어 다니며 중앙의 연못을 감상하였다. 초기 에도 시대에 축조된 교토의 가츠라 별궁(桂離宮)의 정원은 전형적인 가이유 형식으로, 중앙에는 연못이 있으며 그 주위에 다도정자가 있다.

이 정원은 독일인 건축가 브루노 토트의 글을 통해 독자들의 관심을 끌게 되었다. 교토에 있는 또 다른 유명한 정원은 교토 천황궁의 정원이다. 17세기에 만들어진 이 정원은 연못 정원이라는 뜻으로 오이케 니와(お池庭)라고 불린다. 이곳에는 몇 개의 작은 소나무 섬이 있는 큰 연못들이 정원의 대부분을 차지하고 있다.

1926년에 만들어진 도쿄의 고라쿠엔 정원도 가이유 형식의 정원 중 하나다. 이 정원의 호수에는 행운을 가져다주는 7신 중 하나로 알려진 인도의 신 벤자이텐을 위한 작은 사찰이 있는 섬이 있다. 이 섬으로 통하는 석교는 반원형의 모양 때문에 보름달 다리라고 불린다. 물에 비친 이 다리의 모양은 완전한 원형이다. 에도 시대에 건축된 하마별궁(浜離宮)의 정원에는 3개의 다

고라쿠엔 정원

리가 놓여진 예쁜 호수가 있다. 각 다리들은 등나무 덩굴로 덮여있으며 섬으로 통한다. 연못, 잔디밭, 승마장의 배치는 에도 시대 봉건영주들의 별장의 분위기를 잘 보여준다.

일본의 3대정원 으로는 미토(水戶)에 있는 가이라쿠엔(偕楽園), 가나자와(金沢)에 있는 겐로쿠엔(兼六園), 오카야마(岡山)에 있는 고라쿠엔(後樂園)이 있는데 이들은 모두 가이유(回遊)형식의 정원들이다.

▌일본의 3대 정원 ▌

이바라키현 미토(水戶)시의 「가이라쿠엔(偕楽園)」, 이시가와현 가나자와(金沢)시의 「겐로쿠엔(兼六園)」과 함께 일본의 3대 정원으로 불리는 「오카야마 고라쿠엔(後樂園)」은 에도(江戶)시대를 대표하는 명정원이다.

오카야마성 천수각과 고라쿠엔

고라쿠엔 사와의 연못(沢の池)

고라쿠엔 렌치켄(廉池軒)

일본의 3대 정원으로 꼽히는 정원은 모두가 에도 시대의 다이묘(大名: 넓은 영지를 가진 무사)가 만든 것이다. 현대 물질문명과는 다른, 자연을 사랑하는 미의식에 의해 창조된 이 정원들은 보는 사람을 조용하고 아늑한 신비의 세계로 이끌고 간다.

 4. 일본정원에 담긴 사상

(1) 신도사상

원래 마츠리가 중심을 이루는 신도에는 사상이나 교리라 할 만한 것이 없었다. 그러나 불교, 유교, 기독교 등 외래 종교사상이 전래되면서 그것에 자극을 받아 다양한 형태로 신도사상이 형성되었다. 그 최초의 형태는 신불습합사상(神仏習合思想)이다.

6세기경에 한반도로부터 일본에 불교가 전래되자 그 수용을 둘러싸고 반세기에 걸쳐 소가(蘇我) 일파와 모노노베(物部) 일파 사이에 격렬한 종교전쟁이 벌어지고 그 결과 불교 수용에 적극적이었던 소가 일파가 승리를 거둔 이 후 쇼토쿠(聖徳)태자를 거치면서 불교가 번성하게 되었다.

그리고 고도의 형이상학 체계를 지닌 불교가 널리 퍼지게 되자 이에 자극을 받아 신도사상이 형성되기 시작한다.

(2) 불교사상

불교사상은 6세기 도입되어 헤이안시대 후기에 완성되었다. 이러한 불교사상을 표현한 정원은 정토정원으로 정토사상의 표현으로 불상조각, 침전과 연못 만들기가 그의 시작이라 볼 수 있다.

정원 서쪽에는 아미타불당을 건설하여 극락을 상징하였고 정원 동쪽에는 연못을 만들어 그 안에 섬을 만듦으로 속세를 상징하였으며 연못 안의 연꽃은 서방정토를 상징하였다.

정토정원의 가장 큰 예로는 교토에 있는 뵤도인(平等院)인데, 여래상이 안치된 호도(法堂)를 중심으로 전개된 못은 연못을 표현하며, 뵤도인은 건물과 정원으로 극락정토를 나타내고 있다. 이는 아미타신앙의 사상에서 발상 된 정원건축의 양식으로 후세에까지 연결된다. 또 이 사상은 돌을 이용해서 삼존불의 형태를 표현하려고 했다.

(3) 도교사상

중국에서 전해온 신선사상도 정원조성에 영향을 미쳤다. 이러한 신선사상도 도교의 일종으로 선인도라고도 하며 신선을 숭상하고 불로불사를 목표로 한다. 이러한 신도사상에 반영된 정원은 연못정원, 가레산스이 정원이며 신지(神池)는 신사에 만들어진 연못으로 연못안의 섬에서 신을 모시는 최초의 기본형이다. 연못정원은 수평도래형 구조로 바다저편에서 오는 신을 맞이하는 유형의 신사이다.

이런 신선사상에 의거한 정원양식으로는 산포인, 니조죠, 고라쿠엔의 정원, 리츠린 공원, 가츠라리큐, 슈가쿠인리큐 등이 속한다.

✱ 5. 현대의 일본정원

메이지시대 이후 서양문화의 영향으로 서양식 정원이 만들어 진다. 서양식 정원의 특징은 조경의 색채가 강하고 일본정원에서 가장 중요시하는 돌의 배치가 지닌 추상적 표현방법이 나타나지 않는다. 최근에는 고래의 수

법을 살리면서도 옛 것의 모방에만 그치지 않고 현대적 감각을 대담하게 받아들인 정원이 만들어진다. 또한 도시의 발달과 더불어 협소해진 공간활용을 이용해 옥상정원이 유행하기도 한다.

옥상정원의 예

5. 꽃의 도(道) - 이케바나

일본의 꽃 소비량은 세계적으로 유명한데, 대부분이 꽃꽂이용이라고 한다. 꽃꽂이에 대한 일본인들의 각별한 관심은 어디서 연유된 것일까.

일본의 경우 꽃꽂이 전반에 걸친 양식 절차가 오랜 역사를 거치는 과정에서 정형화 되었고 이를 전문적으로 지도 관리하는 가문이 형성되었는데 이를 이케바나라 한다. 이케바나는 이미 완성되어 장식된 것을 보며 아름다움을 음미하며 즐기는 것이 중요한 목표였는데 이런 즐거움과 더불어 이케바나를 배우는 과정 자체를 정신적 수양으로 여기기 때문에 화도(花道)라는 개념으로 파악하기도 한다.

그렇다면 흔히 일본식 꽃꽂이라 알려져 있는 이케바나란 무엇인가? 이케바나란 일본전통예술의 하나로서 나뭇가지 잎사귀, 풀 등의 화재(花材)를 그릇, 즉 화기(花器)에 담아서 꽃는 일, 또는 그 기법을 말한다. 이케바나의 역사는 아주 오래돼서 그 기법은 시간의 흐름에 따라 다양하게 나타났으며 여기에 사용된 화기 또한 여러 가지가 사용되었다. 화기에는 기다란 화병, 넓적한 수반, 이층짜리 화병, 대접, 컵 등이 있다.

이케바나는 신에게 꽃을 바치는 쓰임새로 1300년대 초반에 등장하기 시작하였다. 이케바나는 그 동안 수많은 유파를 만들어 냈고 가장 체계적이며 영향력이 큰 이에모토제도를 낳았다. 그런데 현대에 들어와서 이케바나는 종교적인 용도보다는 실용적인 성격이 짙어졌다. 오늘날 일본인들은 이케바나를 스스로 만들어 감상하기도 하지만 손님을 품위 있게 대접하는 데에 이용하기도 한다. 또한 이케바나는 생활공간을 아름답게 하는 인테리어의 한 측면으로서도 기능하고 있다.

이처럼 현대의 이케바나는 인간 생활을 윤택하게 해주는 복합적 생활예술이라고 할 수 있다. 그러나, 이케바나는 단순히 생활의 외형을 아름답게 만드는 데 그치지 않고, 사람이 자연과 친밀해지고 마음의 평정을 갖게 해준다. 또 이케바나를 하는 사람은 작업과정 자체를 즐거워하고 겸손한 태도를 배우는 것과 같은 정신적 수양을 하게 된다. 이케바나를 화도(花道) 즉 '꽃의 도'라고 부르는 것은 이런 점에서 연유한다.

Tip 이에모토(家元) 제도란?

그 유파의 예도(芸道)를 계승하고 있는 정통 가문이나 사람을 말한다. 이에모토는 자기 유파의 예도를 지키고, 제자에서 또 그 제자로 대대로 계승시켜 나가는 것이다. 현재는 화도(華道)와 다도(茶道), 일본무용, 노(能)와 교겐(狂言) 등 많은 분야에서 이에모토 제도가 도입되어 있다. 이에모토라고 하는 말의 기원은 헤이안(平安)시대(794~1185)의 아악(雅楽)의 집안에 있다고 하는데, 이에모토 제도가 성행하게 된 것은 18세기 이후의 일이다. 18세기 중반부터는 이에모토가 면허장을 전수(伝授)하게 되었다. 스승을 중간에 세워 이에모토의 권위가 제자들에게도 계승되는 것이다.

1. 이케바나의 의미 – 신에게 바치는 나무, 부처님에게 바치는 꽃

이케바나의 출발점을 제사 때 신에게 바치는 나무나 부처님에게 바치는 꽃에서 찾기도 한다. 신에게 제사를 지낼 때는 반드시 나무를 세워야 한다는 것은 일본 민속신앙의 일관된 특징이다. 신령이 강림하여 나무에 깃들인다는 관념이 있기 때문이다. 이 나무는 신의 요리시로(依り代), 즉 내림대가 된다. 이런 나무가 있는 곳에 신사를 세우거나, 신사에 이런 나무를 심었다. 나무

의 종류는 상록수인 소나무나 삼나무나 비쭈기나무를 택하여, 늘 푸르고 아름다움을 유지하도록 했다.

　일본에 불교가 전래됨과 함께 불전에 꽃을 바치는 공화(供花)의례가 사찰에서 시작되었다. 병이나 항아리 혹은 접시 등에 꽃을 담아 바치는 공화의례는 승려의 중요한 일과의 하나였다. 이에모토 제도가 성행하게 된 것은 18세기 이후의 일정한 작법에 따라 진행하였으며 꽃을 담을 때 보다 더 아름답게 보이게 하기 위해서 꽃을 가공하는 과정이 있었다.

 ## 2. 이케바나 양식

(1) 릿카(立花)와 전문가 도보슈(同朋衆)의 출현

　이케바나 전문가의 등장으로 꽃꽂이는 세련된 미의식을 지니며 일정한 양식을 설정하여 이를 체계화하는 일이 시작되었다. 가장 고전적인 꽃꽂이로는 꽃이나 꽃나무를 그대로 세운다는 뜻으로 다테바나(立て花)라 했으나, 차츰 양식이 정비됨에 따라서 릿카(立花)라 불려지게 된다.

　릿카는 1682년에 간행된 『입화대전(立花大全)』에 쓰인 용어이며, 당시에는 규모가 큰 실내의 장식품으로 등장했다. 릿카를 시도한 중심인물은 귀족가문인 야마시나가(山科家)의 하급무사인 오사와 히사모리(大沢久守)였다. 1488년 정월에 궁정에서 열린 의례에 참석한 사람들을 위하여 가무와 주연이 벌어졌는데, 연회장을 장식하는 릿카를 만드는 일은 오사와가 담당했다.

　기록에 의하면 초목은 5종류를 사용했다고 한다. 전체의 중심, 즉 마음을 의미하는 주지로는 소나무를 사

릿카

용하며 그 좌측에 가지를 길게 내고, 우측에는 홍매화 가지를 꽂고, 가지 밑에는 초봄의 꽃 밝은 색의 금잔화를 세워서 많은 사람의 시선을 집중시켰던 것이다.

그 후에는 궁중의 행사가 있을 때마다 행사와 잘 어울리는 모양의 릿카를 만들었다. 뿐만 아니라, 이 시대의 쇼군들은 객실을 호화스럽게 꾸미고 전문가를 동원하여 이케바나를 장식하였다.

이케바나의 전문가로는 여러 사람이 있지만, 쇼군의 측근에서 의례의 집행이나 예능을 담당하는 이들을 **도보슈**(同朋衆)라 했다. 이들은 형식적으로는 승려의 신분을 지니고 있었기 때문에 이름을 '아미'라 하였다. 도보슈는 무로마치시대 문화의 발전에 큰 발자취를 남겼다. 도보슈에 의해서 발전된 객실 장식용 릿카는 특색을 가지게 되었다.

사찰을 중심으로 발생된 이케바나의 대표적인 유파인 이케노보(池坊)라는 유파는 이케노보 센케이(池坊專慶)라는 승려에 의해서 시작된 것이다. 교토시내에 있는 사찰인 육각당은 당시에 눈부신 활동을 펴기 시작한 상인들의 불교 집회소이자 상인들의 단결을 꾀하기 위한 사교장소로서 이용하고 있었다. 육각당(六角堂)에 있던 승려 이케노보 센케이의 꽃꽂이는 좋은 평판을 얻고 있었는데, 상인들의 후원을 얻으면서 더욱 활기를 띠게 되었다.

이케노보 센케이는 쇼군으로부터 화도의 이에모토라는 칭호를 받음으로써 가장 오랜 전통을 지닌 이케바나 유파인 이케노보류가 탄생되었다. 당시 이케노보의 릿카 작품은 여러 기록과 그림으로 전해지고 있기 때문에 당시의 릿카의 실체를 오늘날에도 유추해 볼 수 있다. 이케노보 센케이의 릿카의 양식적 특성은 규모가 크다는 점과 화려하며 일정한 격식을 따른다는 점을 들수 있다. 예를 들면 화기의 크기가 가로 1.8미터, 세로 1.5미터짜리 큰 그릇을 쓰며, 꽃과 꽃나무의 종류도 많이 썼다. 가지의 배치도 기교적이고 색채도 화려하여, 한마디로 웅장하고 화려하게 꾸밈이 릿카의 시각적 특성이 된다. 또한 꽃과 나뭇가지를 배치하는데 일정한 양식을 두어, 각 부분의 명칭을 진, 부, 수, 동, 견월, 전치*라 하여, 각 부분에 일정한 의미를 부여하며 구성 양식을 정하여 미를 추구하려 했다.

▌ 이케노보 유파(池坊) ▌

현재까지 그 전통이 이어져 오고 있으며 가장 활발한 활동을 하고 있는 가장 규모가 큰 유파가 되었다. 교토 정법사의 승방 명칭이자, 시조 이케노보 센케이(池坊專慶)의 성이기도 하다. 16세기 후반에 활동한 이케노보 센케이 이후로 많은 이케바나의 명인을 배출하여, 이 방면의 독점적인 위치를 차지하여 오늘에 이르게 되었다. 1952년에는 교토에, 1960년에는 도쿄에 대학을 설립하여 새로운 이케바나 연구와 교육에 근대적인 방법을 도입하였다. 현재 일본 내에 약 3000개의 지부를 두고 많은 문하생을 두고 있다.

---

* 릿카(立花)의 주지는 음(陰), 양(陽), 산봉우리, 언덕, 골짜기, 폭포, 마을 등의 명칭으로서 부쳐진 것이다. 즉 대 자연의 경관을 하나의 화기 속에 표현한 것이다.
　①진(眞) : 먼 산
　②정진(正眞) : 가까운 산의 봉우리
　③견월(見越) : 깊은 산이 계속되는 곳
　④부(副) : 가까운 산
　⑤수(受) : 조금 더 가까운 산
　⑥동(胴) : 폭포와 언덕 그리고 골짜기
　⑦공(控) : 평야
　⑧흐름가지(流) : 마을
　⑨전치(前置) : 언덕의 기슭
　⑩화기에 담긴 물 : 큰 바다

(2) 릿카의 화려함에 대비되는 새로운 양식 나게이레(投げ入れ)
　　－ 일상적이고 쉬운 이케바나

　나게이레(投げ入れ)는 릿카에 대한 일종의 반발이라고도 할 수 있는 양식이었다. 이는 꽃을 던져 넣듯이 꽃병에 넣는다는 뜻으로 규격화된 화병이 아닌 그릇에도 손쉽게 가벼운 기분으로 꽃을 던져 넣듯이 꽃을 꽂아 이케바나를 할 수 있다는 뜻을 지닌다. 그러나 글자 그대로 꽃병에 꽃을 던져서 넣는 것은 아니고, 꽃을 가공하지 않고 자연 상태 그대로 넣는다는 의미이다. 나게이레에도 일정한 양식이 있음은 물론이다. 릿카의 경우 진을 나타내는 꽃, 가지 혹은 잎을 수직으로 세우는 형식을 지켜야 하지만, 나게이레는 던져 넣는 것처럼 가지를 길게 옆으로 뻗어나가도록 한다는데 특징이 있다. 따라서 화기는 천장에 달아서 늘어뜨리는 배 모양으로 만들기도 하며, 꽃은 여기에 어울리도록 비스듬히 꽂아 자연스럽게 뻗어나가도록 하였다.

　나게이레는 다도에 활용되어 다실을 장식하는 꽃꽂이 방식으로 애호되었다. 다실에서 추구하는 자연 친화적인 정신과 조화를 잘 이루었기 때문이었다. 풍류 정신을 중요시하던 나게이레는 다실에 도입되어 차바나(茶花)라고 불리며 다실의 이케바나로 중시되었다. 그러나 시간이 흐름에 따라서 다도가 추구하는 형식미의 존중 정신, 자연스러움을 강조하는 다실과 나게이레는 잘 어울리지 않는다고 생각하게 되었다. 결국 나게이레는 다도와 상관없는 독자적인 이케바나 양식의 한 가지로 정착되었다.

　나게이레의 특징으로는 즉석에서 만들어 손님에게 보여 대접할 수 있다는 점과 그런 즉흥적인 운치를 즐길 수 있다는 점이 있다. 나게이레에는 엄격한 양식이 없다는 점이 비난의 대상이 되기도 하였다. 일본의 일반 주택 실내에 꽃을 장식하는 공간인 도코노마에 장식하기에는 부적절했던 나게이레는 도코노마에 적합한 이케바나 형식인 세이카(生花)의 대두와 함께 일단 소멸되었다. 그러다가, 메이지 시대 이후 이케바나가 대중화되는 과정에 손쉽고 부담 없이 일상생활 가운데 추구할 수 있는 양식으로 재인식되어 이후 오늘날에도 여전히 일반의 사랑을 받고 있다.

도코노마
그림이나 꽃꽂이를 감상하기 위해 다다미방 벽면에 만들어둔 공간을 말한다. 방바닥을 약간 높혀 벽에 족자를 걸고, 그 앞에 화병이나 장식품을 올려 두었다. 현재 일본가정에선 점점 사라져버려 이제 도코노마가 갖추어진 집은 거의 없다.

(3) 일본 주택 공간과의 조화를 추구한 세이카(生花)
– 약간의 형식을 존중하는 이케바나

나게이레가 너무 형식을 갖추지 않았다는 비평을 받으면서, 도코노마에 어울리는 형식을 구하는 기운이 높아짐에 따라 세이카(生花)의 형식이 창안되었다. 릿카가 지나친 형식 존중으로 틀에 박힌 듯한 작품만을 만드는 경향에 대한 반작용으로서, 자유로운 표현의 꽃꽂이를 추구하여 나타난 나게이레였지만, 당시의 신흥 상인들은 손님을 접대하는 객실의 꽃으로는 너무 소박하다고 여겨 부족감을 느끼게 되었다. 따라서 너무 형식이 빈약하다고 비판받는 나게이레보다는 약간의 형식을 갖춘 이케바나 양식을 만들어 냈는데, 이것이 세이카이다.

세이카는 19세기 초기에 형식적 · 이론적으로 완성을 보았다. 유파에 따라서는 간략하게 한 작은 꽃꽂이라는 뜻에서 쇼카(省花)라고 표기하기도 한다.

세이카는 일정한 법칙에 따라 격조 있게 만들며, 화기와 맞닿는 꽃가지의 아랫부분은 가늘게 처리하여 단정하고 산뜻한 느낌이 들도록 함으로써 당시의 미의식을 반영하였다. 18세기 중엽부터 맹렬한 기세로 유행하여, 세이카의 여러 유파가 출현했다.

세이카에는 유교사상이 채용되어 천지인(天地人) 삼재사상을 이케바나의 모양 즉 화형에 응용하였다는데 특징이 있다. 꽃가지의 배치와 구도를 천지인(天地人)이라는 알기 쉽고 선명한 개념으로 분류하여 꽃을 꽂는다는 점은 서민들에게 크게 환영받았다. 세이카를 통해서 인륜을 바로 잡으며, 부녀자들에게 삼종지도를 깨우쳐 준다는 실리적 이유가 많은 사람들에게 공감되었던 것이다. 이런 이론은

에도막부의 교화정책과 합치되어, 이후 메이지시대의 교육이념에도 원용되었다. 메이지 정부에서는 세이카를 학교교육 과정에 편입시켜서, 다도와 더불어 여성의 수양방식의 한 가지로 교육한 일도 있다.

세이카

나게이레

(4) 서양 꽃과의 조화를 추구한 모리바나(盛り花)
－ 색채가 풍부한 이케바나

러일 전쟁 후에는 일본에서 서양 꽃을 많이 재배하기 시작하였고, 생활양식도 변화함에 따라서 생활환경에 어울리는 이케바나가 요구되었다. 이때 서양 꽃을 도입하여 색채가 풍부한 새로운 이케바나를 시도한 사람은 오하라 운신이었다. 그의 새로운 이케바나를 모리바나라 했다. 오하라 운신(小原雲心)은 처음으로 다알리아, 마가렛 등의 서양 꽃을 이케바나에 사용했다. 이 꽃들은 전체적으로 꽃의 키가 짧기 때문에 분재의 형식을 응용하여 수반(水盤)형식의 화기도 처음으로 고안했다. 오사카에서 활동하던 오하라 운신은 수반형식의 화기를 이용하여 사실적이며 서경적인 풍경을 꽃으로 나타내며, 화려한 색상의 꽃을 써서, 당시의 서양풍의 주택에 어울리는 이케바나를 시도하였다. 그가 창시한 오하라류(小原流)는 오늘날에도 많은 문하생을 두고 활발하게 활동하고 있다. 이런 시도는 시대에 걸맞는 이케바나라 하여 많은 사람에게 신선한 인상을 남겼다. 한편 도쿄에서 활동하던 아다치 초카(安達潮花 : 이케바나 근대화의 선구자)는 독자적인 모리바나를 창안하여 아다치 유파를 창시했다.

모리바나의 기본 양식은 수반 형식의 굽이 낮고 안쪽이 넓은 화기의 바닥에 풀고사리나 덩굴풀을 깔고 수면에 육지를 설정하여 그곳에 식물을 심는 형식으로 자연을 묘사함에 주안점을 두었다. 이런 시도는 자연을 드라마틱하게 표현할 수 있게 하여, 이케바나의 표현과 형식

모리바나

SIDE VIEW

Primary

Secondary

Ornamental

을 발전시키는데 공헌하였다.

○ 오하라 운신(小原雲心)

오하라 운신은 이케바나 유파의 하나인 오하라류의 창시자로 시마네현 마츠에(松江)에서 태어났다. 조각가를 지망하였다가 병약하여 취미삼아 이케노보의 이케바나를 배웠으나, 이케노보의 매너리즘에 실망하였다. 러·일 전쟁 후에 서양꽃이 많이 들어오고 생활 양식이 변화되어 가고 있음에 착안하여 수반을 쓰는 모리바나를 고안해 내었다. 1912년에 국풍식(国風式) '모리바나'라는 명칭으로 이케노보 유파로부터 독립하여 근대 이케바나의 새로운 길을 개척했다.

○ 오하라류(小原流)

오하라류는 이케노보(池坊)류, 소게츠(草月)류와 더불어 3대 이케바나 유파의 한 가지이다.

이케노보 유파로부터 독립한 오하라 운신이 오사카에서 1921년 제1회 국풍식 모리바나 전시회를 개최함으로써 유파의 독립을 인정받았다. 이 전시회는 일본 최초의 모리바나 전시회로서, 수반을 쓰는 꽃꽂이를 기조로 하여 색채 본위의 이케바나를 시도하였다. 서양식 생활 풍습이 보급되고 있던 당시의 사회적 분위기와 잘 어울렸다. 시대정신을 잘 표현한 이케바나로서 참신한 인상을 주면서 모리바나 붐을 조성하기도 했다.

부친의 뒤를 이은 제 2대 오하라는 경영에 천부적인 소질이 있어, 화형의 규격을 정하고, 교수법을 체계화하며, 연구 기관도 세웠다. 그 결과, 일약 대유파로 성장하여 이에모토 제도를 확립했다. 제3대 오하라는 이에모토를 조직적으로 운영하면서 현재 이케바나계의 리더로 활약하고 있다.

(5) 모더니즘의 표현, 지유바나(自由花)
– 근대의식에 바탕을 둔 창조적 이케바나

모리바나의 유행이 절정에 달한 이후인 1920년대에는 근대의식에 바탕을 둔 창조적인 이케바나가 창작되기 시작했다. 전통적인 이케바나의 형식주의를 탈피하여 예술적인 이케바나를 추구하려는 경향을 지유바나라고 한다. 명확한 이념을 가지고 자유화를 주창하여 근대 이케바나 성립의 근거를 제시한 사람은 야마네 스이도(山根翠堂 : 지유바나운동의 선구자)였다. 그는 천지인에 뿌리를 두고 정형화된 이케바나양식에 심한 불만을 가지고, 1927년에 신세이류(真生流)를 창시하여 자유화운동을 전개하면서 전통적 유파들과 대결했다. 그는 이케바나란 개인의 개성을 표현에 출발점을 두어야 한다는데 의미를 두는 지유바나의 선각자였다.

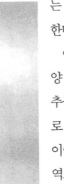

야마네 스이도와 같이 세련된 문화 의식을 지니고 서양 사조와 서양 미술의 영향을 받아 자유로운 양식을 추구하려는 사람들의 활동이 두드러졌다. 이케바나의 새로 이념을 집약한 '신흥 이케바나 선언'이 발표되었다. 이에 찬동하는 사람들은 이케바나를 조형 예술의 한 영역으로 파악하면서 모더니즘의 근대 화형(花型)을 형성하였다.

지유바나

(6) 반전통주의와 형식에서 자유를 얻은 전위(前衛) 이케바나
– 근대 조형의 시점인 이케바나

제2차 세계대전이 끝나고 일본의 패전을 계기로 일본인들 사이에는 전통에 대한 비판이 일기 시작하자 이케바나에도 새로운 활동이 전개되었다.

모든 전통의 제약에서 벗어나 근대조형이라는 시점에서 이케바나를 출발하려는 전위 이케바나가 전후 이케바나계를 석권하였다.

전위 이케바나는 소재를 꽃에 한정하지 않고 이질적인 소재를 도입하고 꽃도 무기물로서 취급하는 등 이전과는 전혀 다른 방식의 근대조형을 시도하였다. 또 쉬르리얼리즘(초현실주의) 수법에 의하여 환상적이며 상징적인 작품을 만들기 위하여, 꽃 이외의 소재로 금속, 돌, 유리, 헝겊, 플라스틱 등을 사용했다. 자연의 아름다움을 존중하며 꽃의 원래의 모습을 살리려는데 기본을 두는 종래의 꽃꽂이 형식에서 멀어졌다. 꽃을 꽂는 인간의 심정을 중심으로 추상이라든가 초현실적인 사상이나 상황의 표현을 시도하였다.

형식에서 벗어난 다양하고 신선한 감각을 살린 전위 이케바나는 큰 인기를 모았다. 전후의 혼란 속에서 데시가와라 소후(勅使河原蒼風), 나카야마 분보, 오하라 호운과 같은 인물들의 새로운 시도에대한 노력은 전위 이케바나를 발전시키는 원동력이 되었다.

Tip 아다치 초카의 전위 이케바나에 대한 정조(正調) 이케바나 운동

아다치 초카는 1945년 이후에 유행하던 전위 이케바나를 싫어하여 정조 이케바나 운동을 제창하였으나, 그는 1920년대와 같은 영향력도 없었고 발전하는 전위 이케바나의 확산을 막을 순 없었다.

3. 이케바나의 기본이론과 기법

(1) 이케바나의 고전적 이론

이케바나를 주도한 사람들은 우주의 구성 요소를 천지인(天地人)의 삼재로 인식하는 동양적인 사상을 이케바나의 형식에 적용하였다. 천지인의 삼분법은

사물의 순서와 구별을 나타내는데, 천은 이끌어 주는 존재, 지는 따르는 존재, 인은 조화를 이루는 존재라는 의미를 지닌다.

이케바나에도 이 원리를 적용하여, 꽃가지에 천의 부분, 지의 부분, 인의 부분을 설정하여 우주의 원리를 구현하려 하는 이들이 나타나 이를 구체적으로 이론화 하였다. 미쇼류(未生流)의 창시자인 미쇼사이 잇포(未生齊一甫)에 의하여 에도 시대 말기에 이론화 되어 현대 이케바나에도 이 이론이 적용되고 있다. 이케바나에서 천지인의 이론은, 각 유파에 따라 다른 용어나 변형된 개념으로 전개되었다. 각 유파에서는 천지인을 각각 진·부·체, 진·류·수, 체·용·류, 또는 진·행·초, 등의 개념으로 파악하여 이 이론들을 기본으로 하여 이케바나의 미의식을 심화시켜 나갔다.

이런 이론이 실제 이케바나에 적용되는 예를 들면, 중심이 되는 꽃가지를 3가지로 하되, 각각 천지(天地)·지지(地技)·인지(人技)로 설정한다. 꽃가지가 향하는 방향과 꽃가지의 크기를 각기 다르게 하여 변화를 주되 각각 일정한 상징적 의미와 역할을 부여한다. 천지는 하늘이자 양성(陽性)을 상징하여 중심에 두는 가장 긴 꽃가지이며 위를 향하여 수직으로 꽂는다. 지지는 땅의 안정감을 나타내는 음성(陰性)을 상징하여 짧고 옆으로 뻗게 하며 수평적인 느낌이 들도록 꽂는다. 이 두 가지를 조화시킬 수 있도록 두 가지 사이에 중간 정도의 길이가 되도록 꽂는 꽃가지를 인지라 한다. 구체적인 양식은 유파에 따라 다르지만 이런 원리가 응용되거나 변형되어 다양한 양식이 파생되었다.

(2) 현대 이케바나의 네 가지 미적 포인트

이케바나의 고전적 이론은 현대의 이케바나에도 다양한 갈래를 이루면서 여러 가지 변형과 응용의 단계를 거쳐 전승되고 있다. 자연 가운데 있던 꽃을 꺾어다가 다듬고, 일정한 양식을 갖추어 화병이나 수반에 꽂아 이케바나 작품으로 완성하는 과정을 즐기며, 남들에게도 보이는 일은 그리 간단한 일이 아니다. 꽃을 꽂는 과정에서도 기본적으로 자신의 미의식이 작용하지만, 이에 앞서 누구나 공감할 수 있는 기본적인 구성 양식을 갖추어야 한다. 이케바나에 쓰이는 꽃이나 가지, 풀 등을 통틀어 화재(花材)라 하며, 화재를 어떻게 쓰는가에 따라 나타나는 구성 요소로는 균형, 운율감, 운동감, 색채감 등 네 가지를 들 수 있다.

1 균 형

균형 즉, 밸런스를 갖추는 일은 미의 기본적인 요소로, 공간을 꽃으로 구성하는 이케바나에서는 꽃이나 가지, 풀 등의 화재 상호간에 생기는 무게 중심이 문제시된다. 무게 중심에 균형이 잡히고 보는 사람에게 안정감을 줄 수 있을 때, '조화를 이룬다'라던가 '밸런스가 좋다'라고 한다.

2 운율감

운율감은 리듬을 말한다. 하나의 이케바나 작품 안에서 하나의 생명감을 만들어 내는 역할을 하며, 특히 꽃이나 풀잎 또는 가지의 선을 어떻게 흐르는 듯이 배치하는가에 의해서 생겨나는 아름다움이다.

3 운동감

이케바나 작품이 동적인 감정을 강조하고 있을 때, 그 동적인 느낌을 운동감이라고 한다. 즉, 운동감이란 실제로는 정지되어 있는 상태인 화재이지만, 어떤 화재를 어떻게 배치하였는가에 따라서 달리 나타나는 동적인 느낌을 말한다.

4 색채감

색채에는 색상 자체의 다양함과 더불어 질감이 있다. 따라서 색채의 변화로 부드럽기와 세기, 감정 등을 표현할 수 있다.

이케바나를 할 때 염두에 두는 네 가지 미적 요소는 전체적인 조화를 이루도록 하여야 한다. 색채만 현란한 이케바나, 균형이 잡히지 않아 안정감을 주지 않는 이케바나, 마치 박제나 화석처럼 생명력이 느껴지지 않는 이케바나에서는 아름다움을 느낄 수 없다는 것이다.

(3) 이케바나의 기본 기법

오늘날 현대인들이 일상생활에서 작은 규모로 만들어 가정을 장식하며 즐길 수 있는 실용적인 이케바나에는 수반을 이용하는 방식과 화병을 이용하는 방식이 있다. 어떤 화기를 쓰는가에 따라 수반에 하는 이케바나와 병에 하는 이케바나로 나눌 수 있다. 수반을 쓰는 이케바나는 평면적이고 넓은 용기에 침봉을 사용하여 꽃을 꽂는 방식인데, 오늘 날에는 이 방식을 모리바나라고 하고, 밑동이 좁고 목이 긴 병에 하는 이케바나를 헤이카라 한다. 모리바나(盛花)와 헤이카(平花)의 기본 기법은 전체적인 모양을 어떻게 구성하는가에 따라 몇 가지로 나누어 볼 수 있다. 화재의 길이를 어느 정도로 하는가 또는 어떤 각도로 어느 쪽을 향하게 배치하는가에 따라서 생동감이나 이미지의 변화를 활용하는 데에는 다음과 같은 기본 기법이 바탕이 된다.

    a. **직립형** : 직립형은 가장 전형적인 화형으로 각 화재를 위로 향하게 배치한다. 가장 기본이 되는 화형으로 각 화재가 모두 일정한 역할을 하도록 해서 안정감, 침착성이 느껴지도록 하여 장중한 느낌을 나타내는 화형이다.

b. **경사형** : 경사형은 끄트머리가 굽어 있는 꽃가지나 원래부터 비스듬히 생긴 꽃이나 가지는 직립형으로 사용할 수 없다. 이러한 경우에는 그 경사진 아름다운 가지를 중심이 되는 주지로 사용해서 주지 자체를 비스듬하게 꽂아서 만드는 화형이다. 직립형이 정적인 느낌을 준다면, 경사형은 동적으로 중후하다는 느낌을 준다.

c. **하수형** : 하수형은 아래로 드리운 모양을 기본으로 한다. 하수형에 쓸 수 있는 꽃가지는 으름덩굴이나 노박덩굴과 같은 덩굴을 이루는 가지가 주지로 사용된다. 하수형은 주지가 뻗어서 가지의 끄트머리가 수반의 평면에서 아래쪽으로 늘어진 형태이기 때문에 이 화형을 만들 때에는 선반위나 탁자위 등 시선이 닿을 정도의 높이에 장식하는 등 설치 장소에 대한 배려가 필요하다.

d. **직상형** : 직상형은 곧게 보기 좋게 위로 뻗어 올라간 꽃가지 하나를 중심에 두어 그 직상성을 살리며 그 특징을 강조해서 표현하는 형태이다. 따라서 보조적인 꽃가지는 화기의 중앙 앞쪽으로 함께 모아서 꽂고 각 화재를 다발로 가늘게 처리하여 주지의 직상성을 더 돋보이게 하는 형태를 말한다.

e. **대칭형** : 대칭형은 꽃가지가 지니고 있는 아름다운 선이나 색채가 대칭이 되도록 구성하는 형태이다. 화재는 비스듬하게 자란 가지나 직립해 있는 가지로 구성할 수 있다. 보조적 역할을 하는 꽃가지인 역지의 길이는 정해져 있지만, 주지와 부지를 주며 두 가지는 서로 30도 범위 내에 이웃하도록 꽂으며 경사 각도는 자유롭게 할 수 있다는 등 일정한 양식이 있다. 이 화형은 주지와 부지가 좌우로 뻗어 있는 대칭감에 주안점을 두며 화재의 개성에 따라서 경사 각도를 달리 하여 아름다움을 추구한다.

이와 같이 중심이 되는 꽃가지의 모양과 색체에 따라서, 어떻게 어떤 방향으로 향하고 있는가에 따라서 기본 기법이 정해지고, 각각 알맞은 화기가 선택된다. 뿐만 아니라 어떤 장소에 어느 정도 높이가 되는 곳에 놓아야 잘 어울리며 그 아름다움이 돋보이는가 하는 문제는 기본 기법을 익힘으로써 해결된다는 것이 이케바나의 특성의 한 가지이다.

� 4. 이케바나를 통한 수양과 감상

이케바나는 각 시대에 따라 명칭이 있는데, 17세기 후반부터는 천지인 삼재 개념이 응용되는 등 유교적 성격이 강해져서, 이케바나를 정신적인 수련 방법으로 생각하는 경향이 발생하게 되었으며, 이케바나에 일종의 종교성을 부여하면서 화도(花道)라는 용어를 쓰기 시작하였다.

1688년에 간행된 『입화시세장』에서는, 이케바나의 비법과 심오한 뜻을 말하면서 이런 내용을 습득하기 위하여 실기와 더불어 정신적인 수련을 강조하였다. 당시에 서민들이 수양하는 마음가짐으로 배우며, 배운 것을 실제로 행하면서 즐거움으로 삼던 서도, 다도, 향도 등의 영향을 받아 이케바나를 화도로 하였다. 이케바나를 '도'의 일종, 즉 화도라고 인식하는 데는 미학적인 측면과 더불어 정신적인 측면이나 수양적인 측면이 강하다.

화도를 수련한다는 관점에서 이케바나를 익히는 일은 미의식을 세련되게 하고, 실제 손솜씨를 발전시킬 뿐만 아니라, 이케바나의 양식에 나타나는 우주나 인류의 질서를 체득하게 한다는 데 효용성을 두고 있었다. 이와 같은 효용성은 에도 막부에서 서민을 교화하려던 정책과 목적을 같이 하였기 때문에 막부에서는 여성들이 익혀야 할 예절의 한 가지라 하여 화도를 권장하였다.

그러나 이케바나를 화도라는 측면에서 이해하려던 관념은 근대에 들어서서 변화되었다. 화도라는 용어가 지닌 봉건적이며 보수적인 이미지가 이케바나의 자유로운 창작 정신에 방해가 된다는 점 때문에 이전처럼 자주 쓰이지는 않는다. 근대 이후 이케바나는 꽃꽂이 전반을 가리키지만, 요즈음에도 그 도덕성이나 수양성을 강조하고자 할 때는 화도라는 용어를 쓰는 경우가 있다.

▌이케바나의 감상순서와 방법 ▌

오늘날 가정이나 사무실 또는 전시회장에 놓인 이케바나를 감상하기 위한 특별한 의례나 특수한 감상 방식이 있는 것은 아니며, 이케바나를 하나의 작품으로 파악하여 그 주제나 미적 표현을 이해하는 일이 유일한 감상법이다.

그러나, 전통적인 양식에 따라 도코노마에 장식해 놓은 이케바나를 감상하는 데는 일정한 감상법이 정해져 있다. 감상법을 소개하면 다음과 같다.

1) 이케바나를 감상하기 위해서 앉을 때는 도코노마의 바로 앞에 다다미한 장 정도의 거리를 두고 물러나 이케바나를 마주하여 앉는다. 이정도 거리를 두어야 감상하기 알맞기 때문이다.

2) 도코노마의 벽에는 족자가 걸려 있는데, 이케바나를 감상하기 전에 먼저 족자를 감상하고, 다음에 도코노마에 장식해 놓은 물건이나 이케바나로 시선을 옮기는 것이 바른 순서이다. 그러나 초대받은 집주인이 다른 장식품에는 특별히 신경을 쓰지 않고 이케바나만을 보여주고 싶어하는 경우에는 이케바나를 먼저 보아도 좋다.

3) 우선 이케바나를 전체를 한번 훑어본 다음, 각 가지가 배열된 상태를 감상하고, 다시 전체의 통일성, 화기와 주변의 조화의 미 등을 차례로 음미한다.

4) 이케바나를 감상한 뒤에는 주인에게 감상의 소감을 인사말로 나타내야 한다. 인사말은 예절에 어긋나지 않을 정도로 자신의 감상을 이야기하면 된다.

5. 생활 속의 이케바나

오늘날 일본에서 이케바나를 배우는 방법으로는 이케바나 선생을 찾아가서 개인 교습을 받는 법, 이케바나 교실이나 학원에 다니는 법, 회사나 학교에서 단체로 교습을 받는 방식 등이 있다. 자기의 목적에 따라서 배우는 방식을 선택해야 하는데, 취미나 여가를 즐기기 위하여 배우는 경우와 이케바나 전문가가 되기 위한 경우에 따라 다른 방식을 택한다.

이케바나를 배워 일정한 단계에 이르면 면허를 취득하게 되는데, 유파에 따라서 면허의 단계도 다르다. 면허의 단계는 대개 본과, 사범과, 교수 등으로 대별되며, 본과를 3단계, 사범과를 2단계, 교수 자격을 5단계로 분할하는 유파가 있다. 대개 2, 3년 걸려서 기본 단계 전체를 다 거칠 수 있는데, 이런 단계를 거치면, '몬뵤(門慓)'라는 감찰을 받는다. 감찰은 학생들을 받아 교습해도 좋다는 허가증의 일종이다. 그 이상의 승격은 능력과 기술뿐만 아니라 연공서열과 재력 등의 조건에 의해 좌우된다. 각 유파는 10단계 이상의 계급 제도를 두고 있다.

현재 이케바나의 유파는 2,000가지 이상이라고 하지만, 그 가운데에서 실제로 활동하고 있는 유파는 600~700가지라고 한다.

유파의 경향을 크게 분류하면, 릿카(立花)부터 현대화까지 교습하는 유파, 세이카(生花)와 현대화를 교습하는 유파, 현대화 중심의 유파 등 크게 세 가지로 구분한다. 그러나 릿카, 세이카, 현대화 등의 세 가지 양식을 전승하고 있는 유파라 해도 반드시 이 세 가지를 전부 가르치고 있는 것은 아니고, 릿카와 세이카는 고전이라 하여 여러 해 동안 교습을 받아 상당한 수준에 이른 사람에게만 가르치는 경향이 있다.

일반 교습생에게는 대개 모리바나(盛花) 또는 나게이레(投け入れ) 등 오늘날

에도 인기 있는 이케바나부터 입문하도록 한다. 릿카는 전문적인 분야로 여기서 연구 단계에 이르러서야 다루게 된다.

현재 규모가 크고 전국적인 지부 조직을 지닌 유파로 가장 큰 세 가지 유파를 꼽을 때에는 이케보노(池坊), 오하라(小原), 소게쓰(草月) 등이 활발하게 활동하고 있으며, 뒤를 이어 관동 지방에서는 류세이파(龍生流), 관서 지방에서는 미쇼류(未生流) 등이 유명하다.

오랜 역사를 두고 형성되어 온 이케바나이고 보니, 그 미의식이나 기법이 매우 복잡하여 배우기가 쉽지 않으리라고 생각하게 된다. 그러나 양식만 배우고 익히면 그 양식에 따라서 쉽게 작품을 만들 수 있다는 점이 이케바나의 매력이다. 이런 매력 때문에 실제로 많은 사람들이 교습료를 지불하면서 열심히 배우며, 작품을 만드는 과정의 즐거움을 누리고, 완성된 작품의 아름다움을 감상하며 이케바나의 세계에 몰입하는 것이다.

○ 미쇼류(未生流)

19세기 초에 미쇼사이 잇포(未生齋一甫)가 창시한 이케바나 유파의 하나인 미쇼류(未生流)는 이케바나의 이론으로 허실등분설(虛實等分說)을 세우고 또한 실천하였다. 허실등분설의 기본 이론은 초목의 원래 모습은 아름다운 것이라 하여 존중하지만, 이케바나를 할 때는 자연 그대로가 아니라 초목의 깊은 곳에 있는 자연의 본체를 드러나도록 하는 것에 목표를 두었다. 또한 방원설(方圓說)이라는 정사각형과 원형에 관한 이론을 세워, 천지인의 원칙에 따라 꽃을 꽂은 이론을 전개했다. 오늘날에도 유서있는 유파의 한가지로 오사카를 중심으로 전국적인 조직을 지니고 있으며 분류파(分流派)도 100가지가 넘을 정도로 활발하게 활동하고 있다.

○ 미쇼사이 잇포(未生齋一甫)

에도 후기의 이케바나 작가로 미쇼류의 창시자이다. 젊어서부터 풍류를 즐기는 일에 뜻을 두고 전국 각지를 유랑한 후에 오사카에 정착하여 미쇼류를 창시했다. 만년에는 실명(失明)했지만, 문하생들의 지도를 계속하며 이케바나의 이론인 '허실등분설'을 내세워 꽃꽂이의 삼각 형식의 체계를 세우는 등 이론적인 면에서도 훌륭한 업적을 남겼다. 실명 후에 그의 이론을 정리하여 이케바나 이론서인 『본조삽화백련(本朝揷花百練)』을 간행했다.

❀ 6. 발전, 확산 되고 있는 이케바나

1966년에는 '일본 이케바나 예술협회'가 결성되어, 매년 전시회를 개최하며 사회적 인식을 새롭게 하고 있다. 최근에는 '세계 이케바나 대전시회'를 개최하여 일본 문화를 국제적으로 소개 하려는 노력을 전개하고 있다.

현대의 이케바나는 대중화 되어 일반 여성의 교양이나 취미 활동으로 널리 보급되어 현재 이케바나에 관련되어 있는 인구는 1000만에서 1500만명에 이른다고 한다.

오늘날 일본 사회에서 이케바나는 실생활과 유리된 호사가들의 놀이가 아니라, 환경 디자인 예술로 인식되고 있다. 이케바나를 통하여 어떻게 생활 공간을 더욱 아름답고 쾌적하게 할 수 있는가 하는 문제에 초점을 두고, 생활 예술로써 이케바나가 전개되어 가고 있는 것이 그 특징이라 할 수 있다.

6. 전통과 상업성의 결합 - 마츠리(祭り)

세계의 어느 나라이든 간에 자신들 나라만의 독특한 민속축제들이 있다.

그 중에서도 일본은 다양하고 다채로운 전통민속축제가 성대하게 이루어지고 있는 곳 중의 하나이다. 지역별로 개최되고 있는 전통민속축제를 일본말로 '마츠리'라고 하는데, 일본은 일년 내내 어딘가에서 마츠리가 열리고 있는, 그야말로 마츠리의 나라이다. 전국적으로 유명한 대규모 마츠리부터 작고 조촐한 마츠리까지, 지역마다의 독특한 풍습이 담겨있는 특색 있고 다양한 마츠리가 일본의 전역에서 펼쳐진다. 일본의 마을, 어디서나 볼 수 있는 마츠리는 보통 수 백년의 역사를 자랑하며, 지역에 따라서 역사상 천년이 넘는 마츠리도 있다.

예로부터 8백만의 신이 있다고 전해지는 '신화가 살아있는 나라' 일본에서는 특별한 사람은 곧잘 신으로 추앙 받고, 이 신들을 기리는 축제인 '마츠리'를 열었다. 마츠리는 원래 조상들의 영혼을 기리고 신에게 풍작과 건강을 비는 의식으로, 우리의 마을 굿이나 대동제에 해당되는 행사였다. 그러나 오늘날의 마츠리는 그런 종교적인 목적에서 벗어나 시민들을 위한 보다 대중적인 축제로 바뀌게 되었다. 남녀노소가 함께 참가하여 그들 나름대로의 단결을 도모하고 있으며, 특히 젊은이들의 참가가 두드러지고 있다. 근대에 들어와서는 이 마츠리를 이벤트화하고 있으며 일본의 중요한 지역관광자원으로 부각되고 있다. 이에 따라 일본정부에서는 「지역전통예능 등을 활용한 행사의 실시에 의거한 관광 및 특정지역 상공업의 진흥에 관한 법률」을 제정하여 이들 행사를 직·간접적으로 지원하고 있다는 실정이다.

뛰어난 과학기술을 토대로 첨단산업이 번창하고 있는 경제대국인 일본에서 전통적인 성격이 강한 마츠리가 셀 수 없을 만큼 많이 남아있다는 것은 흥미로운 일이다. 그렇다면 지금부터 마츠리란 도대체 무엇이며, 일본인은 왜 이렇게 마츠리를 중요시 여기는지에 대해 살펴보고, 마츠리를 통하여 볼 수 있는 일본문화의 특징에 대해 알아보자.

✿ 1. 마츠리란 무엇인가?

(1) 마츠리의 어원

마츠리는 우리말로는 흔히 제사 혹은 축제로 번역되어 사용되고 있다. 우리말로 '축제'로 옮길 수 있는 마츠리의 동사 원형 '마츠루(祭る)'는 '제사를 올리다' 또는 '혼령을 모시다'라는 뜻이다. 자연·무속 신앙의 제의를 나타내는 말로 제단 위에 희생물을 올린 모습을 그린 본딴 한자의 '제(祭)'를 빌어 표기했다. 천황의 정치행위를 '마츠리고토(政)'라고 부른 것도 이 마츠라후와 관계가 있으나 '제사지내는 일'을 뜻하는 '마츠리고토(祭事)'와 같은 말이다. 천황이 부족연합의 수장인 동시에 최고위 제사장이었던 제정일치 사회의 옛 모습을 더듬게 하는 말이다.

마츠리는 이처럼 신에게 희생물을 바치고 제사를 올리는 집단제의에서 비롯한 축제다. 제물과 두 손뿐만 아니라 그 마음이 합일된 상태를 가리킨 것이다. 죽은 신에 대한 경외심과 감사하는 마음, 기원 등이 표면으로 나타난 의식이 마츠리이다. 마츠리가 어떤 형태이냐에 따라서 마츠리의 표기 방법도 달라지며, 표기 방법은 바로 그 내용을 나타내고자 하는 사람의 의도를 암시적으로 드러내고 있다고 할 수 있겠다.

(2) 마츠리의 의미

마츠리란 일반적으로 공적이면서 경사스러운 종교적 의식 즉 축제를 의미

하는데, 마을이나 사회집단 성원들의 적극적인 참여를 통해 일본인 특유의 공동체 의식을 배양하고 키워낸 의례를 뜻한다. 마츠리의 동사 원형인 마츠루(奉る, 献る, 祭る, 祀る)라는 말에서 파생된 것으로 좌우의 손을 들어 제물을 받히는 모습을 상형화한 것이다. 제물과 두 손뿐만 아니라 그 마음이 합일된 상태를 가리킨 것이다. 즉 신에 대한 경외심과 감사하는 마음 기원 등이 표면으로 나타난 의식이 마츠리이다. 마츠리는 본래 종교적 행위였지만 단지 많은 사람들이 모여서 기념하거나 축하나 선전 등을 위해 개최하는 집단적인 행사를 뜻하기도 한다. 상점가나 관광지 등에서 손님을 모으기 위해 번화하게 행하는 회합모임, 상가 번영회와 같은 이익집단의 이익추구와 연결된 판촉활동도 마츠리에 속한다고 할 수 있다. 이것을 소위 이벤트(event)라고 한다. 보다 넓은 의미로는 종교적 의식은 물론 이벤트 마츠리의 개념뿐만 아니라 장례나 제사, 병을 치료하기 위한 의식, 죽은 영혼의 원한을 풀어주는 의례, 부정을 씻는 행위 등도 포함하는 말이다.

2. 마츠리의 변천

(1) 전통적 마츠리

마츠리는 일본의 역사와 그 궤를 같이한다고 말해도 과언이 아니다. 마츠리는 신을 향한 인간들의 바람에서 출발하며, 바로 인간이 가진 초월적 존재에 대한 의존 및 그 발원이 마츠리의 시작이라고 할 수 있기 때문이다. 특히 일찍부터 농경사회를 이루어 온 일본의 경우, 천재로부터의 보호와 풍작 그리고 마을의 평안을 기원하는 의례 행위는 불가결한 것이던 셈이다. 때문에 마츠리는 인간이 그들이 있는 곳으로 신을 부르는 행위, 그리고 신을 대접하며 자신들의 안녕을 바라고 기원을 전하는 제사적 의례 행위를 출발점으로 삼게 된다. 그리고 이 신을 즐겁게 하고 또한 교류하기 위하여 함께 먹고 마시고 즐기는 행위는 바로 마츠리가 가진 축제적 행위들을 발달시켜 나가게 되는 것이다.

촌락사회에서 출발한 마츠리의 대표격인 농촌 마츠리는 농경 사이클에 맞춘 일련의 행사에 따라 행해져 왔다. 봄철 경작이나 파종에 앞서서 작물이 순조롭게 자라기를 기원하고 태풍과 같은 풍수해나 병충해로부터 보호해 줄 것을 신에게 기원하는 봄 축제가 곳곳에서 벌어졌다. 그리고 가을에는 풍작을 기뻐하고 신에게 감사하는 의례를 올리게 되는데 이것이 가을 축제였던 것이다. 이러한 농촌 마츠리들은 오랜 전통 속에서 다양한 변형을 가지면서 일본사회 전역에 분포하게 된다. 이와 함께 그러나 12세기 무렵부터 일본열도 곳곳에 도시가 발달하면서 도시 마츠리가 만들어지게 된다.

(2) 현대적 마츠리

사회가 변화하고 집단의 규모가 복잡하게 되면서 기능도 분화됨에 따라 마츠리의 역할과 형태도 다양화해지게 된다. 신사를 중심으로 한 이른바 '전통적 마츠리'들과는 무관한 즉 신앙적 종교적인 색채를 벗어난 성격의 마츠리들이 현대에 들어오면서 만들어지게 된다.

이러한 마츠리는 전통적인 것들에 비해 상대적으로 역사가 짧고, 전후 50년대부터 시작하여 70~80년대에 집중적으로 만들어졌다. 이러한 현대적 마츠리는 특히 1970년대 중반 이후부터 80년대에 걸쳐서 폭발적으로 만들어지게 된다. 50~60년대의 일본사회는 고도경제성장 시대를 맞이하게 되며 이 기간 동안 노동력이 도시로 **빠져나가**게 되면서 지역사회는 심각한 과소화 현상 경험하게 된다. 도시로 향한 젊은이들 때문에 침체화된 지역사회를 재생시켜 보려는 '무라오코시(村起し)'라 불린 지역활성화 정책은 많은 지역사회에

마츠리를 파종시키게 된다. 한편 '정주권 구상'이란 이름으로 마츠나 이벤트 등을 핵으로 해서 지방도시권에의 정주를 구상한 제3차 '전국총합개발계획'이란 국가정책도 마츠리의 대량생산에 일조 하게 된다. 즉 70~80년대에 보인 현대적 마츠리의 극적인 팽창에는 50~60년대 고도경제성장의 부산물이라 할 수 있다.

 ## 3. 마츠리의 성격과 기능

(1) 마츠리의 성격

① 서민문화의 성향이 강하다.

마츠리는 미코시, 자연신을 비롯한 여러 신, 지역주민 및 관객, 종교 관련자, 지역유지, 음식과 음악, 춤 등으로 구색을 갖추어 축제를 하지만 지역주민의 참여 없이는 이루어질 수 없다. 이와 같이 마츠리는 서민들이 즐기고 기원하는 축제로 대중성이 있다. 더욱이 지역마츠리가 열리면 지역을 떠났던 젊은이들이 대거 귀향해서 마츠리에 참여하는 것은 일본 마츠리만이 갖는 독특한 풍경이라고 할 수 있다.

② 여러 형태와 다양한 특징을 가지고 있는 의식문화이다.

온천마츠리, 칠석마츠리, 노보리마츠리, 농업마츠리, 어업마츠리, 지역마츠리, 칠석마츠리, 노보리마츠리 등 목적과 의도에 따라 다양한 의식을 행한다. 마츠리는 본질적으로 종교적 행사와는 구별된다. 마츠리는 불교적 행사와 유사성을 가지고 있지만 불교행사는 신도의 응집력과 단합을 목적으로 한 것이다. 예를 들면 이와테현의 나체마츠리, 나라의 미즈토리마츠리, 교토의 다케토리마츠리 등은 불교행사의 일환으로 이루어지고 있다. 그러나 원시사회에서 행해지던 마술적인 행사는 신흥종교에서 행하는 마츠리와 성격을 달리한다. 현재에는 종교와 관련되지 않은 순수한 것도 있지만 주로 종교와 관련된 마츠리가 많다.

③ 씨족들이 운영하는 집단문화의 성격을 띠고 있다.

씨족은 혈연 및 혈연간의 연맹, 예속적 식솔 및 가족 등으로 구성된다. 마츠리는 씨족의 결합을 통해서 각자의 생산적 노동을 고무시키는 공동사업의 성격을 띠고 있어 기업적 성향이 강하다. 그런 의식을 통해서 공동체구성원간의 정체성을 확인하며 공동체 내에서의 지위를 확인시켜 공동체 질서를 유지하며 화합을 추구한다. 또한 마츠리는 지역의 권력자에게 봉사하는 마츠리도 있어 지역의 유지를 중심으로 마을공동체의 결속을 다지기도 한다.

④ 질서문화의 성격을 띠고 있다.

특히 역할분담이 잘 이루어지고 있다. 마츠리의 주체는 공동체 중에서 신분이 높은 사람이 되지만 마츠리의 집행은 분담한다. 일정한 신분 또는 부 등의 고저의 순서에 따라 역할이 부여되기도 한다. 그런 면을 보면 계급적이며 신분적 성격이 강하다. 연맹이나 씨족 내부에서 소집단의 대표자간에 역할에 대한 경쟁이 내재한다. 주체자의 선출방법은 최연장자, 권력자, 재산가 등이 1년을 맡고 교대한다. 이때 주체자는 간진모토가 되어 비용을 부담하고 마츠리의 진행을 주도하며 신을 마츠리에 초청하는 역할을 한다. 메이지 이후에는 궁궐이나 국가의 마츠리는 국가가 간진모토가 되고, 신직을 공무원이 담당하며, 중소 신사에서는 현, 시, 정, 촌 등이 간진모토가 되기도 한다.

(2) 마츠리의 기능

① 상업적 기능

전국적으로 유명한 마츠리에는 수많은 사람들이 찾아와 그 열기를 더욱 뜨겁게 한다. 타 지역에서 온 많은 손님들로 인해 숙박업소, 상점 등은 호황을 이루게 되어 지역경제발전에도 커다란 공헌을 하게 된다. 또한 국내에서 뿐 만 아니라 외국의 수많은 사람들도 매년 일본의 마츠리를 보기 위해 찾아온다. 외국인에게 마츠리는 일본에서만 맛볼 수 있는 독특한 문화 체험으로, 지역적 특색과 함께 역사적 내용까지 담고 있기 때문에 틀에 박힌 단순한 여행에서 벗어나 색다른 여행의 묘미를 느낄 수 있는 좋은 기회가 된다. 마츠리는 이미 일본의 국제적인 관광 상품으로 자리 잡았다.

② 사회적 기능

마츠리는 행사 당일 날로 한정된 것이 아니다. 행사를 위한 준비과정에서부터 행사가 끝난 후까지 여러 달에 걸쳐 진행된다. 오랜 기간 마츠리를 준비하고 행사를 진행하면서 마을 사람들은 자신이 사는 지방에 대한 긍지와 함께, 협동을 통한 주민간의 공동체의식을 높혀 간다. 주민들이 함께 참여하여 각자가 맡은 분야에 충실해야 굴러가는 수레처럼, 이웃은 한데 뭉쳐야 하는 공동운명체라는 인식을 강하게 심어 준다. 일본인들의 단결된 협동정신의 원천은 어려서부터 일생에 걸쳐 여러 차례 체험하게 되는 마츠리에서 나온 것이라 해도 과언이 아니다. 마츠리는 이렇게 놀이를 통해 주민간의 협동의식을 고양시키는 가장 일본다운 행사라고 할 수 있다.

4. 일본의 3대 마츠리

(1) 교토의 기온마츠리(祇園祭)

교토(京都)는 일본의 역사가 살아 숨쉬는 도시이다. 그런 교토에서 벌어지는 기온마츠리는 교토의 역사와 함께 해온 가장 일본적이며 전통 있는 마츠리라 할 수 있다. 기온마츠리는 일본 중요 무형민속문화재로, 천년전 전염병을 퇴치하기 위해 기원제를 열었던 것이 유래가 되어 지금의 마츠리로 자리잡게 되었다. 이 기온마츠리는 일본 3대 마츠리의 하나로 교토의 역사와 함께 걸어온 유구한 전통을 자랑한다. 각지에서 실시되고 있는 기온제(祇園祭)·기온회(祇園会)의 거의 대부분이 교토의 이 기온마츠리를 그대로 이어받았으며, 규모, 제례기간, 역사적 가치면에 서 명실공히 최고의 마츠리로 인정받고 있다.

(2) 도쿄의 간다마츠리(神田祭)

가장 거친 마츠리로서 사람들이 가장 많이 모이는 서민마츠리이다. 헌책방으로 유명한 도쿄(東京)의 간다(神田)지역에서 벌어지는 간다마츠리는 도쿠가와 이에야스(德川家康)가 세키가하라(關ヶ原) 전투에서 승리한 것을 기념하여

벌인 축제가 그 기원이다. 과거에는 히에(日枝)신사의 산노(山王)마츠리, 후카
가와(深川)마츠리와 함께 에도의 3대 마츠리의 하나로 에도 시대 '마츠리의
꽃'이라고 할 수 있다. 108개의 자치회에서 90개의 미코시(신위를 모시는 가마)를
선보일 정도로 그 규모는 엄청나다. '天下마츠리'라고도 불리며 과거 장군을
뵈러 가는 영예를 얻고자 하는 사람들이 호화로운 다시(축제 때 끌고 다니는 장식
을 한 수레)·옥대(玉台)를 만들어 그것으로 번창했지만 관동 대지진으로 소실
되었다. 현재, 크고 작은 미코시 200여 개와 칸다바야시(흥을 돋우기 위해서 피리,
북, 장구 등으로 반주하는 음악)로써 소박하면서도 화려했던 지난날의 민심을 읽을
수 있다.

(3) 오사카의 텐진마츠리(天神祭)

텐진 마츠리는 독특한 선상 마츠리이다. 물의 도시 오사카(大阪)를 대표하
는 마츠리로, 1000년 이상의 긴 역사를 자랑한다. 서기 949년에 덴만궁(天満
宮)신사가 건립이 된 다음해 6월 1일에 경내 해변에서 가미보코(창과 도끼 구실
을 하는 무기)를 바다에 띄워서 그 가미보코가 표착한 해변에 제사단을 마련하
여 시령을 안치하고 목욕재계한 것이 그 기원이다.

  가미보코(창과 도끼 구실을 하는 무기)를 띠어보내는 유서 깊은 '호코나가레 신샤'로 막이 오르지만, 첫날의 볼거리는 경내(境內)에서 열리는 '가라우스(唐臼)'이다. 오사카 성 진영의 북이었던 모요시다이코(催太鼓) 아래에 통나무를 깔고 북치는 사람이 뒤로 몸을 젖히며 연주한다. 다음날에는 모요시다이코를 선두로 궁중의상을 입는 3천명에 의한 화려한 오카토교(陸渡御)가 열리고, 밤이 되면 후나토교(船渡御)가 열린다. 백척 남짓한 대선단이 도지마강(堂島川)을 지나서 상류로 올라간다. 각 선단이 장끼를 펼치고, 수천 발의 불꽃이 밤하늘을 수놓는다. 하이라이트는 '여름대축제'와 오후 6시부터 시작되는 후나토교(船渡御 : 약 100여 척의 화려한 배들이 도지마가와(堂島川)와 오가와(大川)를 거슬러 올라가는 행사)이다. 고호렌배(御鳳輦 : 천황이 타는 가마를 실은 배)에서는 장엄한 제사 스이죠사이(水上祭)가 시작된다. 다른 배에서는 전통예능이 상연되기도 하고 음악이 연주된다. 고호렌과 미코시를 실은 봉안선, 동행한 단체들의 선박은 히쇼다리에서, 신령을 맞이한 선박은 덴마린에서 되돌아 덴만궁으로 돌아온다. 덴만궁에서는 간고사이가 행해짐으로 감동과 낭만이 넘친 이틀간의 마츠리가 막을 내리게 된다.

5. 마츠리를 통해 본 일본문화

　마츠리에서는 즐기고 싶은 모든 사람들이 참여할 수 있는 서민적인 특징을 살펴볼 수 있으며, 일본의 집단주의와 지역공동체성을 엿볼 수 있다. 남녀노소가 한데 어우러져 서로 친밀감과 소속감을 가지고 집단의식을 가지고 마츠리에 참여한다. 마츠리를 위하여 고향으로 돌아오는 사람들을 보아도 일본은 단결력이 강하고 집단주의 문화가 발달하였음을 알 수 있다. 일본은 지형상 산세가 높고 험하여 지역 간 격리로 인해 각 지방마다 독자적인 특성을 가지고 있는데, 이것 또한 집단주의, 지역공동체와 밀접한 관련이 있다고 본다.

　지역을 대표하는 문화를 보존하고 전통적인 신성성을 계승하는 차원에서의 마츠리, 일본을 세계 속에서 알리고자 하는 관광적인 목적에서의 마츠리, 일상으로의 해방감을 느낄 수 있는 놀이로써의 마츠리까지 그 범위와 내용은 다양하다. 일본사람들은 늘 직접적인 내면의 표출을 하지 않고 간접적이거나 우회적으로 표현한다. 그러한 일본인들의 특징을 고려해 볼 때, 마츠리야말로 그들의 새로운 세상이며 돌출구가 되어준다고 할 수 있다. 마츠리는 동(動)과 정(靜)의 양면을 갖추고 있기 때문에, 겉으로 나타나는 흥청거림과 놀이의 기쁨만으로는 마츠리의 진실을 알 수 없다. 그리고 동과 정의 양면을 어떻게 맞추느냐에 따라 마츠리는 다양한 형태로 해석할 수 있다. 일본 전국에 제한도 없이 분포되어 있는 마츠리, 이 마츠리의 억양과 분위기의 이면에는 꾹 참고 기다리는 음성적인 에너지가 반드시 있다. 일년에 한 번 이 공식적인 날을 맞이하기 위해, 일본 사람들은 일년 동안 부지런히 일을 하고 욕망을 억제할 수 있는, 말하자면 생활력의 축적이 이루어지고 있는 것이다. 그러므로 발산할 기회가 없으면 일을 계속하면서 억제하고 꾹 참으면서 기다린다.

때문에 참는 것이 크면 클수록, 그 후의 기쁨과 즐거움도 또한 큰 것이다.

일본 사람들은 마츠리에 의한 효과를 '살아가는 맑음'이라 생각하고 있다. 그러므로 마츠리를 끝내고 일상생활로 돌아와 보면 어느덧 신성한 혼이 들어와 있는 자신을 발견하게 된다고 말한다. 이렇게 해서 평소에 피곤하고 스트레스에 쌓인 번잡해진 자신의 몸과 마음을 정화시키게 되고, 이러한 심신의 정화에 의해 내일의 활력을 얻을 새로운 정신을 또다시 얻게 되는 것이다.

7. 일본의 정신세계 - 무사도

 ## 1. 무사도의 형성과정과 사상

일본이 '칼을 찬 무사의 나라'라는 점은 일본과 중국, 우리나라 등을 비롯한 소위 동아시아 문화권에서 찾아보기 힘든 독특한 문화이다. 무사란 원래 중세 초기 제후의 궁성에서 방위 임무를 띤 군사들을 의미하였고, 그 뒤 봉건 제후에게 충성과 봉사의 의무를 가졌던 무사 계급전체를 포함하게 되었다. 고대의 주인공이 공가(公家)나 귀족이라면 중세의 주역은 무사일 것이다. 이제 까지 공가의 번견(番犬)으로 살아온 무사는 드디어 자신이 가지고 있는 무력이라는 강대한 힘에 주목하기 시작했다. 힘을 가진 자신들이 왜 유약한 공가가 하라는 대로 하지 않으면 안 되는 것일까라는 의문과 불만에서 무사들의 반항이 시작된 것이다.

12세기 말 미나모토노 요리토모(源賴朝)가 가마쿠라에 막부(바쿠후)를 창건한 것이 본격적인 무가정권의 시작이다. 한때 공가정권(公家政權 : 천황과 그의 조정으로 이루어진 합법적인 정부)인 겐무(建武)정권이 부활했지만 곧 붕괴하고 무로마치 바쿠후와 전국시대(戰国時代)를 거쳐 에도바쿠후로 이어져 1868년 메이지(明治)유신을 맞이하기까지, 약 700년에 걸쳐 무사가 일본정계를 주도했다.

▍ 무사 정권의 탄생 - 귀족과 무사의 이중정권 ▍

수도의 귀족은 권력유지를 위하여 무사의 힘을 인정했고 무사가 중앙정치에 나오게 된 것이다. 헤이안시대의 귀족들은 불교를 믿고 중요하게 여겨 큰 절은 힘을 가지고 있었고 귀족처럼 많은 장원을 가지고 있어서 세력이 강하였다. 그중 귀족과 사원 사이에서 분쟁이 일어나고 여기에서 무사가 힘을 얻기 시작했다. 그래서 1192년 미나모토 요리토모는 무사정권을 만들었다. 이 정권을 귀족정치와 차별시키기 위해 교토에서 떨어진 가마쿠라에 막부를 두었다. 이즈음 무사는 새로운 인간관계를 만들었다. 예를 들면 가마쿠라 시대의 무사는 장군으로부터 부여받은 토지에 살고, 농민을 이용하여 농업을 하고 있었다. 분쟁 같은 것이 일어났을 때는 가마쿠라에 모여, 장군을 위하여 싸웠다. 이 시대에 토지를 둘러싸고 지배하는 자와 이에 복종하는 자의 관계가 생겼던 것이다. 이것을 주종(主從)관계라고 한다.

이와 같은 장군은 '고온(은혜를 베풂)'으로 무사에게 토지를 주었다. 그리고 무사는 고온에 보답하였다. 이것을 '고봉(은혜를 갚음)'이라고 한다. 이와 같은 양쪽의 의무관계가 고대 사회와 다른 점이다. 고대 사회에서는 윗사람이 아랫사람을 힘으로 지배하는 형태였다. 가마쿠라 막부는 전국을 지배하지는 못하였다. 서일본에서는 아직도 귀족의 힘이 강했고 교토의 조정(천황을 중심으로 하는 귀족의 정치권력)이 서국을, 가마쿠라막부(장군을 중심으로 하는 무사의 정치권력)가 동국을 지배 하고 있었다고 말할 수 있다. 이것이 귀족과 무사의 이중정권입니다.

가마쿠라 막부는 3인의 겐지장군뒤에 호죠씨(北條氏)가 정치권력을 갖게 되었다. 1232년 무사를 지배하기 위하여 무사 최초의 법률인 고세바이시키모쿠(御成敗式目 : 가마쿠라시대에 제정된 무사정권을 위한 법령)를 만들었다. 이것은 점점 서일본쪽으로 넓혀져 갔다. 서로 지배권을 확대하기 위해 위하여 무사와 무사, 무사와 귀족 사이에서 토지를 둘러싼 분쟁이 때때로 일어나게 되었고, 이와 같은 분쟁을 해결하기 위해서도 무사의 법률이 필요하게 된 것이다. 헤이안 시대의 불교는 귀족중심의 불교로, 이해하기 어려운 것이었다. 하지만 가마쿠라 시대에는 누구라도 알 수 있는 쉬운 불교의 가르침이 널리 퍼졌다. 분쟁이 계속 이어졌기 때문에 여러 계급의 사람이 불교에서 구원을 찾았다고 말할 수 있다. 이와 같은 것이 가마쿠라 시대의 새로운 불교의 특징이다. 오늘날 까지 이어지고 있는 조도슈(淨土宗), 조도신슈(淨土新宗), 지슈(時宗), 린자이슈(臨濟宗), 소토슈(曹洞宗), 니치렌슈(日蓮宗) 등의 종파는 이 시대에 새롭게 발생한 것이다.

 ## 2. 무사도의 정의와 사상

▌무사도 ▌

1984년 이래 현재까지 통용되고 있는 지폐가 4종류 있다(만엔: 사상가 후쿠자와 유키치(福澤諭吉), 5천엔: 여류문학가 히구치 이치요(樋口一葉), 천엔: 문학가 나츠메 소세키(夏目漱石)).

그 중에서 후쿠자와와 나츠메의 공통점은 메이지시대 때 무사도 정신을 앞장서서 긍정적으로 적극적 주장한 사람들이다. 일본에서는 종교나 도덕교육을 별도로 받지 않고 '무사도'를 통해 도덕교육을 받고 있다는 사실이다. 일본을 이해하기 위한 핵심 KEY WORD를 뽑는다면 당연 일본특유의 봉건제도와 무사도를 뽑을 수 있다.

▌무사도의 사전적 정의 ▌

'일본의 무사계층에서 발달한 도덕. 가마쿠라시대에서 발달해, 에도시대에 유교 사상에 뒷받침이 되어 집대성, 봉건 지배체제의 관념적 지주가 되었다. 충성, 희생, 신의, 염치, 예의, 결백, 꾸밈없음, 검약 등을 중시한다.'

▌무사와 무사도의 성립 ▌

무사도(武士道)라 불리는 무사의 도덕이 생기기 시작한 것은 에도시대 초기 무렵이었다. 그것은 무사들의 생활을 규율하는 도덕이 없이는 무사들의 생활이나 활동이 제대로 이루어질 수가 없었기 때문에 무사의 도덕이 자연스럽게 생기기 시작하였다. 일본의 무사들을 이끄는 총령(総領)은 기량의 유무가 제일 문제였다. 가마쿠라시대에는 에도시대와는 다르게 가문의 장남이 대를 잇는 게 아니라 일족의 단결과 통솔을 잘 유도할 수 있는 기량을 가진 자가 뽑혔다. 그와 더불어 무사의 가장 중요한 임무는 자신의 영지를 지키는 일이었다. 이를 위해 항상 무예를 연마하고 적과의 싸움에 대한 준비를 하고 있어야 했다. 일족의 총령은 가문의 대표일 뿐만 아니라 전투 시에는 일족의 총지휘관이 되기 때문이었다.

이렇게 무예밖에 모르는 무사들은 자칫 학문을 멀리하기 쉬웠다. 대부분의 무사는 책을 읽을 틈도 없었고 한자를 알지도 못하였다. 그러나 가마쿠라시대 후기에 이르면 무사들의 생활이 윤택해져 독서와 학문에 몰두하는 무사도 많았다고 한다. 특히, 무사시(武蔵)의 가나자와(金沢)에 도서관을 건립한 호죠(北条)씨 일문의 명성은 높다.

일본사에서 무사가 두드러지기 시작한 것은 가마쿠라시대부터이다. 그 후 메이지유신까지 일본은 '무사의 나라'였다. 우리나라와 같이 '독서와 과거(科挙)'의 유교의 이상학적 철학을 실천적인 철학으로 발전시켰다는 점은 의의가 크다고 할 수 있다.

사실 일본의 막부체제가 전국시대(戦国時代)라 불리는 사건을 계기로 획기적으로 변하여 그 이전의 무사와 에도시대의 무사는 개념적으로 많은 차이가 있었다. 따라서 무사도라는 이름의 도덕체계가 확립한 것은 에도시대가 되고 나서였다. 이런 무사도의 등장은 일종의 역사적인 역설로 무사도에는 기존의 무사를 떠나 문무겸비나 책임감 필요성 등을 보여주기도 한다. 다른 분야와 마찬가지로 에도시대의 성립은 일본사에 있어서 획기적인 사건이었다. 전국시대의 혼란기를 거쳐 에도시대를 연 도쿠가와막부(徳川幕府)는 또다시 일어날 전란을 우려해 '부케쇼핫토(武家諸法度)'를 제정, 신분의 유동성을 엄격히 금지하였다. 또한 신분의 차이를 사농공상의 네 계급으로 나누어 각 계급들 간의 차이를 확고히 하였다. 에도막부가 시작되면서 무사들의 생활은 드라마틱하게 변하게 된다.

Tip 부케쇼핫토(武家諸法度)란?

문무장려, 유락(遊樂)금지, 범죄자 은닉금지, 배반자와 살해자추방, 타국인추방 등 에도막부가 다이묘를 통제하기 위해 제정한 법령.

역시 무사들은 전장에서 빛을 발하는 존재여서 전란의 시기가 끝나고 평화의 시대가 도래해 무사들은 일상성에 편입될 수밖에 없었다. 때문에 에도시대의 무사들은 급격한 경제발전의 틈에서 소외된 채로 400여 년간 계속된 평화의 시대에 무엇인가 할 일을 찾아야 했다. 다른 시대와는 달리 에도시대 무사들의 가계는 극빈곤층을 형성할 만큼 가난했고, 그들의 허리에 찬 칼처럼 이상은 드높았다. 따라서 그들은 일반의 사람들과는 다른 절제되고 검약한 생활을 몸소 실천하지 않으면 안되었다. 그리고 그들의 자부심은 대단한 것이었고 그런 그들의 지위를 지탱해주는 것이 바로 '기리스테고멘(切捨御免)' 과 '묘지(名字)', '다이토(帶刀)'였다. 즉 사무라이에게는 세 가지의 특권이 부여되었는데, 그것은 기리스테고멘(切捨御免)의 특권과 다이토(帶刀)라는 특권, 그리고 묘지(名字)의 특권이었다. 기리스테고멘은 평민이 사무라이에게 누를 범했을 경우 그 자리에서 목을 벨 수 있는 특권이며, 다이토는 칼을 허리에 차고 다닐 수 있는 특권, 그리고 묘지는 성(姓)을 말하는 것으로서 성(姓)을 가질 수 있는 특권을 말한다.

평화가 정착한 에도시대에 들어서 오히려 옛날 전국시대의 무사를 그리워

함과 동시에 이념형으로 '무사도'가 등장하게 된 것은 역사가 보여주는 일종의 역설이라고 할 수 있다. 때문에 그들은 물질을 초월한 이상을 만들게 되는데, 그것이 '무사로서의 길' 즉, 무사도이다.

무사도에서는 무사의 기존의 모습에서 탈피하려고 한 흔적이 많다. 예를 들어 앞서 소개한 부케쇼핫토 제1조에서는 문무겸비(文武兼備)와 문의 필요성을 역설하고 있다. 이는 무사의 직분을 더 이상 전쟁의 도구가 아닌 '덕을 밝게 하여 이의를 행할 수 있는 존재'로의 전환을 말하고 있다. 이런 '무사의 유교화' 또는 '유교의 무사화'에 힘을 쓴 학자로는 나카에토주(中江藤樹, 1608-48), 구마자와반잔(熊沢蕃山, 1619-91), 야마가소코(山鹿素行, 1622-85) 등 로닌(浪人) 출신의 유학자들이다. 이들은 "무사는 선비가 되어 서로 물어뜯고 싸우는 개가 되어서는 안 된다"라고 비판하며 거칠고 흉포한 무사기질을 유교에 의해 세련화시킴으로써 이상적인 무사도의 기틀을 잡았다.

무사도

그 중, 야마가소코는 유교(儒教)의 무교화(武教化)를 실천, 종래의 무사도와 다른 길을 제시하였다. 그는 사무라이(侍)의 직분은 자신의 몸을 닦고(修身), 주군을 받들어 충성을 다하며, 인과 예를 지켜 의리를 다함은 물론이고, 농공상의 직업을 초월한 존재로서 세 부류의 백성들 사이에서 윤리를 져버린 무리를 처벌하여 인륜을 지키는 존재라고 역설하였다. 때문에 사무라이는 문무의 덕치를 갖추지 않으면 안 된다고 하였다. 다시 말해 무사는 인륜의 길을 실천해야 하며 도덕적으로 모든 사람의 귀감이 되어야 한다는 것이다. 그런 직분을 자각하고 책임감을 가지는 동시에 다른 계급을 이끌어 가야한다는 점에서 무사는 곧 선비와 같았다. 다만 허리에 두 자루의 칼을 차고 있을 뿐이다.

무사도의 형성에 관여한 이념은 여러 가지가 있다. 고대에서 중세로서 이행과 동시에 일본은 무사정권이 성립되어 10세기간 일본은 무사의 지배에 들어간다. 그로 인해 자연스럽게 생겨난 무사정신과 일본 고유의 종교라고 할 수 있는 신도, 그리고 고대에 백제와 신라에서 전파된 유교와 더불어 에도시대에 중국에서 수입한 주자학 등 무사도는 그 본원이 어디인지 예측하기 힘들다. 하지만 분명히 알 수 있는 것은 한 사회를 떠받치는 관념으로서 무사도는 자연스럽게 나름대로의 도덕과 이념체계를 형성해왔다는 점이다.

▌ 무사도의 도덕체계 ▌

과거 일본의 사회체계를 형성해온 여러 요소 가운데 무사도는 그 근원을 알 수 없다. 위에서 언급한 바와 같이 일본은 많은 문화를 중국과 한국에서 수입하였다. 때문에 무사도는 어떤 면은 유교와 비슷하면서 불교와도 닮은 점이 있다. 그와 더불어 일본은 섬나라라는 지형적 조건과 더불어 특이한 역사적 배경으로 일본은 독특한 문화를 형성하였다. 때문에 무사도는 그 형성의 배경이 외지에서 전파된 많은 문화의 복합체이면서도 또한 가장 일본적인 도덕관념이라고 할 수 있다.

기본적으로 무사도는 '에도시대에 성립된 관념적인 이데올로기'로서 '유교사상에 뒷받침되어 집대성된 봉건 지배체제의 관념적 지주'라 할 수 있다. 지난 10세기간 일본의 막부체제를 뒷받침해준 것은 사무라이와 더불어 잘 발달된 봉건체제였다. 봉건체제를 유지하기 위해서는 계급체제가 필요했고, 이는 부케쇼핫토에 잘 나타나있다.

무사도에 대한 도덕적 해석은 같은 동양인 보다 서양인의 관점에서 보는 것이 더욱 흥미롭다. 일본인들은 모욕을 참지 못하고, 절대로 상관을 욕되게 하는 법이 없다. 또한 전투에 임하면 죽을 때까지 싸우며, 항복을 모른다. 이러한 일본인들의 성향은 무사도에서 가르치고 있는 많은 요소와 일맥상통한다. 또한 이런 요소들은 과거 우리나라에서도 '화랑'이란 집단을 통해 가르치고 있던 덕목이다. 또한 이러한 덕목들은 전후 일본의 발전에 기여한 일본적 사고를 풀이하는 데도 용이한 설명이 될 수 있을 것 같다.

❋ 3. 무사도에서 가르치는 것

무사도에서 중요하게 강조하는 덕목으로는 의, 인, 견인(堅忍), 예, 명예, 충의, 극기 등을 들 수 있다. 특히 충효는 무사도에 있어서 가장 중요한 정신이라고 할 수 있다.

▌충성 ▌

무사도 가운데서 충성은 가장 중요한 것이다. 이는 비단 무사도만에 있어서 뿐만 아니라 일본사회의 도덕으로서도 그렇다고 할 수 있다. 이것은 우리나라와 중국에서 충(忠)보다는 효(孝)가 강조되고 있는 점과 대조를 이루고 있다.

충(忠)이란 어떤 개인이 국가 또는 주군(主君)에 대한 절대적인 복종관계라고 할 수 있다. 따라서 어떤 개인과 개인과의 관계 또는 개인과 집단과의 관계와는 다른 즉 신과 인간과의 관계에 가깝다고 할 수 있다. 때문에 일본은 천황을 신격화시키고 나라를 대표하는 존재로 만들었다고 생각할 수도 있다. 다시 말해 군주와 국가는 대인을 초월하는 존재이며 개인은 그 부속품에 불과하다는 생각이다. 태어나는 순간 개인은 국가와 주군에게 크나큰 '온(恩)'을 입고 태어나기 때문에 개인은 충성의 도덕적 의무를 지게 되어 있다.

개인은 군주나 국가에 대해서 일방적으로 충성을 다할 뿐이며 그것이 대가를 전재로 한 상호교환적의미가 아니다. 때로는 상벌을 받기도 하지만, 그것이 충성심에 영향을 주어서는 안 된다. 상을 바라거나 벌을 받을까봐 두려워 의무를 행한다면 이미 그것은 충성이 아니라고 일본인들은 생각한다. 이러한 절대적 복종이 있기 때문에 폭군이나 불합리한 상태 아래서도 신하가 존재할 수 있는 것이다.

한편 이러한 일방적인 관계로서의 충성은 국민으로 하여금 별다른 감시와 관리 없이도 국가에게 충실하게 할 수 있는 일본인의 국민성의 배경이 아닐까 싶다. 예를 들면 편의점에서 야간 아르바이트하는 사람들까지도 감독 없이 주어진 일을 성실히 이행하는 충실함의 근원도 이런 배경에서 연유한다고 추리할 수 있을 것이다.

▌ 효 ▌

위에서 서술한 바와 같이 효(孝)는 충의 아래에 위치한다. 옛 학자인 '다이라시게모리(平重盛, 1138-79)'는 충과 효가 본디 같은 것이라고 하였지만, 많은 역사적 사례로 볼 때, 일본에서 효가 충과 동등한 입장이라고 보기는 힘들다. 일본의 유명한 담화집인 '하가쿠레(葉隱)'에서는 효에 대한 부분이 언급되어 있으나 전체적으로 충을 더 강조하고 있다. 이렇게 같은 유교문화권에서 변질적인 특징을 지니게 된 것은 일본의 경우 이미 토대가 잡혀져 있던 '무사문화'에 유교의 지배이념을 도입해 재구성한 탓이다.

Tip ▌하가쿠레(葉隱)란?▌

에도시대, 야마모토 츠네토모가 무사로서의 도리에 대해 기록한 언행록.

█ 의 █

의는 다른 말로 의리라고 표현할 수도 있는데, 이것의 범주는 너무나 광대하다. 어떤 의미로서는 '의무(義務)'와 비슷하다고 할 수도 있지만, 의도하지 않은 곳에서 우러나온다는 것이 틀리다. 루스 베네딕트(『국화와 칼』의 저자)는 '의(義)란 자기 의무를 다하는 것을 말한다'고 서술했다. 이것은 사람이 살아가면서 부딪치는 수많은 의무에 대한 성실을 말하는 것이다. 이것은 모순적인 일본인들의 성향을 설명할 수 있는 열쇠가 된다. 예로서 주군에게 치욕을 입은 가신이 적군과 손잡아 주군을 배신했던 전국시대의 무사들이 있다. 이것은 모든 일본인들에게 받아들여질 수 있는 사건이다. 그들은 주군에 대한 의와 자기 명예에 대한 의, 두 가지를 모두 지킨 것이다.

또, 의와 함께 설명할 수 있는 것으로서 '온(恩)'을 들 수 있다. 온이란 '은혜(恩惠)'라고도 번역할 수 있는 것으로서 무의식적인 '의(義)'로서 입는 혜택이다. 그런데 주의할 점은 일본인들은 이런 온을 꺼린다는 것이다. 그들이 얻은 온은 결국 언젠가는 갚아야한다고 생각하고 그것이 결국 부담이 되어 온을 입은 사람을 괴롭힌다고 생각한다.

█ 명예 █

명예란 자신의 이름에 의무를 지키는 것이라 할 수 있다. 인간이 태어나면서 지는 의무는 크게 '주군을 섬길 의무'와 '이름에 대한 의무', '그 외의 의무'로 나눌 수 있다. 따라서 이름에 대한 의무는 매우 중요한 의무를 갖게되며 뜻하지 않게 명예를 손실당하면 매우 수치스러워함과 동시에 이름에 대한 의리를 지켜야 한다. 이것은 복수나 자결 등 여러 형태로 나타날 수 있다. 이에 대한 유명한 이야기로써는 다음과 같은 예가 있다. '떡장수의 이웃집에 가난한 홀아비 사무라이가 아들을 하나 데리고 살고 있었다. 어느 날, 그 아들이 떡집에서 놀다가 돌아간 후 떡장수는 떡 한 접시가 없어진 것을 알게 되었다. 자연히 사무라이의 아들에게 혐의를 두게 되었고 떡장수는 그에게 떡값을 내라고 하였다. 사무라이는 '아무리 가난할망정 내 자식은 사무라이의 자식이다. 남의 가게에서 떡을 훔쳐 먹었을 리가 없다'라고 극구 해명하였다. 그럼에도 막무가내로 졸라대는 떡장수에게 참다못한 사무라이는 마침내 그 자리에서 칼을 빼 아들의 배를 갈라 떡을 먹지 않았음을 입증해 보인 다음 그 칼로 떡장수를 베어 죽이고는 할복해 자살하였다.

▌ 극기 ▌

일본인들은 큰 업적을 이루기 위해 자신을 다루는 법을 배운다. 서양인들처럼 각각의 개성에 의해 자신의 가능성을 탐구하기보다는 자신을 절제해 한계가 있는 육체를 뛰어넘는 정신을 기른다.

만약 시험을 보거나, 검도시합에 나간다거나 하는 소년도 시험이나 시합에서 필요한 훈련뿐만 아니라 그와는 전혀 별개의 개인수련을 필요하다고 생각한다. 아무리 실력이 출중하다고 하더라도 그것과는 별개로 자신을 다스리는 법을 가다듬는다. 시험공부 중에 혹은 혹독한 훈련 중 그들은 펜이나 목검을 땅에 내려놓고 정신을 가다듬는다. 그렇게 해서 욕구투성이인 육체를 떠나 무한한 가능성이 있는 정신의 수련에 열중한다는 것이다. 이러한 것은 현재 일본에서도 간간히 살펴볼 수 있는 것이다. 추운 겨울에도 반바지를 입고 유치원에 가는 유치원생 등으로 표현되는 일본 교육의 독립심 기르기의 훈련은 이런 맥락으로 설명할 수 있을 것이다.

✳ 4. 무사도와 일본인

근대적 의미에서 일본의 무사도는 메이지유신이나 제국주의의 발생에 있어서 많은 영향을 끼쳤다. 메이지유신을 주도한 계급은 지방의 무사 계급이었으며 그들은 일본군의 주축이 되었다. 이렇게 융성한 무사도는 2차대전의 종전과 더불어 대전함 '야마토'와 함께 침몰하였고 무사도가 의미했던 '야마토 다마시이(大和魂 : 일본고래로부터 전통적으로 전해지는 고유의 정신)'은 그 생명력을 다하였다. 하지만 무사도는 근대적 의미의 무사였던 대일본 제국 육군제의 폐지와 더불어 사라진 것이 아니었다. 무사도는 일본인의 마음속에 깊이 남아 있었던 것이다. 한 국민의 성격을 구성하고 있는 여러 가지 심리적 요인의 집합체는 쉽게 사라지지 않는 것으로 민족의 마음속에 여전히 자리 잡고 있다. 무사도에 의해 가르쳐졌던 여러 유산들은 매우 독립적인 것이었고 외세의 어떤 나라도 침범할 수 없는 고귀한 영역이었다.

현대의 일본인에 있어 무사도라는 것은 구체적으로 체험할 수 있는 것은 아니다. 쇼와천왕 시대까지만 하더라도 중학교에서 의무적으로 '하가쿠레(葉隱)'를 가르쳤지만 종전 후 교육제도의 개편과 더불어 그것마저 없어졌다. 현재 일본인 대학생에게 직접 인터뷰 해본 결과, '무사도는 구체적인 학문으로 성립될 수 없고 현재 일본에서 가르쳐 지지도 않는다'고 대답했다고 한다. 하지만 과연 그들의 '일본의 혼(The soul of Japan)'은 구시대의 유물로 전락해 버린 것일까? 과거 고도 성장기에 보여준 일본의 저력은 일본을 지난 10세기 동안 지배했던 무사들의 힘이 아닐까. 그들의 조직에 대한 헌신과 무조건적인 충성, 절제와 검약 등 일본이 보여 주었던 많은 미덕들은 과거 일본인의 이상적인 인간형으로 생각했던 무사의 그것과 다를 바 없다.

▌하라키리(腹切)▌

　명예를 생명보다 중요시 하는 무사들에게는 자신의 생명을 스스로 끊는 것은 자신의 권리이며 정당한 행위로 간주되어 왔다. '하라키리'라는 것은 칼로 스스로의 배를 가르고 뒤에서 제3자가 칼로 목을 쳐주는 일본특유의 자살법이다. 심정(心情)적으로 일본인은 하라키리에 대하여 조금도 혐오감이나 불합리함을 느끼지 않는다. 일본인은 인간의 영혼과 애정이 뱃속 어딘가에 머물고 있다고 생각하며 '나의 영혼이 더러운가, 깨끗한가를 당신의 눈으로 확인하게 하고 싶다'는 마음의 상징적 행동이 하라키리인 것이다.

Tip 할복이란 무엇인가?

하라키리의 여러 가지 의미
1. 자신이 진 죄를 스스로 벌한다는 의미
2. 자신의 잘못을 사과한다는 의미
3. 불명예를 씻기 위한 행위
4. 동료의 죄를 대신한 자신의 죽음으로 동료를 죄로부터 벗어나게 하기 위함
5. 자신의 충성을 증명하는 수단

1866년 류젠 사부로의 할복으로 본 할복순서
1. 할복 장소는 영복사 본당 앞에 설치
2. 7명의 일본측 검시관들이 할복 장소의 우측에 7인의 외국인 검시관들은 좌측에 착석.
3. 할복 당사자인 사부로가 가이샤쿠 역을 맡은 자 1명과 3명의 담당관과 함께 나타났다.
4. 사부로가 일본인 검시관에게 다가가 정중히 절을 하고나서, 외국인 검시관에게도 같은 방법으로 절을 한다.
5. 할복의 장소로 되돌아간 사부로는 정면의 불단을 향해 2번 절하고 난 뒤 절의 본당을 뒤로 하고 할복 장소에 앉아 채비를 했다.
6. 목을 치는 가이샤쿠는 그의 왼쪽에 무릎 꿇고 앉았다.
7. 3명의 담당관 중 1명이 삼보라는 제기 위에 흰 종이로 싼 칼을 올려놓고, 그것을 가지고 나와 사부로에게 건네고 절을 했다.
8. 사부로는 제기를 자기 앞에 놓는다.
9. 사부로는 절을 한 후 자신의 죄로 할복을 한다. '여러분들께 심려를 끼쳐 죄송합니다'고 말한 후 다시 절을 했다.

10. 사부로는 윗옷을 벗고 뒤로 쓰러지지 않도록 준비를 한다.
11. 사부로는 앞에 놓인 단도를 들어 왼쪽 배 아래를 깊게 찌르고 나서 우측으로 배를 서서히 가른 다음 그 칼을 다시 위쪽으로 향해 갈랐다.
12. 그리고 칼을 뽑고 앞으로 몸을 굽혀 목을 내밀었다.
13. 그 순간 옆에서 대기하고 있던 가이샤쿠가 칼을 휘둘러 목을 친다.
14. 그 일이 끝난 가이샤쿠는 절을 하고 할복의 장소를 떠난다.
15. 검시관이 사부로의 처형이 끝났음을 알리고 할복 의식의 종료.

 ## 5. 일본인의 생활 속에 배어있는 사무라이 정신

▌좌측통행 ▌

『우메보시와 일본도(日本刀)』를 비롯하여 2백여 권의 책을 펴낸 풍속학자 히쿠치 기요유키(樋口清之) 의하면, 허리춤에 비스듬히 칼을 차고 다닌 무사들은 칼과 칼이 부딪치는 것을 도발로 간주했다. 그러니 자연적으로 좁은 골목을 우측통행하다가는 상대의 칼과 칼이 부딪치기 일쑤이다. 그 같은 불필요한 싸움을 피하려 버릇처럼 왼쪽으로 걸었고, 이것이 에도시대에 와서 보행 예절로 굳어진 뒤 자동차가 도입되자 운전규칙으로 이어졌다는 주장이다. 하나의 설이지만 어느 정도 일본의 독특한 좌측통행 문화에 영향을 미친것 같다.

▌소식(小食)습관 ▌

식량이 부족했던 과거에는 '무사는 먹지 않아도'(부시와쿠에네도)란 말이 미덕이었다. 소식하는 습관은 지금까지 내려왔다.

▌경어체 발달 ▌

무사는 한국으로 말하자면 양반 귀족계급이었다. 즉결심판권이 있었으며 서

민들은 항상 말을 조심해야했다. 현재 일본말 경어체의 복잡한 발달을 가져
왔다.

▌ 근검, 절약 ▌

무사도에 따라 근검, 절약을 익히며 바른 생활을 영유하려 하였다. 이러한
생활 속의 모습이 지금까지 이어져 왔다.

▌ 다도정신 ▌

무사집안에 있는 다실은 전쟁의 피로를 풀고 아울러 손님과의 진솔한 대
화를 나누는 장소이다. 이 순간은 다시 오지 않는다고 하는 그 사람과 차 마
실 때 최대한 격식과 예의를 다도라는 법식에 따라 행하는 정신은 오늘날
일본다도를 더욱 더 운치 있게 했으며, 매사 최선을 다하고 정성을 다하여
손님을 맞이하는 일본의 정신이 되었다.

▌ 만담&극장 공연의 발달 ▌

무사들의 여흥이었던 문화, 연극이나 가면연극(노 가부키)이외의 음악(샤미센),
분라쿠, 단카, 하이쿠 등의 여흥은 귀족이나 무사의 단합과 서민들의 사기증
진을 위해 쓰였다. 이는 현대 일본사회의 텔레비전 만담이나 라쿠고 극장공연
등의 발전을 가져왔다.

▌ 청렴결백 ▌

시장판에서 떡 장수가 무사 아들이 떡을 훔쳐 먹었다고 하자, 아들에게 결
백을 물어보았다. 떡장수가 계속 우기자 무사는 아들의 배를 그 자리에서 갈
라 창자를 휘집고는 떡이 없자 그 자리에서 떡장수의 목을 치는 이야기는
무사의 청렴결백함을 상징하며 한국의 청렴결백한 선비문화와 비슷하다.

Ⅳ. 일본의 대중문화

1. '아니메'의 나라, 일본

일본문화를 개방할 수 없었던 당시 일본만화를 한국적 배경으로 수정해서 방영했던 『마징가Z』 『은하철도999』 『독수리5형제』 등 어릴 때부터 지금껏 봐왔던 거의 대부분의 만화는 우리나라 만화인 줄 알았다. 일본에 좋지 않은 감정을 갖고 있는 어른들조차 자식들이 일본만화의 주인공들과 함께 자라고 있다는 사실은 몰랐다. 이렇듯 일본만화는 부지불식간에 우리사회의 저변 깊숙이 자리 잡고 있다.

일본만화는 이제 감추고 막는다고 사라질 대상이 아니다. 할리우드 영화가 우리가 알고 있는 영화의 대부분이듯, 일본만화는 우리가 알고 있는 만화의 거의 전부이다. 이미 한국만화시장의 60~70%를 차지하고 있고, 불법 복제판만으로도 나올만한 만화는 다 나와 있는 상태지만, 일본만화가 공식적으로 개방된 지금은 만화제국 일본이 한국을 얼마만큼 점령할지는 아무도 모른다.

일본만화는 비단 한국에서만이 아니라 동아시아의 거의 모든 나라가 일본 만화로 초토화되어 있고, 탄탄한 자기만화의 역사를 가지고 있는 미국과 유럽조차 『세라문』과 『드레곤볼』의 공세 앞에 꼼짝을 못하고 있다. 또한 TV 애니메이션을 중심으로 독자적인 애니메이션 문법을 구축해 나가는 일본은 세계시장을 석권해가고 있으며, 동시에 일본 최대의 대중문화 수출상품이 되고 있고, 영상수출 상품의 60%를 점유하는 등 만화 및 만화 관련분야에서는 일본이 최강대국이라고 할 수 있다. 또한, 현지의 경쟁 작품이 더 많은 미국에서도 일본 애니메이션을 예찬하는 팬들이 거듭 늘어나고 있다. 미국 TV방송사들도 일본 애니메이션에 대한 새로운 관심을 보이고 있으며, 일본이 비록 애니메이션 산업의 침체기를 맞이하고 있다 하더라도 그들은 외국시장을 개척할 막대한 자료를 충분히 축적해 두고 있다.

1. 만화의 기원와 일본만화

만화(caricature : cartoon : comic strip)는 단일 또는 복수의 장면을 구성단위로 하여 변형된 그림을 통해 풍자나 우스꽝스러움, 또는 이야기를 전하는 문예양식으로 정의할 수 있고 만화의 기원을 정확하게 단정하기는 어렵다. 인류가 최초로 그린 그림이 만화와 비슷하기 때문이며, 따라서 회화의 역사와 중복된다고도 할 수 있다. 단 대중문화의 관점에서 본다면, 인쇄기술의 발달과 관련지어 생각할 수 있는데 그렇다면 1700년대의 목, 석판화의 일반화에 의한 풍자, 풍속화의 보급을 기원으로 생각할 수 있다.

일본은 1945년 이후 스토리만화가 독자적으로 발달하여 현재 질적, 양적 모두 충실한 이른바 만화대국의 입지에 서 있다. 1814년 가츠시카 호쿠사이에 의한 『호쿠사이만가』에 만화라는 단어가 등장하는데, 당시 만화는 일반회화를 가리키는 본화에 대해 가벼운 마음으로 그린 그림이라는 의미로 쓰였고, 1900년대 전후에야 오늘날 만화에 해당하는 말을 도바에(“조수회화”의 작자로 알려진 도바 소조에서 유래된 말로, 1800년대 초에 출판된 도바에 책의 전국적 인기에 의해 일상화되었다.) 또는 폰치(ポンチ), 폰치에라고 불렀다. 일본에서 발행된 최초의 만화 잡지는 『재팬판치』로 이 잡지의 영향으로 일본인에 의한 최초의 만화잡지

『닛폰치』가 생겼으며, 이후 신문에서도 앞 다투어 만화를 게재하게 되었다.

만화가 독자적 형식을 획득하게 된 것은 기타자와 라쿠텐과 오카모토 잇페가 활약한 1920년대 이후이다. 1946년의 데즈카 오사무의 등장은 현대만화의 전환점이 된다. 그는 1928년에 태어났는데, 디즈니 애니메이션, 독일의 표현주의와 미국의 SF영화, 다카라즈카 소녀가극, 천체의 움직임을 설명한 플라네타륨, 한큐백화점, 다카라즈카호텔 등 1930년대의 다채로운 도시 대중문화를 흡수하며 성장, 이후 이 에너지를 만화에서 발산하게 된다. 1950년대 후반부터는 소녀만화가 하나의 장르로서 확립되고, 1957년에는 대본만화로부터 극화가 생겨났으며, 이후 1959년 소년주간지 등장, 1963년 텔레비전 애니메이션 우주소년 아톰의 방송개시, 1960년대 후반 청년만화지의 잇단 창간 등이 이어져 독자의 세대적 확대와 매스미디어화 진행을 불러일으켰다. 또 현재 텔레비전 애니메이션과 비디오, 그리고 컴퓨터게임 등의 멀티미디어화도 진행되고 있어서, 만화의 영향은 문학, 영화, 광고 등으로 확대되어 가고 있다.

 ## 2. 현대 일본만화의 역사

(1) 초창기의 만화(전사 : ~1945)

현대 일본만화 전사(前史)의 출발은 1900년대 전후로 보는 것이 일반적이다. 이 무렵에 인쇄, 출판, 유통 시스템이 확립되고, 신문과 잡지를 정기적으로 구독하는 독자층이 나타났기 때문이다. 따라서 『조수희화』나 『호쿠사이만가』를 현대만화의 기원으로 보는 것은 무리가 있다. 먼저 전사에서도 시조라 할 만한 작가로 기타자와 라쿠텐과 오카모토 잇페를 꼽을 수 있다. 기타자와 라쿠텐은 1900년대 전후부터 1920년대에 걸쳐 활약한 작가인데, 1900년대 초 『시사신보』라는 신문의 시국만화로 이름이 알려졌으며, 만화지 『도쿄팟쿠』

를 창간한 작가이다. 또한 1921년에 『시사신보』에서 일요부록 『시사만화』를 만들어 신문만화 붐을 불러 일으켰다. 오카모토 잇페는 1910년대부터 활약하며, 주로 지식인들에게 어필한 작가로 알려져 있다. 아사히 신문에 연재된 『사람의 일생』이 대표작으로, 다음시대의 중핵을 이루는 많은 작가들을 길러내기도 하였다. 또 그는 1915년에 만화를 담당하던 이른바 만화기자들을 모아 도쿄만화회를 조직, 만화가라는 직업을 홍보하기도 하였다. 기타자와 라쿠텐과 오카모토 잇페 다음의 신흥세력으로는 1932년에 결성된 신만화파집단의 작가들을 꼽을 수 있다. 이 집단은 작품을 붓으로 표현한 기존의 작가들과 달리 펜으로 표현하는 것을 선호하였고, 서구 만화의 영향을 받아 순수유머를 추구하였다.

1900년대 전반이 되면, 일반신문과 잡지에 시평만화 이외에 새롭게 연재만화가 게재되었고, 1920년 중반 이후에는 신문 연재만화 분야에 새로운 세력이 등장하게 되는데 1929년 요미우리신문의 일요판 형태로 창간된 『요미우리 선데이만화』가 바로 그것이다. 신문지면 4페이지를 전부 칼라 인쇄만화로 채운 대형기획이 특징인데, 이 기획으로 인해 요미우리신문의 매상은 높은 신장을 보이게 된다. 1933년 전후가 되면 신문과 잡지에서 만화의 수요가 더욱 늘어났으며, 동시에 신만화파집단 출신 사람들로 만화가의 세대교체가 시작되었다. 한편 스토리만화의 전사를 이루는 것으로 고단샤의 『소년구락부』에 연재된 소년만화를 들 수 있다. 1931년부터 연재된 다가와 스이호의 『노라쿠로 이등병』과 1934년부터 연재된 시마다 게이조의 『모험 단키치』가 인기가 있었는데, 모두 전쟁을 배경으로 소년들의 꿈을 시각화한 것들이다.

(2) 전후 부흥기에서 고도 성장기까지(제1기 : 1945~1958)

현대만화 제1기는 전후 부흥기로부터 고도 성장기까지로, 사회전반에 걸쳐

혼란과 해방감이 혼재된 시기이다. 또 이전부터 조짐이 있기는 했지만 대중
사회의 출현과 저널리즘의 거대화 현상이 나타났는데 특히 만화와 같이 시각
이라는 감각에 호소하는 표현양식은 이 같은 상황에서 유리하게 작용할 수
있었다. 신문에는 네 칸 만화가 연재되었는데, 주인공 이름이 그대로 제목인
것이 특징이다. 즉 시대를 상징하거나 일반 독자가 감정이입하기 쉬운 캐릭
터를 설정한 것으로, 내용 또한 이들이 신문 사회면에 나타나는 사건을 단순
히 체험하는 것으로 되어 있다. 또 1954년이 되면 『문춘만화독본』이 나왔는
데, 이 잡지는 제2기에 들어 전성기를 맞게 된다.

(3) 현대만화의 성장기(제2기 : 1959~1965)

제2기는 제1기에 성립된 현대만화가 성장하는 시기이다. 성인만화 『문춘만
화독본』이 인기를 얻었으며, 또 소년 만화지는 『소년 매거진』과 『소년 선데
이』가 창간되었고, 이윽고 주간지화 되었다. 주간지 특유의 빠른 리듬과 시
원시원하고 강렬한 개그는 제3기 이후 나타나게 되는데, 이와 같은 의미에서
본다면 제2기는 준비기간으로 볼 수 있다. 아울러 제2기 소년주간지의 특징
으로 만화작품 이외에 소년을 대상으로 한 소설, 스포츠 기사, 과학과 관련
된 읽을거리가 게재되었다는 점을 꼽을 수 있다. 한편 당시의 상징물로 만화
대본소가 있었는데, 당시 어디에나 있었던 일종의 유료 사설도서관이었다. 만
화는 중소출판사의 단행본이 주류를 이루었는데, 이들 만화단행본은 점차 시
리즈화 되었고, 순차적으로 간행된 것이 많아서 명칭도 잡지에 준하여 대본
지라 불렸다. 다음으로 청년들을 위한 스토리만화인 극화가 나타났다. 이는
리얼한 그림과 내용을 요구하는 도시 청년노동자의 요구에 의해 나타난 것으
로, 이윽고 대본지의 주류를 이루게 되었다. 대표적인 것으로 히노마루 문고
의 월간 시리즈물 『가게(影)』를 들 수 있다. 대본지의 대표적 작가로 미즈키

시게루와 쓰게 요시하루를 꼽을 수 있는데, 『가로(ガロ)』의 창간이 계기가 되어 제3기 이후 학생들 사이에서 큰 인기를 얻게 된다.

(4) 새로운 방식의 만화문화(제3기 : 1966~1973)

제3기는 현대만화 흥융기로, 예를 들면 이 무렵부터 대학생들이 만화를 애독하는 풍조가 나타났다. 월간 소년지는 주간지의 증간, 별책의 형태를 취하는 것과 매니아 대상의 특수한 것을 제외하고 거의 폐간되었다. 즉 주간지가 정착하게 된다. 청년지는 1967년에 창간된 『만화액션』부터 시작되는데, 주로 극화와 개그 작품을 취급하였다. 한편 소년만화의 특징으로 리얼리즘의 출현을 들 수 있다. 이는 기존의 세세하지 않은 묘사가 정밀해졌다는 의미인데, 그 원인으로는 한 달에 한번이던 월간지 작품이 주간지로 되면서 네 번으로 세분화 되면서 화제가 늘게 되고, 그 결과 묘사가 보다 짜임새 있게 된 것이다. 웃음을 소재로 하는 만화도 리얼리즘에 의해 새롭게 나타났는데, 즉 개그만화가 생겨났다. 1966년에는 신서판(182×103) 크기의 만화단행본시리즈가 간행되었다. 이러한 형태가 생겼다는 것은 만화를 읽고 버리는 소모품에서 문학서나 사상서처럼 소장하는 장서로 인식이 바뀌었음을 의미한다. 또 원작과 작화의 분업현상이 이 시기에 나타나는데, 작화로부터 완전히 독립하여 분업된 원작이 나타났다.

(5) 만화영역의 확대와 세분화(제4기 : 1974~1978)

제4기의 특징으로는 개그만화의 전성, 소녀만화의 생성, 에로극화의 활성 등을 들 수 있다. 만화계도 제4기가 되면 안정, 번영의 시대로 접어들게 된다. 즉 문화적 시민권을 인정받게 되어 출판 산업의 중요한 부분을 차지하게 되는데, 독자도 늘고 만화지의 종류, 발행부수 모두 증대되었다. 아울러 성년지, 소년지, 에로극화지, 소녀지, 매니어지와 같이 영역이 세분화되었는데 이때는 에로극화가 각광을 받았다. 이것은 성적인 이야기를 단지 만화로 만든 고전적인 것과 달리 포르노그라피 그 자체였다. 다음으로 소녀만화라는 분야도 주목을 받았는데, 특히 환상적이고 문학적 정서를 느낄 수 있는 작품, 또는 고등학교를 무대로 소년애를 그린 작품 등 종래에는 없던 작품이 나타났다. 한편 제3기에 유력한 만화제작 방법으로 인정받은 원작만화는 제4기에 들어 만화 원작가를 지망하는 청년들이 나타날 정도로 정착되었다.

(6) 생활감을 잘 드러내는 만화(제5기 : 1979~1986)

이 시기에 일본경제는 장기적으로 안정세를 보였으며, 국민의 중류의식과 현상 긍정주의가 정착하였다. 즉 문화적 에너지는 가속되지 않고 자가 소비적으로 흐르게 되었는데, 만화도 새로운 경향은 나타나지 않았고, 10년, 20년 전을 반복하며 기술적으로만 정교하고 치밀해져갔다. 제5기는 전반적으로 제4기의 연장선상에 있었다고 할 수 있다. 한편 제5기 초반에는 네 칸 만화가 큰 붐을 일으켰다. 이 현상은 극화의 설정이 너무나도 거짓처럼 느껴지거나 실증이 난 것에 대한 반동이라 볼 수 있다. 한편『영 점프』가 영지 제1호로 창간된 1979년을 제5기의 출발점으로 삼을 수 있는데, 영지의 게재작품의 내용은 대학생을 주인공으로 한 것들로 특히 학교 러브코미디물이 인기가 있었다. 젊은이들의 강박 관념적 연애 원망을 충족하게끔 되어 있는 설정으로, 이후 청년지에도 영향을 끼쳤다. 이것이 제4기에 새로운 분야로 주목을 받은 소녀만화를 총체적으로 침체에 빠지게 하였고, 이것이 소녀만화의 장기인 연애물을 영지. 소년지의 러브 코미디물에 잠식당한 결과로 볼 수 있다. 반면 소녀지에 게재된 작품이 단행본으로 만들어진 후 독자층이 넓어지는 현상도 나타났다.

(7) 정보를 제공하며 문학에 영향을 끼치는 만화(제6기 : 1986~)

제6기는 하드커버로 제작된 이시노모리 쇼타로의 단행본 『만화 일본경제
입문』이 출간된 1986년부터이다. 이 작품은 속편과 자매편이 나왔을 정도로
큰 호응을 얻었는데, 그 영향으로 만화와 인연이 없던 출판사까지 비슷한 종
류의 책자를 출판하게 되었다. 내용은 경제·정치·법률·자연과학의 해설
로부터 고전·위인전기에 이르기까지 폭넓었는데 총칭하여 정보만화라고 부
른다. 한편 제6기에는 만화가 문학에 영향을 끼치는 현상이 나타났으며, 만
화에 대한 평론도 나타났다. 또 대학에서 만화를 주제로 한 강좌도 나타났으
며, 졸업논문의 테마로 만화가 활용되기도 하였다.

3. 일본만화와 오타쿠 문화

이 즈음 일본에서는 소위 오타쿠 문화라는 것이 나타나게 되는데, 이 오
타쿠 문화의 선두에 서 있는 것이 바로 만화이다. 오타쿠(お宅)란 본디, '당
신', '댁'이라는 뜻을 지닌 이인칭 대명사의 일본어로 '마니아'보다 더욱 심취
하여 집착하는 사람을 말한다. 한 가지 일에 몰두하여 광기(狂気)가 있다는
뜻으로 낚시광·바둑광·골프광 등을 사용하였는데, 그들보다 더욱 깊이 빠
져들어 있는 사람들을 오타쿠라고 부른다. 특정 분야에만 관심을 가져, 일반
적 상식을 결여한 사람으로 보는 부정적 이미지도 지니고 있다.

원래 오타쿠라고 하는 이름 자체는 SF나 만화영화, 게임 같은 것에 푹
빠져있는 도사들을 가리키는 말이었는데, 이들이 커뮤니티를 형성해 가는 중
에 서로를 존중하는 뜻에서 '오타쿠'라고 부르면서 나온 말이라고 한다. 그
후 나카모리 아키오(中森明夫)라는 잡지 편집자가 83년 처음으로 이런 사람
들을 가리키는 말로 썼으나 발표 당시에는 널리 사용되지 않았다고 한다.

문화평론가인 김지룡씨는 그의 저서『나는 일본 문화가 재미있다』에서 오
타쿠를 이렇게 정의하고 있다

'라면 오타쿠'를 예로 들면, 수집한 데이타를 재배열해 여러 측면에서 라
면의 자리 매김을 해야 한다. 각 지역마다 라면의 맛이 다른 이유 혹은
배경은 무엇인가? 라면의 경제적 효과는 어느 정도인가? 라면은 경기와
어떤 함수 관계가 있는가? 자신이 자라온 환경과 문화가 라면과 어떤
관계에 있었는가? 최소한 이런 질문에 술술 대답할 수 없으면 '오타쿠'
라고 할 수 없다. 오타쿠가 아닌 매니아라고 하는 정도면 세계 각국의
라면의 성분이나 차이점, 면발의 쫄깃함 정도를 꿰차고 있는 정도이다.

만화왕국 혹은 게임왕국이라고 까지 불릴 정도로 만화, 게임 산업이 발달
한 일본에서 오타쿠가 많은 것은 어찌 보면 당연하다고 할 수 있을 것이다.
오타쿠는 이런 만화, 애니메이션, 게임 등의 하위문화(Sub-Culture)에서 흔히
볼 수가 있는데, 이는 이러한 문화들이 개인의 취미로 삼기에 적합하며 여러
사람의 공감대를 끌어내기에 충분한 요소를 가지고 있어서가 아닌가 하는 생
각이 든다.
수년 전, TV 애니메이션 '신세기 에반게리온'에 많은 오타쿠들이 열광한
적이 있다. 성서와 북유럽 신화 등을 SF적 상상으로 버무려 만든 이 작품은
처음부터 오타쿠를 겨냥해 수수께끼 같은 내용으로 제작되었는데, 방영 도중
뜻밖에 큰 인기를 얻자 중반부터는 내용을 좀 더 대중적으로 전향하기도 했
었다. 그러나 이것이 오히려 오타쿠에게 질타를 받게 되고 후반에는 다시 오
타쿠에 맞춘 난해한 내용을 선보이게 됐다.
극장판으로 제작되었던 'Birth and Rebirth'의 경우 전달하려는 내용은
오타쿠가 아니면 알기 힘들 정도이니, 이제는 오타쿠가 제법 영향력 있는

세력으로 성장했음을 짐작할 수 있기도 하겠다.

방영했던 해와 이듬해 일본에서 2년 연속 '아니메 그랑프리' 최우수 작품상을 수상했고, 오프닝곡인 '잔혹한 천사의 테제(残酷な天使のテーゼ)'는 오리콘 차트 연결산 1위를 차지하기도 하는 등 당시 일본 젊은이들에게서 큰 반응을 불러일으킨 에반게리온은 지금도 오타쿠 만화의 전형으로 손꼽히고 있다.

▐ 일본만화의 아버지 - 데즈카 오사무(手塚治虫) ▐

일본만화의 성장을 역사적인 배경과 시대적인 흐름으로 나누어 구분하여도 그 안에서 빠질 수 없는 인물이 바로 일본만화의 아버지 데즈카 오사무이다.

일본만화의 문화적 자리 매김은 바로 데즈카 오사무를 통한 일본만화의 태동의 발자취를 살피지 않고서는 일본만화를 논할 수 없을 정도로 중요한 인물이다.

오늘날 일본만화의 시작이며 마지막이라 칭송을 받는 데즈카 오사무는 1928년 11월 오사카에서 태어나 오사카 제국대학 의학전문 군의관을 양성하는 학교에 입학을 하였다. 다음 해인 1946년 18세의 데즈카 오사무는 4컷 만화 <마아쨩의 일기장(マアチャンの日記帳)>을 소국민신문(少国民新聞) 관서(関西)판에서 연재하며 만화가로 정식 데뷔했다. 1947년 사카이 시치마의 원작을 만화로 각색한 <신보물섬>이 무려 40만부가 팔리는 경이적인 성공을 거두었다. <신보물섬>의 성공으로 일본만화는 데즈카 오사무식 스토리 만화로 지각변동을 일으켜 이를 계기로 전전(戰前) 만화와 전후(戰後) 만화를 가름하고 있다.

데즈카 오사무

한국 전쟁을 통해 경제적인 안정을 구가한 일본은 1948년 <만화소년>을 시작으로 월간 만화잡지가 창간 붐을 이룬다. 1952년에는 <우주소년 아

톰>, <록 모험기(ロック冒険記)>, <나의 손오공(ぼくの孫悟空)> 등의 작품을
연재하기 시작했고 데즈카 오사무는 월간 만화잡지에서 유명한 작가가 되었
다. 1953년에는 소녀만화의 시발점이 되는 <리본의 기사>를 <소녀구락부>
에 연재하기 시작했다. 1957년에는 아동용 만화에서 만화의 대상 연령층을
상향조정한 <잡건과 보석(雑巾と宝石)>을 연재하기 시작했다.

1958년 30세의 데즈카 오사무는 도에이 동화에서 <서유기(西遊記)>의 구
성을 담당해 애니메이션 제작에 발을 들여놓았다. 다음해인 59년에는 결혼과
함께 <0맨(0マン)>의 연재를 시작했고, 1961년에는 데즈카 오사무 프로덕션
동화부를 창설했고 1963년 일본의 첫 TV 시리즈 애니메이션인 <우주소년
아톰>이 방송되기 시작했다.

1964년 동경 올림픽이후 대폭적인 세대교체가 이루지고 이 당시 다츠미
요시히로의 선언과 시라토 산페이에 작품을 통해 극화가 폭발적인 붐을 이루
던 시기에 데즈카 오사무는 젊은 작가들의 극심한 도전에 직면하게 되었고
1967년에는 <소년선데이>에 극화풍의 작품인 <도로로(どろろ)>를 연재하기
시작했다. 이 작품은 당시 유행하던 요괴물의 영향을 받아 요괴들의 이야기
를 그리고 있으나 요괴조차도 절대 악이 아니라는 데즈카 오사무적 특성을
보여주었다. 40세가 되던 1968년에 데즈카 오사무는 애니메이션을 제작하기
위해 데즈카 프로덕션을 설립했고, 다음해인 1941년에 극장판 성인물 <천일
밤의 이야기(千夜一夜物語)>를 개봉했다. 데

즈카 오사무의 성인용 애니메이션에 대한
열정은 <천 밤의 이야기>의 실패 이후에도
계속 이어져 1970년 <클레오파트라(クレオパ
トラ)>를 개봉했지만 역시 실패하고 말았다.
도산 등의 어려운 시기를 거치고 좌절의

우주소년 아톰의 캐릭터

경험을 겪었으나 1975년 <블랙 잭(ブラック·ジャック)>으로 일본만화가협회 특별우수상을 수상하기도 했다. 1977년 300권으로 구성된 데즈카 오사무 만화전집이 발행되었고, 자신의 만화인생을 기록한 수필 <데즈카 오사무 랜드(手塚治虫ランド)>을 발행했다.

1980년 52세의 데즈카 오사무는 장편 애니메이션 <불새 2772(火の鳥2772)>를 극장에서 공개했다. 1984년에는 실험단편애니메이션 <점핑(ジャンピング)>으로 유고의 자그레브 애니메이션 페스티벌에서 그랑프리를 수상했고, 다음 해에는 <낡아빠진 필름(おんぼろフィルム)>으로 히로시마 국제 애니메이션 페스티벌에서 역시 그랑프리를 수상했다. 1988년 60세의 나이로 실험 애니메이션 <숲의 전설(森の伝説)>이란 작품으로 다시 유고 자그레브에서 CIFEJ상을 받았다.

그리고 1989년 일본의 국왕이 바뀌어 연호가 소화에서 평성으로 바뀌던 해 2월 9일 도쿄의 한 병원에서 죽었다. 죽을 때까지도 데즈카 오사무는 <루도위피 B(ルードウィヒ·B)>와 <그링고(グリンゴ)>, <네오 파우스트(ネオ·ファウスト)>를 연재하고 있어 이 세 작품이 미완으로 남고 말았다.

데즈카 오사무는 출판만화에서부터 시작해 애니메이션, 그리고 캐릭터 산업에 이르기까지 다방면에 걸쳐 오늘날 일본만화의 기초를 닦은 장본인이다.

데즈카 오사무는 늘 자신만을 위한 발전이 아닌 동료 및 후배들을 위한 작품의 개발을 이루어 내어 새로운 장르를 개발하고 시도하여 일본만화의 장르 시발자로 그 이름이 드높은 것이다.

만화가는 무엇을 그려도 좋으나 인간의 기본적인 인권을 침해하면서 그리는 것은 금물이라고 주장하는 만화관은 인간중심적이고 가식적이지 아니하며 인간의 따뜻한 마음과 감동이 그대로 전해지는 것을 간절히 원하는 소박한 마음의 소유자임을 알 수 있으며 이런 마음으로 시작되었던 그의 작품 세계

이기에 일본만화의 아버지라 불리며 사후에도 그의 업적을 기리는 것이다.

█ 재패니메이션의 개척자 – 미야자키 하야오(宮崎駿) █

일본만화의 보편적인 인간의 행동과 사고를 나타내는 데즈카 오사무란 인물로 시작을 했다면 일본만화의 완성적인 단계에서 자기만의 사고와 상업적인 시각의 새로운 재패니메이션의 장르를 개척하고 세계적인 시장의 일본만화 우수성을 알린 일본만화의 또 다른 거장 미야자키 하야오를 **빼** 놓을 수가 없다.

미야자키 하야오는 1941년 1월 도쿄 아케노보초에서 태어나 유복한 가정에서 자랐으며 고등학교 시절부터 애니메이션 제작의 꿈을 지닌 그는 단순히 테크닉을 배우기 위해 미술전문학교에 진학하는 것을 거부하고 학습원 대학 정치경제학부에서 일본산업론을 택해 공부하면서 대중잡지에 자신의 만화를 작품을 연재하면서 그의 애니메이션에서 느끼게 될 여러 가지 가치관들이 형성된 것으로 보인다.

1963년 대학 졸업 후 '아이들이 진정 좋아하는 작품을 만들고 싶다'는 생각에 도에이 동화에 입사하여 극장용 장편 <멍멍 츄신구라>에 처음 동화맨으로 제작에 참여하고 1964년 그는 회사 노조에서 활동하던 중 다카하타 이사오를 만나 다카하타의 <태양의 왕자 호루스의 대모험>과 <팬더, 아기팬더>에 메인 스탭으로 참가하게 된다. 그 둘은 당시 상업영화가 시도하지 못했던 획기적 실험들을 시도하지만, 회사와 심한 마찰을 겪게 되어 1971년 그는 회사를 옮겨 프로덕션에 입사한다.

1972년 팬더 붐에 편승한 극장용 중편 <팬더와 아기팬더>에 참가해 원안, 각본, 장면설정, 원화를 담당. 창작의

미야자키 하야오

즐거움을 만끽했던 이 작품은 어린이 관객들에게 큰 호응을 얻게 된다. 1973
년 TV 시리즈 <서부소년 차돌이>와 <내일은 야구왕>의 원화를 담당하고
1974년 <알프스 소녀 하이디>의 장면설정과 화면구성을 맡아 다카하타(연
출), 고타베(작화감독)와 함께 강력한 트리오를 구성해 일하게 된다.

1975년<프란다스의 개>의 원화를 담당하고 1976년 다카하타 이사오, 고
타베 요이치와 함께 TV 시리즈 <엄마 찾아 삼만 리>에 메인 스탭으로 참
가, <알프스 소녀 하이디> 때와 마찬가지로 시리즈 전편의 장면설정과 레이
아웃을 담당하게 되며 1978년엔 소설 <멸망의 파도>를 원작으로 TV용 애
니메이션인 <미래소년 코난>을 통해 연출자로 데뷔하게 된다.

극장용 애니메이션은 다음해에 제작된 <루팡 3세 카리오스트
로의 성(ルパン三世 カリオストロの城)>이었는데, 이 영화는 극장용
애니메이션의 새로운 역사를 개척한 작품으로 평가되고 있으며,
흥행에서도 상당한 성과를 거두었다.

미래소년 코난

이후 미야자키 하야오는 애니메이션에서는 '황금의 손'을 가진
군주로 등극했는데, 1984년 작 <바람계곡의 나우시카>는 미야
자키 히야오가 <아니마주>에 연재했던 자신의 만화를 원작으로
삼아 제작한 영화로 환경문제에 대한 정확한 진단, 인간의 에고
이즘에 관한 통찰 등으로 사회적 반향과 더불어 상업적으로도
크게 성공했고, 바로 그해에 다카하타와 함께 지브리스튜디오를
설립할 수 있는 계기를 만들었다.

1986년 작인 <천공의 성 라퓨타>는 지브리 스튜디오의 첫 번째 작품으로,
스위프트의 걸리버 여행기에 등장하는 떠도는 성 라퓨타를 모티브로 한다.
일종의 모험활극인 동시에 기계문명과 독재 권력 비판을 주제로 한다.

1988년 발표된 <이웃의 도토로(となりのトトロ)>는 다국적 영화만을 고집

하던 미야자키가 '일본인들을 위한' 영화로 기획한 작품이다. 도토로란 일본 전설을 바탕으로 사츠키와 메이 자매, 고고학자인 아빠, 병원에 요양중인 엄마로 이루어진 가족의 이야기를 다룬다. 한 가족의 따뜻한 마음과 도토로 전설을 서정적으로 그려낸 이 영화는 일본인들이 가장 좋아하는 애니메이션 영화 1위에 뽑히기도 했다.

이후 그는 현실감을 살리기 위해 1989년 한 사춘기 소녀의 불안한 모습을 그린 <마녀 우편배달부(魔女の宅急便)>, 1992년엔 돼지 얼굴의 비행정 조종사 포르코를 주인공으로 설정한 <빨간 돼지(紅の豚)>를 발표했다. <빨간 돼지>는 일본에서 '방향성을 잃었다, 비일본적이다'는 평론의 비판에도 불구하고 <원초적 본능>을 물리치고 그해 일본 내 최고 흥행작이 되었다. 국외에서도 크게 호평을 받아 1993년 안시에서 장편부문 대상을 수상하는 등 대단한 성공을 거두었다.

<빨간 돼지>는 <모델 그래픽스>에 연재하던 미야자키의 '비행정 시대'에 기초한 중편애니메이션으로 원래 일본항공 기내에서 상영할 목적으로 기획했으나, 결국 극장용 장편영화로 탈바꿈했다. 1920~30년대 이탈리아를 배경으로 순수한 마음을 가진 아나키스트적인 비행사들을 통해 반전사상을 그려내고 있다.

1997년 미야자키는 최초로 컴퓨터그래픽을 이용해 <원령공주(もののけ姫)>를 발표했는데, 이 작품은 그의 최초의 시대극이자, 제작비 20억엔, 구상기간 16년, 작화장수 14만4천장 등으로 일본 애니메이션 역사를 다시 쓰게 한 대작이다. 흥행에서도 1400만 명 이상을 동원한 기록을 세웠다.

1999년 12월에 미야자키의 21세기 극장용 신작 <센과 치히로의 행방불명>의 제작을 발표하고 2001년 <센과 치히로의 행방불명>은 7월에 개봉, 두 달 여만에 일본 내 역대 최고흥행기록을 세우고 2002년 2월까지 2천 2백만 명 이상의 관객을 모아 애니메이션으로서는 최초로 베를린 영화제에서 최우수 작품상인 금곰상을 수상하게 된다.

2004년 11월 신작 <하울의 움직이는 성>을 발표하고 왕성한 활동 중이다.

하울의 움직이는성 하울과 소피

미야자키 하야오는 애니메이션을 바라보는 패러다임을 변화시킨 일본의 대표적 애니메이션 작가이다. 그가 예술가로서 평가받는 것은 그의 작품이 상업 애니메이션임에도 불구하고, 창의적이고 섬세하고 뛰어난 영감으로 다양한 모티브들을 이끌어냈기 때문이다.

✽ 4. 일본 만화와 애니메이션

일본에서는 왜 이렇게 애니메이션이 발전했는가? 그리고, 지금 새롭게 주목을 받는 이유는 무엇일까?

그것은 애니메이션에 원작을 제공하고 있는 만화의 저변확대를 말할 수 있다. 많은 사람들이 쉽게 접할 수 있고, 세계 각국의 사정에 따라 변환하기 쉬운 애니메이션이라는 형식으로 일본 만화가 갖는 줄거리의 세계와 캐릭터를 폭넓게 전파하고 있다고 할 수 있다.

제2차 세계대전 이전부터 마사오카 겐조(政岡憲三), 세오 타로(瀬尾太郎)와 같은 작가에 의해 일본 애니메이션은 제작되었다. 그리고 전후 도에이도우가(東映動画)의 <백사전(白蛇戦)>으로 시작된 극장용 장편 애니메이션은 디즈니의 명작을 답습함으로써 예상을 뛰어넘어 전 세계에 개봉되었다. 그러나 디즈니의 명작과는 달리 독자적인 연출방법을 확립하고 독창적인 캐릭터와 스토리로 뛰어난 현대 일본 애니메이션의 기초를 만든 것은 <우주소년 아톰>으로부터 시작된 TV애니메이션이었다.

디즈니 애니메이션을 동경한 데즈카 오사무(手塚治虫)는 TV애니메이션 <우주소년 아톰>을 제작할 때, 셀화의 장수를 줄이고 동일한 액션을 반복사용하는 등, 그림에 생명을 불어 넣는 애니메이션의 미학으로 줄거리와 드라마를 효율적으로 보이도록 하는 방법을 선택했다. 제작비를 줄여 공급을 유지할 수 있도록 다양한 아이디어를 사용해 움직이지 않는 그림을 움직이도록 보이게 하거나 짧은 쇼트를 겹치게 하는 등, 연출을 통해 독자적인 영상을 구축하게 되었다.

<우주소년 아톰>의 대히트는 <철인 28호><8맨(에잇맨)> 등, SF애니메이션 시대를 만들었다. 캐릭터상품의 개발, 스폰서와의 제휴 등, TV애니메이션의 시스템도 정리되어 갔다. 1960년대 당시 애니메이션의 대부분은 만화를 원작으로 한 것이었다. SF애니메이션에 이어 소녀용 <요술공주 새리>, 순진한 귀신이 주인공인 <귀신Q타로>, 진정한 야구인을 동경하는 야구소년을 그린 <거인의 별> 등 많은 히트작이 나오는 등, TV애니메이션은 만화를 모체로 다양화되었다. 이렇듯 일본애니메이션은 인기만화가 TV애니메이션으로 제작되면서 폭넓게 정착했다.

2003년 제75회 장편애니메이션 아카데미상을 수상한 <센과 치히로의 행방불명>으로 일본의 애니메이션은 세계적인 주목을 받았다. 그러나 이전부터 일본 애니메이션은 일본작품이라는 것이 알려지지 않은 채 세계 각국에서 방영되어, 전 세계 어린이들에게 즐거움을 주었고, 90년대에 들어서는 전 세계에 일본 애니메이션의 열성팬이 생기기 시작했다. 미국에서는 <우주소년 아톰>이나 <스피드레이서> 등 초기의 TV애니메이션은 이미 옛날의 그리운 영웅이 되었다. <알프스소녀 하이디>나 <캔디>가 유럽에서 방영되었으며, 스페인에서는 <마징가 Z >가 90%에 가까운 시청률을 기록한 전설도 있다. <캡틴 츠바사>로 축구에 매료되었다는 축구선수의 이야기가 나오기도 하고, 재작년에는 독일에서 방영된 <세일러문>의 선풍적인 인기로 독일에서 일본 애니메이션 붐을 일으키기도 했다.

<도라에몽>이나 <드래곤볼>은 아시아 각국에서 디즈니에 버금가는 지명도를 갖고 있다고 한다. 또 오토모 가즈히로(大友克洋)의 <아키라>, 시로우 마사무네(土郎正宗)의 <공각기동대> 그리고 <신세기 에반게리온> 등, 근미래를 그린 사이버펑크적인 애니메이션은 <매트릭스>를 비롯한 영화세계에도 영향을 끼치고 있다. 게임과 함께 출시된 <포켓몬스터>가 미국에서 대히트했던 것이 기억에 새롭고, 지금도 수많은 애니메이션이 수출되고 있다. 그리고 일본에서는 매주 50~60여개 이르는 애니메이션이 끊임없이 제작되고 있다고 한다.

<우주소년 아톰>은 현대 일본 애니메이션의 원조격인 작품으로 지금도 리메이크작품이 TV에서 방영중이다. 1970년대에 접어들면서 나가이 고우(永井 豪)의 <마징가 Z >가 히트하고, 업계에는 완구회사가 캐릭터를 상품화하여 애니메이션의 대형 로봇이 만들어지는 독자적인 경향이 생긴다. 이런 경향은

애니메이션 원작을 만화에 의존하지 않고 오리지널작품을 만드는 경향을 낳았다. 이렇게 대형 로봇들의 싸움을 그린 SF액션물이 줄지어 제작된 70년대 중반, 애니메이션 세대들의 흐름을 결정지은 작품 <우주전함 Ｖ호>가 발표된다.

청년기에 들어선 애니메이션 세대들로부터 인기를 얻은 이 작품은 SF붐을 일으키고, 애니메이션 잡지 창간을 자극하는 등, 이전에 어린이들의 전유물이었던 애니메이션을 보다 폭넓은 층에 어필하게 된다. 이 때 새롭게 제작된 것이 SF애니메이션 <건담>이었다.

복잡한 줄거리, 청춘스토리, 철학적인 테마, 애니메이션은 만화보다 10년 늦게, 청년층을 대상으로 한 세계까지 그리기 시작한다. 이는 <전설거인 이데온> <장갑기병 보톰스> <다구람> 등 80년대 들어서도 계속된다. 이런 오리지널 애니메이션의 전성시대는 80년대가 지나면서 막을 내린다.

히트한 만화를 원작으로 한 <우루세이 야츠라> <터치> <변덕스러운 오렌지로드> 등의 애니메이션이 다시 큰 인기를 끌었기 때문이다. <닥터슬럼프>가 대히트한 것도 애니메이션계에서 만화를 재조명하게 된 계기가 되었다. 80년에는 <도라에몬>의 극장용 장편 애니메이션도 공개되었다.

만화잡지의 주류였던 「소년점프」의 작품을 애니메이션화 한 <캡틴 츠바사> <세인트 세이야> <근육맨> 등이 인기를 끌었고, 한편으로는 오토모 가츠히로(大友克洋)의 <아키라> 등 새로운 스타일의 만화를 애니메이션화 한 것도 생겼다. 그리고 80년대 중반, 애니메이션은 만화처럼 세대의 폭을 넓히고 다양화하게 된다. 남녀노소 모두가 즐길 수 있는 다양성을 가진 작품이 생겼다.

이들에게 원작을 제공한 것은 이전보다 더욱 다양화되고 스타일을 개선한 만화였다. 디즈니와 같은 해외 애니메이션이 건전한 아동용 작품, 실험적이고 예술적인 작품만을 만든 반면, 일본 애니메이션은 성인들을 대상으로 한 줄 거리에 무게를 둔 상업적 영상물로 새로운 애니메이션 팬을 확보하게 된다. 단순한 권선징악이나 도덕적인 테마를 다룬 교육적인 내용을 배제한 일본 애니메이션 드라마는 사람들에게 새로운 매력과 가능성을 낳게 된다. 또, 오토모 가츠히로나 시로 마사무네 등이 발표한 질 높은 작품들은 사이버펑크(가상세계인 사이버공간과 비행청소년을 뜻하는 펑크의 합성어)적인 예술로서 사람들에게 각광을 받게 된다.

또 <루팡 3세, 카리오스트로의 성>로 주목받은 미야자키 하야오(宮崎 駿)의 <바람계곡의 나우시카>, 오시이 마모루(押井 守)의 <우루세이 야츠라2, Beautiful Dreamer> 등은 애니메이션 매니어들에게 인기를 얻은 작품으로, 애니메이션 작가들도 관심을 갖게 된다. 상업성과 예술성, 양면에서 일본 애니메이션은 90년대에 새로운 주목을 받게 된다.

5. 변화를 거듭한 일본 애니메이션

일본 내의 애니메이션의 다양화와 성숙에 비해, 좀처럼 수출로 이어지지는 못했다. 성적인 장면뿐 아니라 폭력적인 장면이 사용된 일본 애니메이션은 해외에서 「아동용」으로는 부적절하다고 인식되었기 때문이다. 각국의 다양한 방송기준 속에서 삭제와 수정을 거쳐 소개된 작품도 있지만, 대부분 일본 국내에서 소개되는데 그쳤다. 아직도 「성인용 애니메이션」이라는 장르는 해외에서는 인정받지 못하고 단지 마니아용으로만 유통되고 있다.

국제적인 언어와 표현법으로 알려진 애니메이션은 수많은 가능성을 지닌 채, 언젠가 해외에 소개될 기회를 기다리고 있다. 애니메이션의 가능성과 표현의 자유에 대한 확신이 일본 애니메이션을 여기까지 발전시켰다고 할 수 있다. 일본 애니메이션은 매력적인 캐릭터와 다양한 장르, 그리고 줄거리를 갖고 있다. 빠른 연출과 다양한 표현 등, 영상적인 면에서도 뛰어나다. 그것이 일본에서 애니메이션 팬을 확보한 이유이지만, 보다 재미있게 새로운 가능성을 추구하는 팬들의 요구에 제작사들이 보답하는 것이야 말로 보다 밝은 미래를 내다볼 수 있는 일본 애니메이션의 원동력이 될 것이다.

 ## 6. 애니메이션의 원점은 일본의 전통미술에 있었다

애니메이션은 자랑스러운 일본의 문화중 하나이다. 그 원점으로 거슬러 올라가면 만화, 풍속화, 그리고 12세기의 두루마리그림으로 연결된다. 일본의 애니메이션에는 그림으로 이야기를 전달해 온 일본미술의 전통이 그대로 살아 있다.

일본인들은 오래전부터 만화에 친숙해져 있었다. 12세기에 그려진 두루마리그림 <쵸쥬진부츠기가(鳥獸人物戲画)> 갑권(甲巻)의 간략, 과장된 표현법은 오늘날의 만화와 다름없다. 만화는 두루마리그림과 같이 손으로 그려져 왔지만 에도시대(1603~1868)가 되면서 목판기술의 발달에 따라 판본판화로서 나오기 시작했다. 에도시대 중기인 1720년, 오사카에서 만화의 목판 인쇄본이 출판됐다. 상품으로서의 만화가 등장한 셈이다. 일본은 아시아에서 가장 오래전부터 서민이 만화를 즐기는 나라가 된 것이다. 만화는 그림을 간략, 과장된 표현법으로 보여 주는 기술이지만 여기에 「움직임」을 표현하는 기술이 더해져, 그 표현력을 더욱 풍부하게 넓혀 왔다. 이런 점은 만화가 애니메이션의 원점이라고 할 수 있다. 그런 일본인들의 그림을 움직이게 하고자 하는 충동을 느낄 수 있도록 해주는 예를 몇 가지 소개하고자 한다.

(1) 두루마리그림

<신기산엔기에마키(信貴山緣起絵巻)>(12세기중반)은 소묘렌(僧命蓮)이 날린 신비한 힘을 가진 화분이 만석꾼의 곡창(穀倉)을 산 위로 옮기는 장면, 쌀가마니가 날아가는 장면 등의 동적인 묘사가 보인다. <반다이나곤에코토바(伴大納言絵詞)>(12세기말)도 오텐몽(応天門)의 화재장면, 화재에 놀란 100여명에 이르는 군중들의 표정, 도망가는 사람들 등에 대한 묘사에서 현장감과 약동감을 느낄 수 있다. 오른쪽에서 왼쪽으로 이야기가 전개되는 그림의 흐름도 동적이다.

<신기산엔기에마키>에서 만석꾼의 집에 쌀가마가 돌아오는 장면의 두루마리그림은 오른쪽에서 왼쪽으로 이야기가 전개된다. 승려가 여자아이에게 문자를 가르치는 평화로운 일상, 여자들이 뭔가를 알아차리고 놀라는 모습, 쌀가마가 하늘에서 떨어지는 기적이 시간과 공간을 초월하면서 그려져 있다.

(2) 그림자 놀이

인간, 동물, 그릇 등의 모양을 오려낸 그림을 손가락에 끼우거나 대나무로 다리를 만들어 붙이거나 해서 만든 것들을 등불에 비춰 그림자놀이를 하는 놀이가 에도(江戸)중기인 1750년대부터 행해져 왔다. 그림에 움직임을 주는 재미가 더해졌다.

(3) 〈호쿠사이망가(北斉漫画)〉

일본에서 가장 유명한 우키요(浮世)그림 화가인 가츠시카 호쿠사이(葛飾北斉)에 의해 1814년부터 1878년에 걸쳐 간행된 〈호쿠사이망가(北斉漫画)〉 15편에는 4,000장 이상의 그림이 수록되어 있고, 그 그림 중에 「스즈메오도리즈(雀踊図)」(3편) 「야리노케이코즈(槍之稽古図)」(6편) 「부레이코즈(無禮講図)」(8편)는 몸과 근육의 움직임 등을 과학적으로 분석해 그려내고 있다.

1920년 전후에 발표된 〈영화소설 온나햐쿠멘소(女百面相)〉에서는 오른쪽 페이지에 소설을 쓰고, 왼쪽 페이지에는 같은 내용의 4토막짜리 만화가 그려져 있다. 영화의 영향을 받아 만화로 이야기를 전개하는 양식이 생겼다.

일본인은 900년 전부터 동적표현을 두루마리그림 속에 그렸고 그 명맥은 우키요(浮世)그림 화가들을 거쳐, 시모카와 헤코텐(下川凹天) 등의 근대 만화가들에게 계승되어 1920년대부터 그들의 애니메이션 제작으로 이어지게 되었다.

7. 일본속의 만화 문화

(1) 야오이

야오이란 동인지 소녀들이 '아니패로(아니메 패로디)'를 자조적으로 칭한 조어로서 야마나시(주제없음), 오치나시(소재없음), 이미나시(의미없음)의 첫 자를 따서 만든 말이다. 야오이물은 대개 기성의 만화영화나 만화중의 소년 캐릭터를 게이 커플로 설정한 연애이야기를 다룬다. 방법론으로는 여성역할을 한다든지, 남성역할을 한다든지 커플링 방법에 따라 파가 있다.

독자와 창작자가 서로 알고 있는 캐릭터와 설정을 사용하는 것이기 때문에 짧은 길이에 스토리가 없더라도 만화를 그릴 수 있다는 편이성이 있어서 동인지계에서는 86년부터 성행하였다.

(2) 오타쿠

오타쿠란 말은 84년 '만화 브릿코'지에서 만화와 만화영화, SF 등의 팬 중에서도 별로 가까워지고 싶지 않은 특수 타입의 마니아를 표현하는 말로서, 마니아들 사이에서는 무례할 정도로 가까우면서도 확실히 커뮤니케이션도 되지 않고 세부적인 정보에 집착하는 거머리 같은 타입을 말한다.

오타쿠란 말이 생긴 후에는 아니메 T셔츠+G팬(진바지)을 입고 다니는 촌스러운 패션을 '오타쿠 패션'이라고 부르고 '오타키'라고 부르는 경우도 생겨났다.

하지만 89년 오타쿠에 의한 엽기살인사건 때부터 오타쿠란 말은 언론에 의해 좀 더 넓은 의미를 갖게 되었다. 그래서 요즘에 들어서는 만화, 애니메이션을 비롯해 일반인으로부터 볼 때는 좀 애들스러운 취미에 마니아에 집착하는 층 모두를 일컫는 말로 바뀌게 되었다.

최근 몇 년 전부터는 컬렉터와 마니아에 대한 긍정적인 시각과 평가가 이루어짐에 따라 오타쿠의 부정적 이미지도 희석되고 있고 90년대의 새로운 소비자층, 정보화 사회의 크리에이티브한 뉴 타입으로 취급되는 일도 있다.

(3) 고스프레

고스프레는 고스플레이라고도 불리는데 '복장, 의상, 풍속의상, 시대의상(특

수한, 연극의)의상을 입히다' 등의 뜻을 가진 'COSTUME'과 '놀다, 장난치다, 게임을 즐기다'란 뜻을 가진 'PLAY'와의 합성어이다. 이 것은 청소년이나 마니아들 사이에 크게 유행되고 있는 또 하나의 만화문화로서 좋아하는 게임이나 만화 속 캐릭터의 복장을 입고 말 투나 행동을 따라하는 것이다.

일본 고스프레의 역사는 80년까지 거슬러 올라간다. 80년대 봉제 인형, 밀리터리 등 여러 가지 비일상적인 패션이 축제의 장을 이루 는 코미케가 전개되고 각 미디어가 이것을 소개하게 됨으로써 사람 들에게 많이 알려지게 되었다. 고스프레는 동인지 이벤트에서의 만 화, 애니메이션, 게임 등의 캐릭터 가장이 원래의 의미이지만 이 동 인지용 단어가 92년쯤에는 일반지의 SM 패션이나 기괴한 옷에까 지 적용돼 性感고스프레 같은 풍속용어로까지 발전하게 되었다.

(4) 만화 동인지

만화는 독자와 창작자가 아주 가까운 표현인 만큼 프로 예비군이나 취미 로 그리는 층이 수십만이라고도 일컬어지고 있다. 이런 아마추어 창작자의 많은 수가 만화연구회와 팬클럽 활동 등을 하고 있고, 이런 서클들이 발행하 는 작품집, 연구지 등을 만화동인지라고 한다. 일본에는 거의 모든 대학이나 고등학교에 만화연구회와 애니메이션연구회가 있어 전국적으로 이런 서클의 수는 5~6만이 된다고 한다.

동인지에서는 여러 만화문화가 파생되기도 했는데 로리콘(소녀애), 야오이(호 모 애니메이션 패러디), 고스프레 등이 모두 여기서 생겨난 것이다.

(5) 만화문고

일본에서만 찾아볼 수 있는 만화문화 중 독특한 것으로 만화문고의 존재를 들 수 있다. 만화가 어린아이들이나 보는 유치한 것으로 여겨지는 우리나라에서는 보기 힘든 일이다. 저질이고 유치하다고 여겨지는 만화를 누가 문고판으로 구입할 것인가?

일본에서는 75년쯤에 처음 만화문고 붐이 일었다. 이때는 2차 대전 이전의 고전부터 60년대의 작품까지가 명작문학노선처럼 취급돼 일시에 넘쳐났다. 이 붐은 3년 정도에 끝나고 80년대 들어서는 문고판이 거의 나오지 않게 되었다.

하지만 94년 들어 아키다서점이 만화문고 '블랙잭'(데즈카 오사무)을 펴낸 것을 시작으로 94년 봄부터 여름에 걸쳐 각 회사들이 모두 만화문고를 창간했다. 연말에는 고단샤도 참가해 95년에는 서점에 만화문고가 넘치게 되었다. 이때 나오게 된 작품들은 예전의 붐 이후에 나온 70~80년대 작품 중심으로 가볍게 읽을 수 있는 엔터테인먼트 지향이라는 특징을 가진다. 하지만 데즈카 오사무의 작품이나 <사자에상>, <베르사유의 장미> 등 고전적 명작이라고 불리는 것도 있다.

(6) 만화비평

일본 출판의 40%를 차지하고 있는 게 만화이지만, 만화라는 장르가 원래 알기 쉬운 재미가 장점이고 개인적인 해석이 이뤄지고 있어서 평론이 이루어지기 힘들었다.

만화는 초기에는 교육관계자에 의해 연구가 시작되었고 70년대에는 미술, 영화평론가의 평론이 간간히 이루어졌다. 그리고 80년대 들어서야 겨우 만화세대의 논자가 등장하게 되었다.

93년의 <기야가의 비밀>을 계기로 한 <수수께끼 책 붐>은 많은 만화관계자를 범람시켰지만 95년에는 진정되었다.

(7) 만화 고서점

95년 시부야에 만다라케(まんだらけ：만화전문 고서점) 2호점이 개점했다. 고스프레를 한 점원 등이 화제를 모아 매스컴에 소개됐으며, 이에 만화전문 고서점이 곧바로 각광을 받게 되었다. 또 TV '개운! 뭐든지 감정단'에서 만화를 보물취급 한 것도 고서점의 성행에 힘을 빌려주었다.

(8) 만가재팬

만가재팬은 기성 만화가들의 단체로서 93년 12월에 발족하였다. 만가재팬 이전에 만화가 단체가 없었던 것은 아니다. 2차 대전 이전부터 컷 만화가들을 중심으로 한 친목단체 '만화집단'이 있었고, 64년에 설립된 '일본 만화가 협회' 등이 있었지만 젊은 만화가나 스토리 만화가의 가입은 적었다. 거기 대신할 새로운 단체로서 93년 12월 '만가재팬'이 발족한 것이다.

만가재팬은 저작권, 캐릭터권 등을 포함해 내외를 묻지 않는 만화가의 권리를 지킬 것, 문화로서의 만화의 계승, 발전, 자료관의 정비 등을 활동의 축으로 할 것을 결정했다. '유해' 코믹 문제에 대해, 표현의 자유란 입장으로 맞선 것도 이 단체로부터 나온 것이다.

 ## 8. 재패니메이션의 성공 요소

가. 방대한 수요층의 존재

일본 애니메이션의 수요층에는, 어린이에서 50대 층에 이르는 엄청난 수의 만화 독자층 저변이 존재하고 있다. 일본에서는 만화가 더 이상 우리나라처럼 단순한 어린이들의 관심분야가 아니라 어른들도 즐겨 읽으며 폭넓게 사랑받고 있다. 상당 수 일본 현대문학의 선두주자들도, 어린시절 읽은 만화에서 문학적인 것들을 많이 얻었다고 밝히고 있다. 일본에서 하루에 발간되는 만화잡지와 만화 단행본은 평균 570만권이며, 연간으로는 20억원이나 되며 가장 인기 있는 만화 주간지인 <소년 점프>의 발행부수는 매주 평균 600만부에 달하며, 인기작품의 경우 총 발행부수가 1000만부를 넘는 만화도 허다하다고 한다.

나. 만화가의 두터운 저변과 치열한 경쟁구조

일본에서 만화는 한국처럼 음성적 하위문화가 아니라 다양한 중심문화이며 어느 의미에서는 시대를 리드하는 매체로 자리매김하고 있다고 평가할 수 있다. 만화가가 사회적으로 존경받는 직업으로 자리 잡았고, 일본 사회에 큰 영향을 미치는 그룹으로 인식되고 있으며, 또 이들 중 일부는 인기 연예인 못지않은 고액 소득자 대열에 합류한 상황이다. 이에 많은 만화전문학원들이 프로 만화가나 애니메이터가 되려는 젊은이들로 성황을 이루고 있다.

일본 최대의 만화 전문 학원인 요요기애니메이션스쿨은 철저한 실습 위주의 교육을 실시하고 있으며 매년 4000~5000명의 졸업생을 배출하고 있는데, 이들 가운데에서도 수천 대 1의 경쟁을 뚫어야만 살아남을 수 있는 만화 시장의 무한 경쟁 시스템이 우수한 애니메이션 작품을 만들어 내는 활동력이라는 분석이 있다.

다. 열악한 제작 환경을 오히려 발전의 계기로

일본은 미국 애니메이션 산업의 1/3에도 못 미치는 제작비로 작품을 완성시키기 위해 컷의 수를 줄일 수밖에 없었다. 그 결과 미국 애니메이션 장면 전환이 전반적으로 매끄럽고 부드러운 느낌을 주는데 비해 일본 만화는 속도가 빠르고 직선적인 느낌을 주며, 자극의 정도가 미국만화보다 훨씬 컸다.

그러나 이것이 오히려 세계시장에서 열광적인 반응을 얻었고 일본식 애니메이션이 세계시장에서 우뚝 솟아오르게 되는 원인이 되기도 했다.

라. 신선한 메시지 전달에 성공

디즈니 애니메이션이 주로 고전 동화가 아니면 'American Dream'이나 미국 제일주의에 바탕을 둔 것에 주력하고 있는데 반해, 재패니메이션은 자연파괴 및 환경오염의 고발 등 전 세계 인류가 공감할 수 있는 보편적 메시지를 전하는데 성공하였다.

또 이야기 구성상으로는 고전동화가 주류를 이루던 세계시장에서, 주인공이 온갖 어려움을 물리치고 성공을 거두는 일본 애니메이션의 전형적인 내용도 세계적인 히트 요인으로 작용하였다.

마. 선정적이고 자극적인 구성

일본 애니메이션은 디즈니 작품보다 훨씬 더 자극적이고 선정적인 화면으로 시청자들의 눈길을 사로잡는 경우가 많다. 최근에는 자극성을 더욱 높이기 위하여 화면에 과다한 빛과 광선효과를 넣는 등, 재패니메이션의 부작용도 적지 않은 것으로 알려졌다.

1997년에는 TV용 애니메이션 '포켓몬'을 시청하던 어린이들이 집단 발작 증상을 일으켜 입원하는 등 사회적으로 물의를 빚기도 하였다.

바. 일본은 고도의 미디어 믹스 전략을 병행

이 미디어믹스 전략은 일본 내에서도 각 출판사의 대표작에 한해서만 실시할 정도로 비용이 많이 드는 대신 그만큼 성공 확률이 높다.

일본은 풍부한 자본력과 일본 내에서 축적한 경험을 바탕으로 이 미디어 믹스 전략을 동남아국가에 그대로 응용, 톡톡히 재미를 보았다.

미디어믹스 전략의 선두주자는 '드래곤볼'이고 만화는 물론 만화영화, 비디오, 게임, 캐릭터 사업으로도 큰 성공을 거둔 대표적인 예에 속한다. 드래곤볼은 또한 최근 '스타워즈'시리즈를 끝낸 루카스 필름에서 영화화할 계획이 있다고 하니 그에 따르는 수입도 막대하리라 예상된다.

▌ 미타카노모리(三鷹之森) 지브리 미술관 ▌

도쿄도심에서 조금 서쪽에 있는 미타카시(三鷹市)에는 애니메이션 캐릭터 「도토로」가 입구에서부터 맞이해 주는 곳이 있다. 「미타카노모리 지브리미술관」이다. 관장은 <센과 치히로의 행방불명>으로 제75회 아카데미상 장편애니메이션부문을 수상한 미야자키 하야오(宮崎 駿)감독이다. 입구에는 미야자키의 「지브리미술관은 동화세계로 가는 입구입니다. 동화의 주인공은 바로 당신입니다.」라는 말이 적혀있다.

여기는 미야자키와 동료들이 설립한 애니메이션제작사 「스튜디오 지브리」의 애니메이션 세계를 체험할 수 있는 미술관이다. 미로와 같은 관내를 걸어다니고 전시품도 만져보고 갖가지 놀라움이나 새로운 발견과 만나면서 애니메이션의 재미를 몸으로 실감할 수 있게 되어있다. 문을 열면 거울에 비춰진 자신이 있기도 하고, 생각지 못했던 지브리작품의 캐릭터가 숨겨져 있기도 하고, 돌바닥에는 생각치도 못했던 삼엽충 등의 화석이 새겨져 있기도 하다. 미야자키가 말하는 대로 찾는 사람들이 동화의 주인공이 될 수 있는 미술관이다.

그 중에서 아이들에게 가장 인기 있는 것은 2층에 있는 거대한 봉제완구 「고양이버스」다. 뛰고 구르고 꼬리를 당기기도 하고 마음껏 고양이버스의 승차감을 즐길 수 있다. 옥상에 처박아둔 듯한 「로봇병사」 앞에는 기념사진을 찍는 사람도 많다.

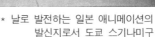
* 날로 발전하는 일본 애니메이션의 발신지로서 도쿄 스기나미구

상설전시실의 「영화가 태어나는 곳」에는 영화의 자료나 부속품, 쓰다만 밑그림 등이 널려있는 책상이 마치 미야자키가 일하는 도중의 모습처럼 놓여져 있어 그가 아이디어를 짜내는 고통스런 모습을 어렴풋이 느낄 수 있다. 또 지하의 영사실 「도세이자(土星座)」에는 오리지널 단편 애니메이션의 시사회도 열리고 있다.

입관은 예약제로 하루 2,400명까지 600명씩 4회로 나누어 입관한다. 입장자를 한정하는 이유는 충분히 미술관을 탐험할 수 있도록 하기위한 배려 때문이라고 한다.

아래그림 왼쪽/구립 스기나미 애니메이션 자료관. 애니메이션의 제작과정을 알기 쉽게 설명하고 있다. 월요일 휴관.
아래그림 오른쪽/스기나미브랜드 제1회작품〈잘가라, 미도리가이케야〉의 한장면. 비디오, DVD도 판매하고 있다.

5조엔 규모라고도 하는 일본의 애니메이션산업, 약 440여개사의 제작사 중 약 80%가 도쿄에 모여 있다. 그 중에서도 서부 스기나미구(杉並区)에는 애니메이션의 여명기부터 있었던 제작사가 많고, 바로 옆의 네리마구(練馬区)와 합치면, 일본 애니메이션 제작사의 반수를 넘는다고 한다.

2000년 스기나미구는 「애니메이션은 구의 지역산업」이라는 발상에 애니메이션산업을 지원하기 위해 제작사와 협력해 「애니메이션의 숲, 스기나미구상」을 시작했다. 매년 1회의 「애니메이션 페스티벌」의 개최와 구내 소중학생의 제작사의 견학 등을 통해 구민이 애니메이션산업에 친숙할 수 있도록 노력하고 있다.

또, 인재육성에도 적극적으로 참여하기 시작해 2002년에는 애니메이션 작가지망생들이 제작사에서 반년간의 연수를 할 수 있는 「애니메이션타쿠미쥬크」를 발족했다. 이 밖에도 2003년 7월에는 구내의 제작사가 공동으로 「스기나미 브랜드」로서 만든 최초의 오리지널 애니메이션 영화 <잘가라, 미도리가이케야!>가 완성되었다.

이와 함께, 애니메이션을 기간산업으로, 나아가서는 문화로서 육성하기 위해 자료수집부터 연구, 인재육성 등도 벌이는 「애니메이션 아카이브」의 설치를 정부에 호소하고 구내 시설유치를 진행하고 있다. 스기나미구는 애니메이션산업의 발신지로서 오늘도 새롭게 거듭 태어나고 있다.

* 애니메이션 팬의 저변을 넓힌 연2회의 축제 – 코믹마켓(만화시장)
  매년 8월과 12월 게임, 애니메이션, 창작만화를 하루씩 번갈아가며 3일간 개최.

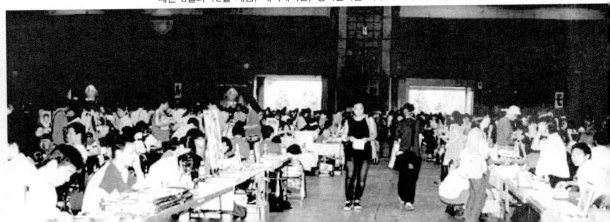

2003년 8월 도쿄 빅사이트에서 통산 64회째의 코믹마켓(약칭 코미케, 코미케토)이 개최되었다. 축구경기코트 12개 면적이 들어갈 만한 거대한 회장에 참가한 서클수는 3만 6,000서클, 방문자 수는 46만, 불과 3일간의 모임이라고는 생각할 수 없는 동원수다.

회장에는 만화와 애니메이션관련 개인지, 동인지를 비롯한 상점이 비좁게 줄줄이 들어섰다. 진지한 표정으로 책을 구입하는 사람이나 즐거운 표정으로 출전자와 이야기를 나누는 손님 등으로 큰 성황을 이룬다.

대성황을 이룬 코미케가 처음에 열린 것은 1976년, 도쿄도내의 회장에 모였던 서클은 32개, 방문자는 700명 정도였다고 한다. 27년 만에 만화와 애니메이션은 확실하게 시민권을 얻은 것이다.

눈에 불을 켠 46만 여명의 사람들이 방문하는 코미케는 「축제」이기 전에 작품에 담긴 사상이나 기술을 시험해 보는 장소이기도 하다. 그리고 이런 거듭된 노력은 만화와 애니메이션의 저변을 넓히고 작가를 길러낸 요람이 되어 왔다.

2. 100년의 역사, 일본영화

4단계에 걸친 일본 대중문화 개방조치로 일본영화나 음악이 더 이상 낯설지 않다. '1998년 한국에서 일본 영화 해금, 「쉬리」 일본에서 관객 백만 명 돌파' 등 우리나라에서의 일본 영화에 대한 관심은 어느 때보다도 뜨겁다. 「우나기」, 「쉘 위 댄스」, 「바람계곡의 나우시카」, 「러브 레터」 등은 국내에 개봉되어 많은 관객의 호응과 찬사를 받았다. 일본의 정치・사회・문화적 배경 속에서 작품과 인물들이 어떻게 일본 영화를 발전시켜 왔는지 살펴보자.

1. 일본 영화의 역사

일본에 영화가 처음 들어온 것은 1897년의 일이었고, 1899년에는 최초의 실사영화(實寫映画)를 만들었다. 오늘날의 일본영화가 그 제작편수에서는 적어도 미국・인도와 더불어 3대 양산국(量産国)에 속하지만, 대외적으로 주목을 끌기 시작한 것은 1950년대에 들어와서 부터이다.

(1) 태동기(탄생~30년대) : 무성영화 & 토키 영화 시대

일본에 처음으로 영화가 수입된 것은 1896년 11월로 작은 구멍으로 한 사람이 들여다보는 방식의 '키네토스코프'라 불리는 것이었다. 스크린에 영상을 영사하는 '시네마토그라프'가 을 발명한 지 2년 후인 1897년 가부키좌의 뒤뜰에서 촬영한 <단풍놀이>로 일본영화가 탄생하게 되었다.

일본영화만의 독특한 형식으로 영화설명자라고 할 수 있는 변사를 들 수 있는데 1930년대 토키영화가 탄생하기까지 변사는 분라쿠와 가부키라는 일본 전통극의 영향을 받아 하나의 예(芸)로서 무성영화시대에 일본영화의 독특한

문화를 형성했다고 할 수 있다. 변사제도는 한국과 대만, 태국 등에도 영향
을 미쳤다. 세계 영화가 무성영화시대에서 토키 시대로 급전환하기 시작했을
무렵 일본 역시 토키 시대의 막이 열리기 시작했다.

1931년 최초의 완전한 토키영화 <마담과 아내(감독 : 고쇼 헤이노스께)>가 발표
되었고, 스튜디오는 서서히 각자의 특색을 드러내기 시작한다.

도시파 쇼치쿠(松竹)는 도시풍의 일상에 지친 소시민들을 주제로 그들에게
웃음과 희망을 주는 영화를 주류로 하였고, 오즈 야스지로의 <젊은날>, <싸
움친구> 등이 여기에 속한다.

(2) 성장기(1940년~50년대) : 극영화 황금시대

전후 미군점령의 종결과 함께 일본영화는 바야흐로 황금기를 맞이하게 된
다. 또한 민주주의의 영향으로 노동조합이 생기기 시작하면서 한쪽에서는 본
격적인 독립 프로덕션 시대가 시작되는 등, 이 시기는 일본영화가 시스템이
나 내용 면에서 보다 다양해지는 계기가 되었다고 할 수 있다. 앞서 언급했
던 것처럼 1930, 40년대에 하나 둘씩 생기기 시작한 영화사들은 1950년대에
들어와 도호, 쇼치쿠, 도에이, 신도호, 니카츠, 다이에이의 6대 메이저시대에
들어간다. 일본의 스튜디오 시스템은 각 영화사마다의 특징을 개발하여 서민
극의 대가라고 할 수 있는 '오즈 야스지로(小津安二郎)'와 시대극의 대가로 불
리는 '미조구치 겐지(溝口健二)' 등의 거장들을 배출했다. 오즈는 다다미쇼트
라 불리는 일본만의 스타일을 개발했고 미조구치는 롱테이크로 대표되는 일
본 특유의 영화미학을 발전시켜 나갔다.

막대한 제작비가 들어가는 시대극이 발달할 수 있었던 것도 스튜디오의
힘이다. 이것이 극명하게 드러난 것이 바로 1951년에 구로사와 아키라(黑澤
明)가 <라쇼몽>으로 베니스 영화제 그랑프리를 받은 일이다.

영화 <랴쇼몽>은 아쿠다가와 류노스케의 단편 <숲 속>과 <라쇼몽>을 각색한 작품으로 사무라이의 아내가 산적에게 강간당하고 사무라이는 살해당한 사건을 한 나무꾼이 교토의 라쇼몽이라는 문 앞에서 회상하는 것으로 시작한다.

사건에 관계된 4명의 인물들의 진술을 따라가는 플래쉬백은 각자의 시점에서 각기 다른 진실을 말한다. 당시로서는 매우 실험적인 내러티브를 통해 구로사와 아키라는 인간의 이중적인 심리와 진실의 상대성을 보여주고 있다.

일본 영화계의 거목 오즈 야스지로

50년대는 일본영화가 국제영화제에서 매우 두각을 나타내던 시기다. 아마 그로 인해 한동안 서양인들은 동양영화=일본영화의 인식을 가지고 되었고, 또 영화제에도 일종의 흐름이 있어 일본 다음으로 중국(대만 포함)영화에 지대한 관심을 가졌고, 요즘은 한국영화에 상당한 관심을 가지고 있는 것으로 보인다.

미조구치 겐지는 <사이카쿠 일대녀> <우게츠 이야기> <산쇼다유> 등으로 52년부터 3회 연속 베니스영화제 수상을 했고, 기누가사 데이노스케는 54년 칸영화제에서 <지옥문>으로 그랑프리를 수상하였다.

구로사와 아키라의 54년작 <7인의 사무라이>는 후에 수많은 액션 영화의 원형이 되었고, 수많은 리메이크와 아류작을 탄생시켰을 만큼 인기를 끌었다. 대단히 미학적인 화면의 구도와 촬영 뛰어난 캐릭터 등으로 감독의 대표작으로 손꼽힌다.

서부극을 차용하여 일본식 사무라이 영화로 만든 후 다시 헐리우드에서 리메이크한 〈황야의 7인〉
헐리우드의 말도 안되게 리메이크한 〈고질라〉의 원작인 도호영화사의혼다 이시로 감독의 1954년
작 〈고질라〉

(3) 쇠퇴기(1960년~70년대) : 야쿠자, 핑크 영화시대

1960년대 본격적인 컬러 TV방송 시대로 진입과 함께 영화 산업은 사양길
로 빠져들게 되었다. 60년대 중반부터는 야쿠자 영화와 핑크(에로물) 영화가
주류를 이루기 시작한다. 야쿠자 영화는 에도 시대를 전후로 신분 사회의 벽
이 높았던 일본 사회의 특성이 배출시킨 것으로 산업사회인 오늘날에 이르러
서는 폭력적인 성격이 강하다고 볼 수 있다. 또한 야쿠자 영화는 항상 의리
와 인내, 필살, 광기와 같이 어느 한 점을 향해 곧바로 향하는 폭력 지향적
이라는 점에서 outlaw(무법자) 영화의 성격을 띤다.

60년대는 상업적 오락 영화가 절정을 이루는 가운데, 70년대부터 일본 영
화계는 우리에게는 너무나 외설적인 로망 포르노라는 일본적 특성이 강한 핑
크 영화 전성기를 맞는다. 메이저사의 틈새 시장을 노린 중소 군단의 독립프
로덕션이 창출해 내는 일종의 포르노 영화, 그것은 60년대 일본 영화 산업
쇠퇴기 속에서 핑크 영화 도약의 발판으로 작용했다.

　　신인 감독이 로망 포르노류의 영화를 통해 데뷔하는 일이 많았는데 <으랏
차차 스모부> <쉘위댄스>의 소우 마사유키감독도 그 중의 하나이다.

오시마 나기사(大島渚) 감독

이마무라 쇼헤이(今村昌平) 감독

시노다 마사히로(篠田正浩) 감독　　　　스오 마사유키(周防正行) 감독

(4) 새로운 돌파구(1980년대) : 재패니메이션 & 극영화 부흥시대

　　80년대의 일본영화는 헐리우드 영화의 공세에 고군분투하고 있었다. 일본
의 젊은이들은 서구중심의 사고방식을 가지게 되었고, 영화 제작도 이들의
취향에 맞게 따라갈 수밖에 없었다.

　　이런 경향에 맞춰 영화 서클 활동 등을 통해 영화 경험을 익힌 이른바 슈
퍼 8밀리 감독이라고 불리는 새로운 영화광들이 영화계에 대거 입문했다. 개

인이 개성에 따라 영화를 만드는 시대가 온 것이다.

　대표 감독으로는 도적적이고 실험적인 영상을 주목 받은 모리타 요시미츠(森田芳光)의 <가족게임>, 사회의 문제점들을 코미디형식으로 담아낸 이타미 주조(伊丹十三)의 <장례식> <담뽀뽀>이다.

　1980년대 일본 영화의 이미지 미학을 탄생시킨 선구자인 스즈키 세이쥰(鈴木淸順), 가볍지 않은 주제의식과 완성도 높은 아름다운 영상미로 주목 받은 오구리 고헤이(小栗康平) 등이 있다.

　일본 영화사상 구로사와가 일본 극영화의 핵이었다면, 데즈카 오사무는 일본 애니메이션의 핵이라 해도 과언이 아니다. 1980년대에 메이저를 통해 제작된 영화는 40퍼센트에 머물렀고, 독립 인디펜던트 작가의 작품이 60퍼센트를 차지했다. 이런 현상은 기존의 영화사를 중심으로 이루어진 특정한 장르의 영화를 대신하여 이제 개인의 재능에 따라 영화를 다양하게 제작하는 개인 영화 시대가 도래했음을 예고했다. 1987년은 비디오 숍이 폭발적으로 증가하기 시작하고, 1989년에는 신인 감독이 무려 33명이나 배출된 해로서 일본 영화계에 밝은 전망이 보이기 시작한다.

스즈키 세이쥰 감독
<지고이네르바이젠 1980년작>

　(5) 최근 일본 영화계 동향(1990년 ~)

　80년대의 지브리 스튜디오의 미아자키 하야호 등이 활약한 애니메이션은 90년대 들어 재패니메이션이란 단어를 만들며 최고의 전성기를 누린다.

모노노케히메, 97   공각기공대, 95   신세기 에반게리온, 95

또한 90년대에는 예술성과 오락성을 겸비한 신인 감독들이 대거 등장했는데, '일본영화의 뉴웨이브'라고 부를 만큼 신선했다. 하지만 볼만한 영화가 없고, 일본영화산업은 내리막길이라는 비관론 역시 많았다.

90년대는 버블 경제라 불리던 일본 경제가 거품이 꺼지면서 불경기에 들어섰던 시기라 이는 영화제작에도 많은 영향을 미쳤다. 그 결과 메이저 스튜디오에 의한 대작붐은 사라졌어도 개성 있는 영화들이 등장했고, 국제 영화제에서 다시금 주목을 받게 되었다.

당시 신세대 독립 감독들이 잇따라 해외에서 호평을 받았고, 또 하나 관심을 가져야 할 감독으로 <그 남자, 흉폭하다>로 1989년 데뷔한 기타노 다케

(Ⅰ) 1997년에 이마무라 쇼헤이는 <우나기>로 칸 영화제 그랑프리 수상
(Ⅱ) 기타노 다케시는 <하나비>로 베니스영화제황금 사자상 수상

(Ⅰ)   (Ⅱ)   기타노 다케시   영화, 그 남자, 흉폭하다

시(北野武)는 영화 전편을 통해 폭력을 생생하게 보여주면서도 폭력의 격렬함 보다는 폭력의 돌발성과 집요함을 강조하였다.

21세기에 들어서서 일본영화가 크게 변화를 보인 것 같지는 않다. 주목 받는 아시아의 영화로서의 자리는 중국이나 한국에 내어 주었지만 메이저 시스템이 배출한 거장과 인디 감독들이 공존하며 다양한 영화들을 만들어 내고 있다. 스필버그 감독이 스승으로 추앙하는 감독이 바로 구로자와 아키라라는 것은 그저 동양의 노감독에 대한 예뿐만 아니라 그의 앞선 재능을 인정했음일 것이다.

일본도 헐리우드영화의 강력한 영향력 아래 존재하고 있는 것이다. 하지만 뉴웨이브 감독들이 꾸준히 일본 특색이 있는 독특하고도 다양한 소재의 영화들을 만들고 있고 새로운 접근을 시도한다. 야구치 시노부(矢口史靖) 감독의 <워터보이즈, 스윙걸즈>, 이누도 잇신(犬童一心) 감독의 <조제, 호랑이 그리고 물고기들> 등 잔잔하고 조용하지만 차근차근 그 흐름을 이어가고 있는 것을 발견하게 된다.

야구치 시노부 감독

(6) 일본영화의 한국 개방

우리나라에서 일본영화는 1998년도까지 일반 극장에서 정식으로 볼 수가 없었다. 1998년 10월에 이뤄진 일본문화 1차 개방의 결과 처음 한국에 상륙한 일본영화는 <하나비>였다.

4대 영화제 수상작과 한일 공동제작 영화로 한정됐던 문호는 1999년 9월의 2차 개방을 통해 전체 관람가 작품, 공인된 국제영화제(70개 이상)의 수상작으로 넓어졌다.

링, 1998년

1999년 11월, 이미 많은 이들이 비디오로 보던 이와이 슌지(岩井俊二) 감독의 <러브레터>가 정식 개봉했다. 영화 관계자들의 우려를 비웃듯 이 영화는 전국 100만 관객을 끌어들였고, 이로 인해 본격적인 일본 영화 수입이 시작되었다. 2000년 6월, 3차 개방을 통해 성인영화를 제외한 모든 일본 영화는 수입이 가능해졌지만 애니메이션이 아닌 작품은 대부분 그다지 흥행부진을 겪었다. 이는 독도분쟁이나 역사교과서왜곡 등등 한일간의 특수한 역사관계에 기인한 여러 외적 요소들도 무시 못할 것이다. 특이한 것은 일본의 공포영화는 비교적 관심을 끄는 것에 비해 드라마쪽은 한국 관객들의 정서에 맞지 않고 보고 싶다는 동기유발이 적다는 점이다.

3. 세계적인 음반시장, 일본의 대중음악

일본음악이라는 것은 현재에 있어서 이거다 하고 묶어서 규정짓기에는 너무도 방대하고 그 양 또한 실로 엄청나게 많다. 그래서 일본의 현재 음악문화를 간략하게 이렇게 흘러가고 있다는 것만 제시할 뿐이다.

일본의 대중문화 그리고 음악에서의 댄스와 록 문화 그리고 비주얼적인 면을 강조한 비주얼 음악문화들은 현재에 있어서 우리의 귀와 뇌리 속에 실로 엄청난 영향을 미치고 있다. 이런 들려주고자 하는 부분과 보여주고자 하는 부분들이 잘 조화된 어떤 새롭고 개성이 넘치는 일본문화는 앞으로 더욱 발전하며 우리의 문화 속에 서서히 파고 들 것이다.

 ◼ 1. 일본대중음악의 역사

◼ 1940년 이전 ◼

1914년 나카야마 신페이가 작곡한 카츄사의 노래는 일본 대중음악사에서 최초로 등장한 엔카로 톨스토이 원작의 부활을 바탕으로 만든 신파극의 극중 노래이며 레코드로 발매되어 대단한 인기를 누렸다. 1928년부터 종전까지 일본에서 레코드 유행가가 대량 생산되었다. 그리고 영화주제가가 유행하였다. 1920년대에 영화 속의 주제가가 크게 유행하면서 영화는 유행가의 기반이 되었고 1930년대에는 영화주제곡이 한층 더 많이 보급되었다.

* CM송 : 민간방송 시작 후 새롭게 나타나 일상생활과 밀접한 관계가 있어 대중음악에 커다란 영양을 미치고 있다.
* NHK의 고하쿠우타갓센(紅白歌合戰) : 1951년에 시작되어 일종의 가요청백

전으로 남녀 가수 각각 25명씩 선발하여 BEST 50대열에 들어서 출연하게 되면 가수한테 여러모로 이득이 생긴다. 고하쿠우타갓센 무대에 선다는 것은 가수에게 있어 최대의 영광이다.

▌1940~1950년대 ▌

1945년 일본의 패전 후 미국군대가 일본에 상륙하게 되고 자연스럽게 팝송이 불리던 그 시절부터 일본대중음악은 시작되었다. 이때부터 미국 대중음악의 인상적인 멜로디와 일본의 정서가 융합되어 新 엔카가 탄생하였다. 즉 애조띤 독특한 멜로디와 고부시(바이브레이션)라고 하는 가락이 특색이다. 테마 주제는 대부분 슬픈 사랑, 이별, 눈물 등 인생의 그늘진 부분이 많다. 대표적인 가수로는 전설적인 가수이자 한국계 일본인인 미소라 히바리(美空 ひばり)가 있다.

▌1960년대 ▌

* 포크송 : 1964년 도쿄 올림픽 이후 대학생들 사이에 유행하기 시작하였다. 학생운동과 밀접한 관계를 갖고 있어 엔카와 같이 정치와 관련 있는 노래라고 할 수 있다. 또한 60년대 유명했던 비틀즈의 영향으로 포크와 록이 일어나기 시작하였고 수많은 그룹사운드 붐이 일어나기 시작하였다. 사카모토 큐(Sakamoto Q)의 'Sukiyaki'는 일본어로 불렸음에도 미국 빌보드챠트 1위를 기록, 아시아에서는 유례없는 대성과를 기록했다.

▌1970년대 ▌

* 뉴뮤직 : 상업적인 주류가 되어버린 포크를 대신하여 뉴뮤직이 70년대 음악을 주도했다. 1969년 음악잡지 뉴뮤직 매거진이 창간되면서 사용된 단

어이다. 비틀즈와 밥 딜런의 영향을 받아 생긴 새로운 음악이라는 뜻이며 젊은 세대에 어울리는 대중음악이라는 의미도 갖고 있다. 특히 1978년은 뉴뮤직의 해라고 할 정도로 레코드 판매량에서도 전성기를 누린 한해였다. 현대의 가요족으로 안주하기 시작하여 젊음을 읽어 버린 젊은 세대의 노래라는 특징을 갖고 있다.

▌1980~1990년대 ▌

여러 가지 새로운 장르가 각 분야에 생성된 시기이다. 미디어의 발달과 CD등장, 그리고 가라오케의 등장으로 듣는 노래에서 부르는 노래로 변했다. 여기에는 대중이 따라 부르기 쉽고 기억하기 쉬워야 한다는 조건이 따른다. 80년대를 시작한 가수로는 전자사운드그룹인 Y.M.O, TMN이 먼저 탄생되었고 가라오케의 일반화로 아이돌 그룹(소녀대, 소년대 등)이 대거 등장했다.

또 한편에는 80년대 버블경제로 암울한 사회를 비판하는 로큰롤, 펑크, 하드록 등이 록에서 한층 폭 넓어진 새로운 사운드를 보여주기 시작했다. 이 당시 록의 X-JAPAN, 로큰롤의 오자키 유카타, 하드록의 라우드니스(loudness)는 일본 음악역사의 한 획을 긋는 아티스트로 자리잡게 되었다. 최고의 전성기라 할 수 있는 90년대에는 인디의 활성화가 되면서 실력파 아티스트들이 속출하였고 비주얼 밴드가 주목 받고 있는 시점에서 베스트10 가운데 7~8곡은 비주얼밴드 곡이기도 했다. 가라오케가 일상생활에서의 한 부분으로 정착되고 있어 젊은이들의 기호도 다양해졌고 이러한 시대의 변화에 맞춰 자신의 작품들을 발표 할 수 있는 길을 다양하게 바꾸어 나가는 음악가들도 상당수이다.

2. 일본 대중음악의 특색

(1) 왕성한 인디문화

우리나라에도 라이브 하우스가 있지만 일본에는 그 수를 헤아릴 수 없을 정도의 라이브하우스가 전국적으로 퍼져있다. 노래를 하고 싶은 아마추어 가수들이 라이브하우스를 통하여 자신의 음악을 라이브로 연주하며 자유롭게 선보이고 있다. 그리고 라이브하우스를 통해 메이저로 데뷔한 아티스트들도 상당히 많다(X-JAPAN 등). 하지만 대부분의 인디밴드들은 자신들만의 음악을 하고 싶어 하고 이러한 인디음악은 메이저 못지않게 체계적인 조직망을 갖고 있는 인디레이블이나 인디미디어 등을 통해 배출된다.

(2) 다양한 장르의 일본음악

인디 아티스트들이 메이저에 얽매이지 않고 자기들만의 음악을 하다보니 상업성이나 대중성을 생각하지 않고서도 얼마든지 음악을 만들어 낼 수 있었고 이렇게 다양화된 인디음악은 대중들의 수준을 높이는데 기여하였다. 이처럼 우리나라에서 보여 지는 일본음악이 일본음악의 전부는 아닌 것을 우리는 알 수 있을 것이다. 그런 의미로 본다면 일본대중음악은 장르의 다양성에 대해서 우리와 차이를 보이고 있다. 댄스가 일변도인 우리음악에 비해 일본음악은 댄스는 물론이고 록, 포크, 비주얼 록, 힙합 등 수많은 장르가 공존하고 있다. 남의 음악에 간섭하지 않는 일본은 오래전부터 다양한 문화를 받아들여 자신의 것으로 흡수하고 자신의 것으로 재창조하여 자신들이 좋아하는 음악을 계속 지켜나가고 발전시켜 나가고 있는 것이다.

(3) 일본의 콘서트 문화

일본의 아티스트들은 정말 많은 콘서트를 강행한다. 게다가 실력 또한 갖추고 있는 아티스트들은 몇 십만 명의 콘서트관객을 아무렇지도 않게 동원하곤 한다. 그만큼 실력파 아티스트들의 수명 또한 길수밖에 없다. 물론 비디오형 아이돌 가수처럼 미디어 음악 산업이 만들어낸 가수 아닌 가수가 존재하는 것도 사실이다. 하지만 중요한 것은 미디어가수에서부터 실력파 아티스트들이 동시에 존재한다는 사실이다.

결국 활성화된 인디음악과 너무도 다양한 장르, 그리고 수십만 명이 동원되는 콘서트 문화 까지 정말 다양하다. 이러한 환경 속에서 일본의 음악적 뿌리는 지탱해 나가고 있으며 실력 있는 아티스트들이 꾸준히 생성되고 탄탄한 실력을 다져가고 있다.

3. 일본 음악의 대표적인 Musician

▌B'z ▌

B'z는 1988년 2인조 밴드로 출발하여 컴퓨터와 록의 결합이라는 자신들만의 독특한 스타일을 확립하여 일본을 대표하는 정통파 록 밴드로 정상을 차지하고 있다. 싱글 18개 밀리언셀러기록, 17년 연속 TOP10달성 등 화려한 수상경력을 가지고 있는 이 밴드는 17년이 지난 지금까지도 많은 인기 속에서 꾸준한 활동을 하고 있다.

▌X-JAPAN ▌

X-JAPAN은 6인조 록 밴드로 1992년 X라는 밴드 명에 JAPAN을 덧붙

X-JAPAN

여 미국에서 활동하기 시작했다. 비주얼 록이라는 새로운 음악을 선보이면서 일본열도를 열광의 도가니로 몰아갔으며 식상했던 기존 메탈계에 신선한 충격이 되었다. 이들은 화려한 의상과 일본전통예능인 가부키의 무대화장으로 여자보다 더 아름다운 외모를 시각적으로 어필하였고 만화 속 주인공 같은 이들에게 당연히 대중들의 모든 시선이 집중 될 수밖에 없었다.

이들의 노래는 리드미컬한 멜로디 라인에 정적인 감동을 자아내는 가사들로 대중들에게 쉽게 다가갈 수 있었고 히트곡으로 'Endless Rain', 'Forever Love' 등 이 있다. 도쿄돔의 마지막 공연으로 해체되었지만 기타리스트 히데의 죽음과 장례식은 전 세계에 방송을 타 세계가 주목할 정도로 그들의 인기는 멈추지 않고 있다.

█ 아시아의 스타, 아무로 나미에(安室奈美恵) █

아무로 나미에

여고생들에게 <아무라(갈색롱헤어, 미니스커트, 얇은 눈썹, 높은 부츠 등)>라는 패션을 유행시킨 아무로 나미에는 오키나와 액터스 스쿨이라는 양성학교 출신으로 팔등신의 선천적인 스타일과 뛰어난 가창력, 댄스실력을 겸비한 20세기말 초슈퍼스타이다. 아무로 나미에는 실력도 실력이지만 천재 프로듀서라는 고무로 데츠야(小室哲哉)가 뒤에서 버팀목이 되어 주었기 때문에 스타덤에 오를 수 있었다. 15세에 노래하나만 믿고 학교를 중퇴한 채 도쿄로 무조건 상경한 아무로 나미에는 그녀의 대담, 솔직한 성격으로 사람들의 호감을 얻을 수 있었고 이게 곧 음반으로 연결이 되었다. 전형적인 미소녀상에서 벗어나 아무로식의 스타일이 일본 곳곳에 유행하기 시작했고 따라하기 열풍까지 생겨났다. 이 대담한 성격의 아무로 나미에는 15세연상의 댄서 샘(SAM)과의 결혼소식과 동시에 임신소식을 알리면서 또 한번의 대중들에게 충격을 주기도 하였다. 2002년 이혼 후 싱글맘으로 활동하고 있다.

▎SPEED▎

평균 14세였던 소녀들이 연예인이 되고 싶어 도쿄로 상경, 여성 보컬 4인 조 그룹으로 결성하여 많은 인기로 사랑을 받아오다 지금은 해체가 되어 각 자의 활동에 전념하고 있지만 그녀들의 성숙된 느낌의 노래는 아직까지도 사 랑을 받아오고 있다.

▎우타다 히카루(宇多田ヒカル)▎

우타다 히카루

99년 일본을 강타한 R&B와 Soul, 이 큰 돌풍의 주역은 바로 당시 나이 17세의 우타다 히카루라는 신인 여성 아티스트였다. 일본 60∼70년대의 엔 카가수 후지 케이코의 딸로서 83년 뉴욕에서 태어나 어렸을 적부터 일본과 미국을 오가며 일본인과 미국인의 정서를 한 몸에 익히게 되었으며, 10살 때 부터 싱어송 라이터로 실력을 발휘, 뉴욕 인디즈 레벨에서 데뷔하게 되었다. 그로 인해 Cubic U라는 이름으로 미국과 유럽 전역에 맥시싱글을 내었고 마침내 일본에서도 12살 때 맥시싱글과 앨범을 내기도 하였지만 별다른 반 응을 얻지는 못했다. 이후 98년 12월 우타다 히카루라는 이름으로 최초의 일 본어로 된 싱글 Automatic을 발매한다. 싱글 발매가 되자마자 폭발적인 인 기를 얻어 방송횟수 1위를 이루었으며 200만장의 판매기록 또한 갖고 있다. 그 후 꾸준한 인기를 끌다가 99년 3월에 발표한 그녀의 첫 앨범 First love 는 발매되기 전부터 200만장 예약이라는 기록을 세웠으며 한 달 만에 레코 드 점 출하 600만장이라는 큰 기록을 세운다. 그리고 지금까지 857만장이 팔리는 기록을 세웠다. 이러한 왕성한 활동에 비해 자신의 모습을 잘 드러내 기 않는 가수로 알려져 있지만 작사와 작곡, 프로듀서와 댄스의 퍼포먼스 능 력을 고루 겸비한 21세기를 주름잡고 있는 능력 있는 가수로 꼽히고 있다.

고무로 데츠야

▌일본음악계의 '황금손' 고무로 데츠야(小室哲哉) ▌

일본 음악계의 '황금손'으로 불리는 고무로 데츠야. 그는 일명 '고무로 사단'으로 일본 음악계의 스타시스템, 프로듀서 시대를 연 장본인이다. 과거 레코드 회사를 우선으로 하는 단순 시스템에서 고무로 데츠야는 마케팅에 의해 스타를 만드는 레코딩 사업으로 새로운 전환을 가져왔다. 그는 CD를 사는 주 고객인 10~20대의 라이프 스타일 분석을 통해, 따라 부르기 쉬운 가라오케 곡으로 노래를 만들고, 각종 이벤트로 음반에 관한 화제를 끊이지 않게 했다. 또한 앨범이 발매된 이후에는 신문, 방송, 인터넷 등 모든 매체를 이용해 반드시 생활 속에 어디선가 접하게 했다. 그 결과 그가 곡을 만들고 키운 가수들 모두 전부 밀리언셀러가 되었다. 아무로 나미에에서 글로브(globe), 스즈키아미에 이르는 베스트셀러는 그의 치밀한 계산에서 나온 결과물이다.

▌쟈니스의 미소년 그룹 ▌

쟈니스

쟈니스 소속사에서 80년대 초반부터 지금까지 소년대, 히카루 겐지, SMAP, V6, 아라시, 뉴스 캇툰 등 뛰어난 외모, 톡톡 튀는 재치를 바탕으로 여학생들에게 상상을 초월하는 인기를 몰아온 그룹들이 나왔다. 쟈니스에 소속된 가수들의 특징은 대부분 그룹이며 가수 활동뿐만 아니라 연기나 쇼 MC 등 여러 방면에서 활동하고 멤버 각각 나름대로 인기가 있다는 것이다. 예전의 우리나라에 젝스키스, 요즘은 신화가 그들과 비슷한 활동을 하고 있다. 쟈니스의 대표적 그룹이라고 할 수 있는 SMAP는 10대 때 히카루 겐지의 백댄서로 처음 데뷔해 가요계뿐만 아니라 각종 버라이어티 부문에서 맹활약을 하고 있고 지금까지도 여전히 높은 인기를 누리고 있다. SMAP의 멤버는 모두 다섯 명. 쟈니스의 아들들답게 각각 멤버들이 모두 인기지만 그 중 가장 돋보이는 사람은 누가 뭐래도 기무라 타쿠야(애칭 기무타쿠)다. SMAP

뿐만 아니라 아라시 캇툰도 현재의 10~20대에게 큰 인기를 누리고 있으며 각종 분야에서 활발한 활동을 펼치고 있다.

 ## 4. 일본 대중음악의 장르

(1) J. POP

요즘 일본에서 '가요'란 말을 쓰면 옛날 사람으로 여긴다. 90년대 일본인들은 자신들의 대중음악을 'J팝(재패니즈 팝)'으로 부르기 시작한다. 미국 팝에 뒤지지 않는 인터내셔널 뮤직이라는 것이다. 사실 일본 대중음악의 품질은 세계적 수준이며, 영화 '마지막 황제'의 음악으로 아카데미상을 탄 사카모토 류이치는 1천억 원을 벌어들인 상업음악의 귀재이다. 그리고 고무로 데츠야는 대표되는 작·편곡자이며, T스퀘어, 카시오페아 등 퓨전재즈 스타들의 연주력은 미국인들도 감탄한다.

그리고 일본가요의 발전은 워크맨과 하이파이로 상징되는 일본 오디오 산업의 팽창과도 뗄 수 없는 관계를 가진다. 오디오 업체들이 하드웨어시장을 넓히기 위해 음반 산업에 뛰어든 것이 가요의 비약적 발전의 계기를 이루었던 것이다. 일본의 메이저 음반사는 소니, 도시바, 파이오니어 등 가전제품 업체들이 많다. 60년대부터 TV, 라디오의 가요프로 CF를 몽땅 사들이는 방식으로 가요산업에 개입하다가 아예 음반사를 세운 것이다. 그 결과 일본가요시장은 연간 매출 5천억 엔(약5조원)으로 급성장했다. 이는 세계1위 음반시장인 미국의 절반 규모며 3위 독일의 2배 수준이다.(한국은 일본의 5~10%선)

J팝의 일본 내 위상은 실로 대단하다. 일본영화와 비교해보면 매출액이 3배에 달하고 국민 생활에 밀착된 정도도 월등하다. 일본영화는 미국영화에 절대 약세지만 J팝은 미국 팝을 4배 이상 추월하고 있다. 66년 비틀즈 내일

(來日)공연을 통해 서구 록을 일찌감치 **흡수**하고, 자기 스타일로 재창조한 일
본인들은 (미국의 록 권위지 『롤링스톤스』는 60년대 말 '저팬 록'을 커버스토리로 실어 존재를
인정했다.) 이제 록 바탕에 엔카 등 다양한 장르를 혼합한 크로스오버 음악을
즐긴다.

아무로 나미에, 스피드 등 댄스계열 아이돌 스타들이 2백만~3백만 장씩
음반을 팔아치우는 뒤로 포크, 발라드, 블루스, 테크노 계열도 수십만 장씩
판매되는 다양성이 J팝의 특징이다. '오타쿠(매니아)' 문화와 개인의 자발적 기
호를 찬양하는 '마이 붐' 사조에 힘입어 상상을 뛰어넘는 장르들이 개발되어
있으며, 일례로 멜로디가 전혀 없고 기괴한 기계음만으로 몇 시간씩 '연주'
되는 '노이즈' 음악이 20년 전부터 당당한 장르로 대접받고 있다. 일본 대중
음악은 노이즈 같은 인디(독립)음악이 음반시장의 10%를 차지하면서 오버그
라운드로도 쉽게 진출해 영양소가 되어주는 게 큰 강점이다. 지난해 일본 최
초로 음반판매고 5백만 장을 넘긴 스타그룹 글레이도 인디 록 밴드 출신이
다. 그리고 수백 개에 달하는 지방, 독립방송, 전체 시장의 절반을 넘는 싱글
시장과 투명한 유통망도 J팝의 든든한 배후이다.

이 덕분에 공정한 차트집계가 가능하고 불법복제 음반은 발을 못 붙인다.
그러나 세계화의 관점에서 보면 J팝은 한계성도 드러난다. 언어의 장벽이 결
정적이지만 노래 자체도 약점이 있다는 지적이다. J팝 전문지 『이클립스』 발
행인 이현재 씨는 "구성이 아기자기하고 멜로디가 명료한 건 강점이지만 외
국인에게 낯선 일본만의 이질적 정서가 공통적 문제점"이라 말한다. 사실 60
년대 사카모토 큐의 'Sukiyaki'가 빌보드 싱글 차트 1위, 70년대 후반 핑크
레이디의 '키스 인 더 닥'이 38위를 차지한 외에는 구미 팝시장에서 일본이
거둔 성과는 미미하다. 일본음악 평론가 신용현씨는 "엄청난 내수시장에 만
족한 일본 음악인들이 국제화 노력을 게을리 하는 측면도 있다"고 지적한다.

그러나 그는 구미와 달리 대만, 홍콩 등 아시아권에서는 J팝이 여전히 인기가 있다고 한다. 이렇게 아시아권에서도 인기가 많으니 우리 정서에도 맞는 부분이 많을 수 있다.

(2) 일본의 록 음악

80년대 중반이후 일본의 록 음악의 수준과 열기는 그 본산인 미국과 유럽보다 오히려 높은 것으로 세계 팝계는 평가하고 있다. 미국은 록 대신 힙합이, 영국은 테크노 같은 댄스음악이 주도권을 잡고 있는 반면 일본만은 음반시장의 80%를 록 장르가 석권하고 있다. 일본도 80년대 초까지는 '핑크 레이디' '소년대' 등 얼굴과 춤을 앞세운 댄스음악이 주류를 이뤘다. 그러다 80년대 중반 대중의 음악수준 향상에 힘입어 작곡실력과 연주력을 갖춘 록밴드들이 대거 등장했다. 특히 '보위' 'X-JAPAN' 등은 염색한 긴 머리에 중성적인 화장을 한 모습으로 무대에 오름으로써 '비주얼 록'이라는 특수한 일본식 장르까지 만들었다.

일본음악 컬럼니스트 이종현씨는 "귀에 쏙 들어오는 단순한 멜로디와 아기자기한 편곡, 그리고 화려한 분장, 무대매너를 앞세운 비주얼 록은 일본인들을 사로잡기에 손색이 없었다. 여기에 영, 미 문화에 대한 일본인들의 동경심리까지 작용해 록이 최고 인기 대중음악으로 자리를 잡은 것"이라고 분석하였다.

'글레이' '루나 시' '라르캉 시엘' 등 90년대 스타밴드들은 냈다하면 3백만~4백만 장 판매를 기록하고 있을 정도이고, 복고풍 록을 구사하는 라르캉 시엘은 국내 기획사들이 한국단독공연 제1호로 추진할 만큼 국내에서도 인기가 높다. 일본 록에 대한 국내의 관심은 댄스에 식상하고 팝을 듣자니 거북스런 젊은이들 일각에서 80년대 말부터 형성되기 시작하였고, 특히 발라드 장르에선 그들의 독특한 창법과 현악기를 등장시킨 편곡방식 등이 한국 가수들에게 큰 영향을 미쳐왔다.

그러나, 이런 긍정적 평가에 대한 비판 또한 만만치 않다. 일본 록 컬럼니스트 이현재씨는 "상업성을 우선하는 스타밴드들의 록은 덩치만 컸지 깊이와는 거리가 멀다. 그들은 록의 정신이 아니라 록의 외모에 더 치중한다. 특히 중성적 스타일은 우리정서에 부정적 영향을 미칠 수 있다"라고 비판한다. 그러면서도 이씨는 "수 천 개에 달하는 언더밴드들이 일본 록의 뿌리를 형성하고 있는 만큼 저력을 무시할 수는 없다"라고 말했다.

이처럼 일본의 현재의 음악은 거의 록이 차지하는 비율이 높고, 상업적인 면에서도 실로 엄청난 돈과 인기를 누리고 있는 현실이다. 우리는 좀 더 일본의 음악을 알고 느끼며, 분석 파악하여 더욱 더 질 좋은 음악의 향상과 발전에 노력을 기울려야 할 것이다.

❇ 5. 일본대중음악의 현황

대중음악계의 최고흥행사로 불리는 <고무로 데츠야 사단>, <자니스 군단> 등은 대만, 중국시장 공략에 이어 한국진출을 모색 중이다. 하지만 음반판매는 라이브공연에 비해 다소 시간이 걸릴 것이라는 관측도 나오고 있다. 일본 음악사업가협회 가사이 이사는 "한일간에 환율격차가 크기 때문에 음반판매는 라이브공연을 통한 사전 작업이 어느 정도 이루어진 다음 본격적으로 진출이 가능한 것"이라고 전망했다. 기획사들이 군침을 흘리고 있는 빅 카드는 역시 아무로 나미에다. 뛰어난 춤 실력과 가창력을 겸비 1990년대 일본가요의 최고 슈퍼스타로 꼽히는 그는 국내에서 팬클럽이 있을 만큼 인기가 높다.

일본 측과 선이 닿아 있는 C사가 공연을 추진하고 있는 것으로 알려졌다.

그러나 한국공연의 1호는 록그룹이 차지할 공산이 크다. 아무로 나미에 같은 빅 스타보다 스케줄 잡기가 쉽기 때문이다. 일본의 록은 1980년대 말 슈퍼그룹 엑스재팬(X-japan)출현으로 '저팬 록'이라는 독특한 장르를 발전시켰다. 포크와 더불어 일본음반시장의 판매량 70%를 차지할 만큼 초강세이다. 튜브, 라캉시엘, 비즈처럼 음반이 몇 백만 개씩 팔리는 슈퍼그룹들 말고도 실력 있는 록 밴드들이 셀 수 없이 많다. 연주와 보컬이 뛰어난 일본 록그룹들이 한국무대로 몰려들면 젊은이들 사이에 일본 록 바람을 피하기 어려울 것으로 분석한다.

전문가들은 일본음반이 한국시장에 진출할 경우 점유율은 15%이상으로 점치고 있다. 홍콩, 대만 등의 동남아에서 10%선이며 일본노래 표절이 범람한 한국시장에서는 15%이상을 점치고 있는 것이다. 10%만 잡아도 연간60억이 일본으로 넘어갈 공산이 크다. 특히 일본회사들이 한국판권을 넘겨주지 않고 직배 체제를 택할 가능성도 적지 않다. 그럴 경우 국내 음반 산업이 받을 타격은 훨씬 커질 전망이다. 그러나 업계에서는 거꾸로 우리가수와 음반이 일본에 본격 진출하는데 따른 이득도 만만치 않을 것으로 내다보고 있다. 특히 한국댄스음악의 일본침공을 생각해 볼 수 있다.

 ## 6. 일본 대중음악의 특징과 역사

(1) 일본음악의 특징

먼저 요즘 유행하는 일본 가요의 특징을 들어보면 다음과 같다. 첫째, 리듬이 쉽고 반복적이며 따라 부르기가 쉽고 둘째, 가사의 내용은 일상생활에서 암시를 받은 신변잡기적인 것들이 많고 셋째, 젊은이들의 은어나 구어체 사용이 많으며 넷째, 가사의 중간 중간에 쉬운 영어가사를 삽입한 점과 다섯

째, 도입 부분은 조용하게 서서히 고조되는 스타일이며 여섯째, 오디오형보다는 비디오 형이라고 할 수 있다.

일본의 대중음악은 아주 다양하다는 데서 우리와 차이를 보인다. 그 이면에는 음악관련 종사자들, 음반업자, 방송, 팬, 모두가 유행보다는 자신의 개성과 색깔을 더 우선하는데서 다양성이 공존하는 것이다.

그런데 우리의 경우 획일적이고 유행에만 치우치다 보니 지금처럼 온통 댄스뮤직이 판치는 현상이 나타나는 것이다. 하지만 일본은 그들의 개성을 중시하는 풍조가 밑거름이 돼 다양한 문화를 만들어내는 토양이 되고 있는데, 고무로 데츠야가 표방하는 테크노를 바탕으로 한 댄스 뮤직이 있는가 하면 라우드니스는 하드 록 신에서 확고한 위치를 쌓고 있으며, 카시오페아는 재즈계에서 내노라 하는 밴드로 행세하고 있고, 미스터 칠드런, 스피드 등이 선봉장인 컬리지 록은 비틀즈 성향의 모던 록과 뉴 포크 록, 여기에다 펑크의 요소까지 뒤섞은 형태를 창조했으며, 또 라르크, 글레이 등이 앞장선 영국의 뉴 웨이브와 저팬 팝이 조화를 이룬 비주얼 록을 만들었다. 일본은 미국에 이어 세계 2위의 음반시장이다.

94년 세계음반시장 규모 총 3백 4억 달러 가운데 일본이 차지하는 비중이 60억 달러(1달러를 1,300원으로 계산했을 때 약 7조 8천억 원)에 달하는 엄청난 규모다.

(2) 일본 대중음악의 특징과 역사

[일본 음악 히트의 배경연표]

60년대 일본 음악계는 '대중가요 보급 시대' → 70년대의 일본음악계는 '가요 황금시대' → 80년대는 '싱어 송 라이터의 시대' → 90년대는 '메카 히트의 시대'

나라마다 사랑받는 대중문화의 분야는 조금씩 다르다. 영화와 비디오에 대한 대중의 관심이 유독 큰 우리 사정과는 달리 일본에서는 오래 전부터 대중음악이 가장 사랑받는 대중문화로 군림해 왔다. 화제의 신보가 발매 될 즈음이면 텔레비전, 라디오, 신문, 심지어는 전철 주변, 옥외 광고판까지 온통 그 광고로 도배되고, 하루를 맞는 사람들의 움직임부터가 달라진다. 일본에서 대중음악 스타는 드라마와 광고 출연을 보장받는 연예계 최고의 스타이며 부와 명예가 함께 따른다. 아이돌 스타 아무로 나미에의 임신과 결혼, 중견밴드 코메코메 클럽과 록그룹 엑스 재팬의 공식해체, 가수 겸 배우 우치다 유키의 누드 선언, 록그룹 글레이의 앨범판매 400만장 돌파 등 최근의 이슈들은 일간지와 텔레비전 뉴스의 첫머리에 다루어질 만큼 큰 관심사다.

일본에서 대중음악이 이처럼 폭넓게 사랑받는 이유는 하드웨어(워크맨, 디스크맨, MD)의 폭넓은 보급과 여러 음악 형식의 공존, 여기에 대형 음반점과 음반사의 자구책이 곁들여 졌기 때문이다.

일본의 대중음악은 60년대 전 세계적으로 확산된 청년문화 운동과 밀접한 연관을 맺으며 거듭났다. 전통 일본 가요(엔카)가 경제적 기득권을 쥐고 있던 중장년층의 음주, 접대 문화와 연결되어 사랑 받던 게 그 이전의 음악이라면, 60년대 중반이후의 음악은 20대를 주체로 새롭게 재편됐다. 당시 젊은이들은 영국과 미국의 포크, 블루스, 록 등을 본격적으로 받아들였고 진부한 사랑이야기에서 벗어나 사회적 내용과 철학을 담기 시작했다. 반정부와 공산주의를 부르짖는 음악들까지 유행으로 번졌다.

표현의 자유를 보장한 일본정부의 자세에 힘입어 이 시기 일본음악은 기득권의 노리개로 전락해 버린 당시 우리 대중음악과는 사뭇 다른 모습을 띠었고, 한일 대중음악은 현격한 차이를 보이게 되었다.

70년대 초반, 오버그라운드에서 싱글 디스크 붐이, 대학가를 중심으로 인디문화가 유행하기 시작했으며 소니, JVC 등 기업들이 음반 산업에 동참하면서 시장규모가 확대됐다. 80년대로 진입하면서 재즈와 엔카와 록이 적절히 접목된 새로운 일본식 가요(이른바 왜색음악)가 등장했다. 일본 대중음악의 살아 있는 전설로까지 묘사되는 구와타 게이스케와 그의 밴드 서던 올스타스로 대표되는 이러한 성향의 음악은 삽시간에 유행해 국내에도 잘 알려진 체커스, 안전지대, 보위 등의 인기밴드가 생겼다. 구와타는 일본음악에 밴드 붐을 일으켰다.

80년대에는 전 세계적으로 유행 음악 사조가 고갈되었지만 일본 음악은 연주력과 사운드의 향상과 더불어 음악형식이 다양해지면서 오히려 발전을 꾀했다. 그 매개체가 된 것은 아이돌 스타기획과 세대를 뛰어넘은 유행(컨템퍼러리) 음악의 발굴이었다. 당시 떠오른 아이돌 스타는 핑크 레이디, 윙크, 히카루 겐지, 소년대 등이다. 이들을 통해 음반판매는 물론 부가가치가 높은 관련 상품을 개발해 시장규모를 확대시켰고, 앙리, 마쓰다 세이코, 이노우에 요쓰이, 유밍 등 10대에서 40대 까지가 함께 듣는 인기음악 풍토를 만들었다.

80년대 말 일본 음악계는 새로운 전기를 맞는다. 언더그라운드에서 실력을 쌓은 많은 밴드들이 오버그라운드에 등장해 본격적인 밴드 붐을 일으켰다. 밴드 붐은 엑스, 벅 틱, 루나 씨로 대표되는 '비주얼 록'으로부터 흑인음악에 기초를 둔 그룹 드림스 컴 트루까지 매우 다양하게 펼쳐졌다. 이러한 상황을 거치면서 기존의 싱글 위주 음반 시장은 앨범 위주로 바뀌었다. 특히 미스터 칠드런, 드림스 컴 트루, 비즈, 서던 올스타스, 차게 앤 아스카, 도시노부 구보타 등은 발표하는 작품마다 큰 인기를 얻으며 앨범, 싱글의 100만장판매 시대를 연 주역으로 각광 받았다.

7. 일본 대중 음악계의 특징과 장점

(1) 다양성이 인정되는 문화

혼히 우리는 일본이라고 하면 집단주의적이며 전체주의적인 나라라고만 넘겨짚곤 한다. 그 괴리라는 것이 쉽게 설명될 성질의 것이 아니지만, 사실은 일본 문화가 가진 커다란 강점 중의 하나가 바로 '다양성이 인정되는 토양'이라는 사실은 이런 이미지하고는 전혀 상반되고 있다. 개성적인 음악을 내세운 것들이 산만할 정도로 많은 건 물론이고, 어느 하나의 뮤지션만 보더라도, 양분을 골고루 섭취하다 보니 다른 세계의 음악, 혹은 다른 분야나 장르의 음악들에 열려 있고, 이를 자신의 색깔에 맞게 도입해서 균형을 맞춰 나갈 줄도 안다.

전 X-JAPAN의 기타리스트였던 고(故) 히데의 솔로 앨범은 이런 경우의 극단적인 예다. 거의 모든 대중음악장르를 넘나드는 음악세계를 선보임은 물론 한 곡 안에 여러 가지 장르를 꾸겨 넣기도 했으니 말이다.

물론 일본에도 우리나라와 같이 10대 댄스 팀들만 기를 쓰고 키워대는 프로덕션도 무척 많다. 하지만 그런 댄스 팀들만 기형적으로 음반시장이나 TV 화면을 장악하고 있지는 않다는 점이 핵심이다. 이건 상업적인 음악만 골라들어 대서 소비자들의 수준을 하향 평준화하려는 이 땅의 공중파 방송들과 수동적인 자세로 일관하는 감상자들 둘 다가 문제가 아닐 수 없다.

(2) 전통에 입각한 재창조의 노력

일본 음악의 또 다른 특징은 다양한 장르의 토대 위에 '자기 식(정확히 말하면 일본 식)'의 색깔을 덧입히려는 노력들이 엿보인다는 점이다. 일본사람들이 모방의 천재라는 소리는 이미 전 세계적으로 공인된 얘기다. 서양에서 발명

된 카세트가 워크맨으로 재탄생하는 나라가 일본이다. 이건 비단 전자제품 같은데 국한된 것이 아니라 그들 문화 전체에서 흔히 목격할 수 있는 특징이다. 물론, 일본에도 100퍼센트 수입품의 냄새가 나는 음악들은 많다. 그리고 작년에는 막연한 서구에의 동경과 이상한 열등감이 합쳐져서 빚어진 대사건도 있었다. 바로 10대 소녀 가수 '우타다 히카루' 사건이 그것이다. 그녀는 작년에 데뷔싱글 'First Love'를 무려 천만장이나 팔아 치워서 기네스북에 올랐다. 막상 음악을 들어보면, 천만장이라는 수치에 고개가 갸우뚱거려질 수밖에 없다. 그냥 전형적인 리듬 앤 블루스일 뿐이고 듣는 이를 확 잡아끄는 매력이라는 것도 그래 대단치 않다. 그럼에도 슈퍼 초 울트라 히트를 기록하게 된 원인은 우타다 히카루의 목소리가 미국 흑인여성 보컬에 비교하여 뒤지지 않는 음색과 가창력을 가지고 있었다는데 있다.

한마디로, '우리도 미국한테 뒤지지 않는 가수가 있다. 밀어주자'라는 심리가 판매량 신기록 수립을 가능케 했다는 얘기다. 마치, 작년에 헐리우드 액션영화 벤치마킹으로 타이타닉을 우리나라에서만 누른 '쉬리' 열풍과도 같다고나 할까. 사실 이 사례는 지극히 예외적인 경우고, 주류 일본음악의 경향을 볼 때, 서구에서 들여온 음악 장르에다가 트로트의 기운이 넘치는 멜로디가 얹혀 있는 것이 일반적이다. 예를 들어, 맬리스 미제르라는 밴드의 '월하의 야상곡'의 경우는 막상 우리나라에 수입되면 버스기사 아저씨들 사이에서 폭넓은 인기를 구가할 만한 정통 트로트 록이니 말이다.

근데 사실 '모든 장르에 양념처럼 비벼 넣는 트로트의 기운'은 우리나라 음악의 특징이기도 하다. 그럼 일본음악의 이런 모습을 우리나라와 같은 차원의 것으로 생각해 버리면 될까?

형식적인 면 자체는 상당히 유사한 게 사실이다. 그러나 우리나라 트로트 음악의 정체성이 어느 나라의 음악에 기원을 두고 있는가와, 국내에 넘쳐 나는 일본음악 표절의 홍수에 대해서 좀 진지하게 생각 하다보면 그게 그런 게 아니란 걸 알 것이다. 그들은 자기네 것에 자부심을 갖고 그걸 여러 장르의 음악에 집어넣고 있다는 점을 잊어서는 안 된다.

(3) 왕성한 인디 문화

일본의 음악 시장 규모는 우리나라의 10배 이상이다. 이 엄청난 시장의 규모를 뒷받침하는 것은 체계화된 음반 기획/마케팅 시스템과 엄청난 규모의 인디 문화/언더그라운드 문화다. 그리고 저 둘의 교류는 대단히 활성화되어 있다. 물론 언더와 오버의 간극 또한 크고 나름의 특성을 고수해 나가는 부분도 있지만 실력만 있으면 언더에서 오버로 진입하는 장벽도 그리 높지 않다는 얘기다.

도쿄에만 100개가 넘는 클럽이 성황을 이루고, 일반 음반가게임에도 매장의 절반정도를 인디 뮤지션들의 데모 테이프나 CD를 판매하는데 할애한다. 잘나가는 클럽에서는 공연 당일에는 아침부터 줄을 서야 티켓을 구할 수 있고, 음반사들은 팔릴만한 뮤지션들을 발굴하러 이런 클럽들을 전전한다. 루나 씨, 글레이 등 현재 차트를 오르내리고 있는 인기 밴드/뮤지션들 중에서 인디 시절을 거치지 않은 것들을 찾는 게 더 힘들다.

아무리 일본 뮤지션들 중에 예쁘고 잘생긴 자들이 많다고 하지만, 그것으로만 부와 명예를 얻을 수 있는 게 아니다. 거기에 '+α', 즉 실력이 인정되어야만 오버그라운드에서 판을 낼 수 있게 된다. 그리고 인디 씬이 그 검증의 장이 되는 거다. 물론 여기 한국에서 음악을 듣는 우리한테는 그런 것까지 보이지 않는다. 하지만 안 보인다고 없는 게 아니다.

4. 천황의 나라, 일본

일본인들을 하나로 통합하는 사람은 바로 천황이다. 태평양전쟁 당시 천황의 말 한마디에 죽을힘을 다해 싸우고, 또 그의 항복 선언에 아무런 저항도 하지 않고 패배를 승복한 사실은 우리들로써는 납득하기 힘들다. 그리고 패전 이후 수많은 어려움에도 불구하고 현재 세계 제1의 경제 대국으로 발돋움 할 수 있었던 원동력도 천황을 중심으로 일본 국민들이 단합을 하였기 때문이다. 도대체 천황이 어떤 존재이기에 일본인들은 그토록 무조건 충성하는 것일까?

❋ 1. 천황의 유래

천황이란 칭호는 정치적 권능보다도 종교적 권위의식이 더욱 강한 것이라 할 수 있는데, 그것은 그런 칭호가 일찍부터 나타나 일본인들 가슴속에 배어져 옴으로써 그렇게 되었다고 할 수 있다.

그러나 천황이라는 칭호의 탄생 시기에 대한 추정은 상당히 곤란한 문제이다. <니혼쇼키(日本書紀)>에는 기원전 660년(신유년) 1월 1일에 제1대 천황인 진무천황이 즉위한 것이 천황의 시작이라고 기술하고 있지만, 모든 제도가 긴 역사적 배경 하에서 만들어진다는 사실을 염두에 두고 보면 별안간 천황이라는 말이 나타나게 되었다고 하는 것은 논리상 납득이 어렵다. 또 하나는 명칭과 실체가 부합하지 않는다는 논리인데, 사실 실체가 먼저 나타나고서 명칭은 후에 만들어지는 것이기 때문이다. 물론 명칭에 따라 실체가 정해지는 경우도 있지만, <니혼쇼키>처럼 실체와 명칭이 동시에 나타난다고 하는 것은 믿을 수 없기 때문에 천황의 시작을 찾는다는 것은 상당히 어려운 문제이다.

2. 천황의 의미

쇼와 21년(1946)에 제정된 **일본국 헌법**을 보면 일본 천황의 위치에 대한 규정이 들어 있다. 즉 '**천황은 일본국의 상징이고 일본 국민 통합의 상징이며, 그 지위는 주권이 있는 일본 국민의 총의에 기초 한다**'고 되어 있다. 이는 다시 말해서 어떤 상황에 처하더라도 천황은 천황이라는, 마치 사람을 신처럼 미화한 조항이라고 하겠다. 이러한 관행은 과거부터 오늘에 이르기까지 계속되는 것인데, 근대에 들어 메이지 정부가 천황을 정점으로 군국주의화되었고, 나아가 주변 국가를 침략하여 많은 피해를 주었던 것도 바로 이런 천황에 대한 일본 국민의 심리를 이용함으로써 가능했던 것이다.

천황이라는 의미는 도교에서 우주의 지배자라는 뜻인 천황대제라는 말에서 따왔다고 하는데, 이 밖에도 여러 가지 설이 있다. 이러한 의미를 갖는 천황이기에 의례적이기는 하지만 모든 일본의 국정을 통괄하는 자로 규정되어 있다. 이런 권한 행사에서도 알 수 있듯이 그는 일본인들에 대해서는 신(神)적 존재나 다름없는 것이다. 그러기에 그는 호적도 없고 성씨도 없으며, 당연히 투표권도 없다. 그리고 이름은 있지만 부르지 않고 연호만 불리다가 죽은 후에 시호가 붙게 된다. 그러니 세금도 내지 않고 일본 정부로부터 엄청난 지원을 받으며 살고 있는 것이다.

황궁 내에서 일하는 사람들만 1000여 명에 이르고 일년 예산만 100억 엔 이상에 이르는 것을 보면 일본인들의 천황에 대한 예우가 어느 정도나 되는지 짐작할 수 있을 것이다. 이렇게 천황의 지위가 일본인들에게 절대화되게 된 것은 바로 일본 역사 속에서 천황이라는 존재가 특수성을 띠면서 실재해 온 데 있다고 하겠다.

3. 천황제의 역사

일본은 알려져 있다시피 입헌군주제의 나라다. '천황'으로 불리는 왕이 존재하는 나라라는 뜻이다. 일본에 천황이 존재하기 시작하였다는 것을 그들은 아래와 같이 기술하고 있다.

(1) 통일 국가의 성립 ～ 다이카 개신(大化改新)

이 시기는 고대국가가 완성되는 과도기로 천황의 권위가 커가던 시기였다. 이것은 지금도 남아 있는 직경 250m이상의 큰 고분 등을 통해서 알 수 있다.

①일본의 옛 역사를 담은 <고지키(古事記)>와 <니혼쇼키(日本書紀)>는 기원전 660년 초대천황인 진무가 즉위한 것으로 기록하고 있다. 그러나 초기 천황은 원시적인 형태였다.

②일본에 고대국가의 모습이 정착되는 4～5세기경부터 고대 천황제의 모습이 갖추어 진다. 천황은 이 때부터 비로소 야마토 지방의 부족 연맹의 장으로서 정치적 권력, 경제적 권력과 종교적 권위를 갖고 일본 주요부를 지배하게 됐다.

③6세기말 아스카시대의 쇼토쿠 태자에 이르러서 천황의 권력이 확립됐다. 이때 쇼토쿠 태자가 중국 수나라에 보낸 국서에 '동천황이 서천제에게'라는 표현을 쓰면서 천황이라는 용어가 공식적으로 등장했다.

(2) 7세기 ～ 12세기 말

다이카 개신을 기점으로 당풍의 율령제가 이루어진 이 시기는 고대 일본이 완전한 통치체제를 갖추고 한반도 등 대륙의 문화와 접하면서 최고의 전성기를 구가하던 시기이다. 전반기는 국유제인 점점제라는 토지제도가 붕괴되기 시작하는 8세기까지로 볼 수 있다. 전반기에는 그야말로 천황의 권위가 최고에 다다른 시기로 당시 많은 건축물과 각종 문화의 발달이 이를 뒷받침 하고 있다. 그러나 8세기 이후인 후반기로 접어들면서 국가 재정의 기반이었 던 토지제도가 붕괴되면서 무사들이 횡행하는 시대로 점차 치닫게 되는데, 이때부터 천황의 지위는 급격히 약해지게 된다.

 ④7세기 중엽 다이카 개신 이후 천황은 현인신(現人神 : 신이 사람의 모습으로
  나타남)으로서 유일 최고의 지위를 갖게 됐다.
 ⑤9∼12세기에 걸친 헤이안시대의 귀족정치에 의해 천황의 권력은 무력
  화됐다.

 (3) 도쿠가와 막부가 성립하는 13세기∼도쿠가와 막부가 멸망하는 19세기

 이 기간에 천황은 교토에 있는 황실에 유폐되어 간신히 명맥만을 유지하 게 되는데, 이는 막부통치자들이 자신들의 정통성을 유지하기 위해 천황을 이용하려는 차원에서 명맥을 유지시켰던 것으로, 천황의 존재는 그야말로 유 명무실하게 되었다.

 ⑥13∼14세기 중엽까지의 가마쿠라막부시대의 무인정치에 의해 천황의
  권력은 무력화됐다.

 (4) 메이지 유신

 무가정치가 붕괴하고 메이지 시기부터 쇼와 20년(1945) 일본이 패망하는 시 기까지 약 80년간을 말한다. 이 시기는 일본의 군국주의가 태동되어 주변 국 가를 침략하게 되는데, 이를 위한 전 단계로 국력을 모으기 위해 국가의 구

심점이 필요 하자 천황을 다시 최고의 지위에 올려놓고 이를 신격화시켰던 시기이다. 일본 국민은 이러한 군부의 전략에 이용되어 마치 자신들이 가장 위대한 민족인양 의기양양해 하며 주변 국가를 침략하고 무자비한 만행을 저지르게 된다. 그럼에도 불구하고 오늘날 자신들은 아무런 잘못이 없고 오로지 단지 전쟁을 주도한 군인들에게만 모든 죄를 뒤집어씌우고 있는 것도, 바로 그 최고 당사자인 천황은 인간이 아니라 신이라고 하는 믿음에서 나타난 결과라고 할 수 있다.

⑦1868년 메이지유신에 의해 일본의 정치체제는 천황중심의 중앙 집권 체제가 다시 확립됐다. 19세기 중반 서구의 근대적인 군사력과 자본주의 경제력의 압력으로 개항을 요구받은 일본에서는 열강에 대항하기 위해 국왕 중심의 새 정부를 수립하자는 의견이 속출했다. 천황제가 무너진 지 1천여 년 만인 1868년, 에도 막부시대가 붕괴하고 메이지 천황을 중심으로 한 중앙 통일 정권이 성립됐다.

⑧20세기에 들어서자, 군부와 우익은 파시즘 운동의 방편으로 본격적인 천황의 신격화 작업을 진행했다. 그러한 과정에서 '천황의 이름'으로 일제 식민지 만행이 저질러졌다. 당시 일본 학교에서는 천황의 초상과 교육칙어등본을 지키는 것이 학생들을 보호하는 것보다 더 우선시 되었다.

(5) 태평양전쟁이후

⑨제2차 세계대전이후 등장한 신헌법에 의해 천황은 '국가 및 국민 통합의 상징적 존재'로 격하되는 등 다시 무력한 인간의 하나로 되돌아갔다. 이후 제정된 신헌법에서 천황은 '국가와 국민 통합의 상징이며 그 지위는 주권을 가진 일본 국민의 총의에 의거'하는 수준이다. 이제

천황은 일정한 국사 행위 이외에는 국정에 관련된 어떠한 권리의 주장과 행사도 할 수 없다. 47년 5월 시행된 현행헌법상 천황은 "국가와 국민통합의 상징이며 헌법에 정한 일정한 국사행위 이외에는 국정에 관한 어떠한 권리의 주장과 행사도 불가" 하도록 되어있다. 구헌법이 '대일본제국은 만세일계(万世一系)의 천황이 통치하며 천황은 신성불가침'이라고 명기했던 것과 비교하면 엄청난 차이다. 따라서 천황이 정치적으로 중립이며 어떠한 정치문제에도 관여하지 않고 있다. 심지어 천황과 황족은 피선거권도 갖고 있지 않다.

그럼에도 불구하고 천황은 일본과 일본인들에게는 '범상치 않은' 존재이다. 실질적인 힘을 갖고 있지는 않지만 국가와 국민 통합의 상징으로서 국민들에게 끼치는 영향은 지대하다.

 **4. 천황의 지위**

(1) 신권 천황에서 상징 천황으로 지위 변화

'하늘이 내린 황제'라는 의미의 천황 호칭은 천황의 지위가 바뀌었어도 여전히 국수주의적 황국사관과 함께 내려오고 있다. 몇 년 전 모리 총리가 '일본은 천황을 중심으로 하는 신(神)의 나라'라고 했던 것이 단순히 말실수만은 아니었다.

일본에서 천황의 칭호가 쓰인 시기는 덴무 천황기(673~686년) 후반이라고 역사학자들은 주장한다. 구헌법에는 '대일본제국은 만세일계(万世一系)의 천황이 통치하며 천황은 신성불가침'이라고 명시되어 있다. 신과 같은 존재인 천황의 일본 지배가 영원할 것이며 천황은 신성하기 때문에 어떤 누구도 범할 수 없음을 의미한다. 모든 것이 천황의 이름으로 이루어졌고, 천황은 대일본 제국을 통치하는 국가 원수였다. 일본인들은 천황을 살아있는 신으로 추앙해 왔다.

그런데 2차 대전 패전을 계기로 천황은 신의 위치에서 인간의 자리로 내려왔다. 이후 제정된 신헌법에서 천황은 국가와 국민 통합의 상징이며 그 지위는 주권을 가진 일본 국민의 총의에 의거하는 수준이다. 이제 천황은 일정한 국사 행위 이외에는 국정에 관련된 어떠한 권리의 주장과 행사도 할 수 없다. 천황은 공개적으로 헌법 개정, 법률·조약 등의 공포, 국회 소집 및 중의원 해산, 국회의원 총선거 시행의 공포, 국무대신 임명, 외국대사 신임장 접수 등 국사를 이행할 수 있으나, 내각의 조언과 승인을 받아야만 한다.

(2) 종교와도 뗄 수 없는 천황

얼마 전 일본 국회의원의 참배 문제로 논란이 되었던 야스쿠니 신사는 일본의 민족종교인 신도(神道)를 상징하는 곳이다. 신도는 가미(神)를 숭배하는 종교이다. 일본에서 말하는 가미, 즉 신에는 우주 삼라만상 가운데 위력을 발휘하는 것은 무엇이든 다 포함된다. 그렇기 때문에 살아있는 사람도 가미로 숭배될 수 있다. 천황이 대대로 살아있는 신으로 인정받고 있다는 사실은 새삼스러울 것이 없다. 게다가 일본인들은 2차대전까지 천황을 위해 죽은 군사들을 가미(神)로 숭배하며 제사를 지내고 있다. 야스쿠니 신사 역시 메이지 유신 직후 천황을 위해 싸우다 죽은 사람들을 가미로 삼아 제사 지내기 위해 세워진 호국 신사 중 하나다. 전몰자 추도를 독점하고 있어 우익세력의 정신적 지주가 되고 있다.

(3) 극우세력들의 천황 숭배 극성

천황제를 옹호하며 대외적으로는 침략전쟁을 주장하는 국수주의 극우세력들은 지금도 끊임없이 활동하고 있다. 이 같은 우익 운동은 19세기 후반인 메이지 시대부터 2차대전 패전까지 가장 활발했다. 소수로 구성된 여러 집단으로 활동하는 이들은 고위 간부들로부터 자금 지원을 받고 그들의 한반도 및 중국 침략전쟁의 손발이 되었다. 우리나라에서 발생했던 명성황후 시해사건도 당시 일본 극우파 활동의 일부분이었다.

이후 일본의 패전으로 우익 세력은 붕괴했으나, 상징적으로나마 국체가 보전되고 정치적 독립을 얻게 되자, 다시금 그 모습을 드러냈다. 2000년 6월초에는 우익 청년들이 난동을 부린 적도 있었다. 도쿄 한복판에서 벌어진 이 사건은 한 월간지가 황실을 모독했다는 이유 때문이었다. 일본 최대 우익단체인 일본청년사(社)의 일원인 이들은 월간지 기사에서 마사코 황태자비의 이름에 '님'자가 붙지 않았다며 격분했다.

우익 세력들은 천황을 실질적인 일본의 국가 원수로 만들어, 다시금 신성한 존재로 대중 위에 세우고자 한다. 그들에게 있어 총리는 단지 행정권의 수반일 뿐, 입법·사법·행정을 총괄하는 국가 원수는 천황인 것이다. 과거 자위대가 천황의 군대가 되어야 한다는 발언도 나와 물의가 빚어진 적도 있다. 광적인 천황 숭배자들인 이들은 1999년 8월에 일본의 국가(國歌)가 기미가요(君が代)로 다시 정해진 것이 황제가 국가 원수임을 의미하는 것이라고 주장한다. 기미가요는 사실상 천황을 찬양하는 노래다. '새 역사교과서를 만드는 모임'이 저지른 역사 왜곡 교과서도 이 같은 우익 세력들이 벌인 일이다.

(4) 천황은 살아있다

아직까지 일본인들에게 천황은 거대한 존재임에 틀림없다. 일본 황실의 실제 생활은 베일에 가려져 있고, 황실의 1년 치 공식 예산은 80억 엔(약 880억원) 정도이다. 도쿄 한가운데에 있는 황궁은 1년에 두 번, 1월 2일과 천황의 생일에만 일반인들에게 공개된다. 고쿄(皇居)라 불리는 이곳은 일본의 역사적 주권자였던 천황의 존엄성이 그대로 살아있는 곳으로 일본인들에게는 매우 소중히 여겨진다. 일부 국민들은 황실에서 출생, 부음 등의 경조사가 있을 때 자신의 일인 양 기뻐하거나 눈물을 흘린다. 지방 농민들이나 노인들은 아직도 천황을 신적인 존재로 여기고 황궁 앞 자갈밭 앞에서 무릎을 꿇고 합장하며 천황의 만수무강을 빌기도 한다.

실제로 1999년 11월에 있었던 아키히토 천황의 즉위 10주년 기념 축전은 그야말로 장관을 이루었다. 그날 저녁 황궁 앞 광장에는 일장기가 파도쳤고 기미가요가 울려 퍼졌다. 3만여 명의 군중 앞에 천황이 등장하자, 함성과 함께 '천황 폐하 만세'가 외쳐졌다. 상징 천황제 이래 천황의 재위 축하식은 처음 있는 일이었으나, 이날의 행사는 대성공을 거두었다.

일본인들의 생활 곳곳에는 천황의 흔적이 묻어 있다. 이들은 천황의 집권 시기를 나타내는 연호(年号) 속에서 살고 있으며 여권의 표지에는 천황의 국화 문장이 찍혀 있다. 곳곳의 신사에는 황조신(천황의 조상신)이 모셔져 있다. 일본 정부가 '바다의 날'로 선포한 7월 20일은 그 유래가 120년 전 메이지 천황이 배로 지방을 돈 뒤 요코하마에 귀향한 날이었다. '문화의 날'은 메이지 천황의 탄생일이고 '근로감사의 날'은 황실 조상의 제삿날이다.

상징 천황은 지금까지 '공기'에 비유되어 왔다. 어디에나 있지만 느끼지 못하는 것, 그러나 없어서는 안 된다는 점이 같다는 것이다. 국가의 일에 있어 실질적인 영향력을 가지고 있지는 않지만, 이처럼 천황이 국민들의 정서에 끼치는 영향은 매우 크다. 이 같은 현실은 일본인들이 천황을 '정신적 지주'로 생각하고 있기 때문이라고 일본 학자들은 말한다.

일본인들에게 있어 천황제는 논리가 아니다. 전통이자 정신적 기반이다. 일본이 있는 한 천황의 존재는 사라지지 않을 것이다.

5. 천황 일가

천황일가

(1) [아키히토] 천황

▶ 성 명 : 아키히토(明仁)

　※ 유년기 칭호 : 츠구노미야(継宮)

▶ 생년월일 : 1933.12.23

　- 쇼와(昭和) 천황의 5번째 자제(위의 4명은 딸)

▶ 천황 즉위 및 연호

　- 1989.1.7 쇼와(昭和) 천황 사망 직후, 제125대 천황으로 즉위

　- 정식 즉위식은 1990.11.12에 거행

　- 1989.1.8부터 신 연호 '헤이세이'(平成) 사용

　- 중국의 사기와 서경의 '내평외성 지평천성'에서 인용, 천지와 내외의
　　평화를 바란다는 의미

(2) [미치코] 황후

▶ 성 명 : 미치코(美智子)

▶ 출 생 : 1934.10.20

▶ 가족관계

   – 일청제분 사장인 쇼다 히데사부로(正田 英三郎)의 장녀로 출생

   – 부친은 99.6.18 별세

(3) [나루히토] 황태자

▶ 성 명 : 나루히토(德仁)

   ※ 입태자(황태자 책봉)前 칭호 : 히로노미야(浩宮)

▶ 생년월일 : 1960.2.23

   ※ 천황 계승자로서 사상 최초의 해외유학

   – 1988 학습원대 대학원 인문과학연구과 박사전기과정 수료

   – 1992~ 학습원대 사료관 객원연구원

▶ 주요경력

   – 1987.10 쇼와(昭和) 천황의 병중 아키히토 황태자의 미국 방문으로
인해 국사 임시 대행

   – 1991년 황태자 책봉

   – 현재 황실회의 예비의원, 일본적십자사 명예부총재

▶ 결 혼

   – 1993.6.9 당시 외무사무차관 오와다 히사시(小和田 恒)의 장녀이며 외
교관인 오와다 마사코(小和田 雅子)와 결혼

   – 미치코 황후에 이은 두 번째 평민출신 황태자비 탄생이라는 점에서
일본 국내외 관심을 모음

- 2001.12.1 딸 아이코(愛子) 출생, 공식호칭은 '토시노미야'(敬宮)

▶ 취 미

- 클래식 음악, 등산(일본 산악회원), 스키, 테니스 등

(4) [마사코] 황태자비

▶ 성 명 : 마사코(雅子)

※ 결혼 前 : 오와다 마사코(小和田 雅子)

- 외무성 고문 오와다 히사시(小和田 恒)의 장녀

▶ 생년월일 : 1963.12.9

6. 현대의 천황과 일본인

2차대전 이전의 천황은 국가의 원수로서 정치대권, 군의 통솔자로서 군사대권을 한 몸에 지니는 동시에 전통적인 제사대권을 가졌으며 또한 천황을 신성불가침의 살아 있는 신으로 떠받들었다. 그러나 1945년의 패전으로 국가신도(神道)가 해체되었고 이듬해 설날 천황이 이른바 「인간선언」을 함으로써 스스로 자신의 신격을 부정하였다. 그러나 일부 일본인의 천황 숭배의 마음은 거의 변함이 없다.

이것은 1945년 12월 미야기 현의 청년 남녀 60명이 폭격으로 불탄 황거(皇居)내의 건물을 정리하기 위해 3일간 봉사했던 데서 비롯된 '황거 근로 봉사단'을 볼 때 단적으로 드러난다. 봉사단원들은 전국각지에서 3박 4일의 일정으로 상경하여 아침 8시 30분부터 오후4시까지 황거에 출근하여 미화작업을 한다. 청소는 물론이고 이들의 여행에 소요되는 여비, 숙박비, 식대 등 일체의 경비는 자비부담이다. 적지 않은 자기 돈을 써가며 사흘 동안 황거 안

을 청소하는 사람들이 50년 이상 끊이지 않고 계속되고 있다. 이들은 작업하는 동안 먼발치에서나마 천황부부가 산책하는 모습을 바라 볼 수 있고 더러 운이 좋으면 천황과 직접 한 두 마디 나누는 영광(?)을 누리기도 한다. 대화 내용은 대개 어디서 왔느냐를 묻고 천황이 그 지방에 대해 아는 체를 하는 식이라고 한다. 마지막 날에는 기미가요를 부르고 「천황폐하 만세」를 삼창하고 해산한다. 이들은 천황가의 상징인 국화문장이 박힌 담배 한 갑과 과자 한 봉지씩을 황송스러운 태도로 받고 아쉬운 듯이 황거를 연신 돌아보며 귀 향길에 오른다.

1월 2일 신년 하례 때 황거는 일반 국민에게 개방되는데, 이날 신년 하례 식에 참석하여 천황의 얼굴을 보기 위해서는 추위와는 상관없이 두서너 시간 을 참아낼 수 있는 인내심이 있어야 된다. 그것도 방탄유리 속의 천황을 잠 깐 보는 것으로 만족해야 한다. 정면 건물 발코니에 나선 천황은 하객들에게 손을 흔들고 '새해를 경축한다'는 짧막한 말 두서너 마디로 끝이다. 그러면 서 있던 일본인들은 '천황폐하 만세'하며 절규한다. 그러면서 그들은 천황의 모습을 보면서 갖가지 소원을 기원한다. 건강을 지켜 달라거나, 나라가 잘 되게 해달라거나, 그야말로 신을 섬기는 것과 같은 태도로 일관한다. 그리고 는 남녀노소 할 것 없이 모두가 감격해서 눈물을 흘린다.

또한, 지방 농민들이나 노인들은 아직도 천황이 살아있는 신이라는 신앙을 버리지 못하고 숭앙하여 궁성 앞 자갈밭 앞에는 무릎을 꿇고 합장을 하며 천황의 만수무강을 비는 사람들이 아직도 그치지 않고 있다.

이처럼 그들의 머리 속에 신처럼 잠재하고 있는 천황이란 존재는 그들의 시조신인 아마데라스 오오미카미로부터 한시도 변함없이 오늘날까지 이어지 고 있다고 믿는 데서 비롯된다. 중국이나 우리나라의 경우 왕조가 바뀌면 왕 통도 끊기는데 비해 일본은 끊이지 않고 오늘날까지 계속 같은 집안에서 대를 이어옴으로써 더욱 신격화되고 있다는 것이다. 사실 역사적으로 보면 이들의 왕통은 수없이 끊겨져 여기저기서 혈통과 관계없이 막 끌어다가 천황으로 세운 예가 허다하다는 것을 그들은 알면서도 그렇게 믿고 있다. 즉 전설과 신화가 현재에까지 연계되면서 더욱 그들을 신성시하고 있다.

1945년 이후 1986년에 이르는 사이에 40년간 일본의 정치, 경제, 사회에도 우여곡절이 많았다. 그런데도 상징 천황제에 대한 일반 여론은 거의 변함없는 지지를 보이고 있다고 한다. 『아사히신문』여론 조사에 따르면 1945년 상징 천황제지지 78%, 폐지 5%였으며 30년 후인 1975년에는 지지 73.3%, 폐지 7%, 1986년에는 지지 72.4%, 폐지 5.6%로 각각 나타났다. 최근에는 지지가 80%로 껑충 뛰어 올랐다. 청년층에서는 천황이 자신과 무슨 관계가 있는지에 대해 심각하게 생각해 본 적이 없다는 반응이 주류를 이루고 있다. 그러나 이들은 있어도 그만, 없어도 그만 이라고 하지만 막상 천황제를 폐지해도 좋으냐고 물으면 굳이 있는 것을 없앨 필요까지 없다는 반응이다. '아무래도 좋다'는 이런 자세가 역설적으로 천황제를 안정적으로 지탱해 주는 정서적 기반이 되고 있다.

적어도 일본인에게 있어 천황제는 논리가 아니다. 천황에 대한 열렬한 지지 기반이 조금씩 풍화되어 가고 있는 징후가 보이지만, 지금까지 존재해 왔던 제도를 없애도 좋다는 데까지 지지 기반이 가라앉을 조짐은 없다. 패전의 참담한 상황 속에서도 일본인들은 천황을 중심으로 똘똘 뭉쳐 오늘의 경제 대국을 이루었다고 믿고 싶어 한다.

19세기 말 일본 근대화를 단기간 내에 실현시킬 수 있었던 기적도 천황을 구심점으로 한 노력의 결과라고 평가한다. 일본인들은 천황의 전쟁책임 여부에 대한 관심보다는 항전파 들이 일억 옥쇄를 무모하게 주장하고 나섰을 때, 이른바 성단으로 무고한 희생을 막아준 역할을 더 평가하고 있다. 성단의 신화는 미화되어 전승되고 있다. 맥아더 사령관과의 첫 회견에서 '나는 어떻게 되어도 좋으니 국민을 도와 달라'고 했다는 이 신화는 증폭되어 왔다.

마찬가지로 일본인들은 장차 유사한 경우가 다시 재현될 경우, 정치가들의 폭주를 견제해 줄 수 있는 마지막 권위는 역시 천황일 수밖에 없다는 공통된 인식을 갖고 있다는 생각이다.

5. 일본인의 사생관, 죽음의 미학

> 자살 [自殺, suicide]
> 행위자가 자신의 죽음을 초래할 의도를 가지고 생명을 끊는 행위

일본은 세계적으로 자살 비율이 높은 나라에 속한다. 2000년도에는 무려 3만 건이 넘어서 하루에 100명 꼴로 자살을 했다는, 무섭기까지 한 결과가 나왔다. 유명인사도 이러한 수치에 한 몫 하고 있다. 인기 절정의 뮤지션인 X-JAPAN의 마츠모토 히데(松本秀人)가 자살을 했고(아직도 이 부분에 대해선 이견이 많다), 낭만파 소설가 다자이 오사무(太宰治)가 연인과 동반 자살을 했다. 소설가 미시마 유키오(三島由紀夫)의 할복 자살도 유명한 일화이다. 어째서 이렇게 많은 사람들이 스스로 목숨을 끊는 것일까? 자살을 정신질환의 일종으로 보고 자살 가능성을 평가하였을 때, ① 45세 이상의 연령 ② 알코올 의존 ③ 격노 흥분 ④ 과거자살기도 ⑤ 남자 ⑥ 도움을 거절 ⑦ 장기간의 우울증 ⑧ 과거 정신과 입원 ⑨ 최근의 이별, 사별 ⑩ 우울증 ⑪ 신체적 질병 ⑫ 실직 은퇴 ⑬ 독신 과부 이혼과 같이 나열이 된다. 일본만 특히 고령화 되어 있는 것도 아니고, 술은 우리나라보다 덜 마시며, 대놓고 크게 흥분하는 타입도 아니다. 역시 연구 대상이 될 정도의 일본인 특유의 죽음·자살에 대한 관념이 크게 영향을 미치고 있음이 틀림없다. 일본의 대표적인 자살 유형을 통해 알아보도록 하자.

1. 일본의 대표적 자살유형

(1) 가미카제(神風 · かみかぜ)

　신의 바람이라는 뜻의 한자가 어울리지 않는다고 생각할지 모른다. 神風은 원 · 고려 연합군이 일본을 침공하였을 때 분 태풍에 붙여진 이름이었다. 태풍 덕에 일본은 연합군의 공격에서 무사할 수 있었고, 이 바람을 신이 주신 것이라 생각한 일본은 이를 신의 바람, 神風으로 명명하고 신국사상을 키워나갔다. 그리고 이 사상을 제2차 대전 중의 비행기 조종사들에게 주입시킨 것이다. 그 조종사들은 자신의 비행기로 연합군의 함대를 침몰 시켜야 하

출발 전 결의를 다지는 가미카제 대원

는 자살특공대였고, 이들을 가미카제라 명명하였다.

　사실 가미카제의 경우, 자살이라고 하기엔 강제적인 면이 적지 않다. 일본인의 입장에서 보면 의사(義死)쯤으로 생각할지 모른다. 총리가 야스쿠니 신사를 참배하는 의도도 이와 비슷하다. 가미카제의 죽음이 실행될 수 있었던 것은, 이를 미화시키고 젊은이를 특공대로 내몰았던 일본 정부의 탓도 있지만 일본인 스스로도 이러한 요소가 미리 자리잡고 있었다.

(2) 신주(心中)

　역시나 섬뜩한 한자어를 보고 놀라지 않을 수 없다. 기껏해야 '마음 속' 정도로 해석이 가능한 이 단어가 일본에서는 동반 자살을 의미하고 있다. 게다

가 이 자살 형태는 유행을 타기까지 했다. 에도시대 중기에도 그랬고, 위에 언급했던 다자이 오사무의 연인과의 투신 자살 때도 그랬다.

우선 어원을 살펴보면, '육체는 사라지지만 서로의 마음 속에 남아 영원히 행복하겠다'는 의미이다. 가족이나 연인 등 사랑하는 사람과 함께 죽는 행위를 뜻하는 말임을 볼 때, 죽음으로써 이승에서 이루지 못하는 사랑과 행복을 누리고 싶어하는 의미이다.

1703년에 <소네사키 정사>라는, 에도 시대 한 연인의 동반자살 실화를 소재로 한 작품이 상영되었다. 서정적인 것에 열광하는 일본인에게 이러한 죽음은 매우 아름답고 용기 있는 일로 받아들여졌을 것이다. 때문에 이는 일반인들에게도 유행처럼 번져 모방 자살의 형태로 나타나기까지 했다. 수백 건의 동반자살 사건이 일어나 신주가 사회적 문제로 대두될 지경에 이르자, 1772년 에도 막부는 신주 금지령을 내리기도 했다. 뿐만 아니라 신주를 주제로 한 가부키, 조루리의 상영을 금지하고 신주라는 용어 자체의 사용을 금지했다. 물론 간행과 연극도 불허였다. 그러나 자살이 미수에 그치지 않는 이상, 이런 금지령이 무슨 소용이 있었을까?

신주의 중요한 심리 상태는 내가 사랑하는 사람이 나의 죽음으로 인해 해를 입는 것을 방지하기 위해 같이 죽는다는 발상에서 온다. 지독하게도 남에게 해를 끼치지 않으려는 일본인의 특성이 잘 드러나는 대목이다.

특히 이런 심리의 신주는 잇카신주(一家心中)에서 잘 나타난다. 잇카신주란, 현재 우리나라에서도 빈번하게 일어나는 '가족 동반 자살'을 뜻한다. 안타까운 사연이 많을 수밖에 없다. 잇카신주의 경우 아무것도 모르는 어린 자식들이 희생되는 경우가 많다. 살인에 가까운 이 신주는 모호하게도 비정하다고 느끼면서도 공감이 되는 부분이기도 하다. 가장이 혼자 죽으면 나머지 가족들은 힘겨움이 배가 된다. 그래서 가족들을 너무 배려한 나머지 혼자 이 살기 힘든 이승을 뜨지 않고 같이 죽는 것이다.

　신주란 참 복잡한 감정을 느끼게 한다. 말도 안 된다고 생각되면서도 아름답게 또는 장엄하게까지 느껴진다. 로미오와 줄리엣의 다소 엉뚱하게 진행된 신주는 '사랑'이라는 것을 빼고 보았을 때 코미디가 될 뻔 했지만 아름다운 이야기로 남았다. 영화 '타이타닉'에서 살려고 발버둥치는 사람들을 뒤로 하고 서로를 가만히 안은 채 죽음을 기다리는 노부부를 보았을 때 사람들은 감동을 받는다. 이런 이면에는 죽음을 미화시키려는 인간의 본능이 숨어 있는 것이다.

(3) 할복 자결

　헤이안(平安)시대부터 시작된 일본의 할복은 그 옛날 하나의 '관습'일 정도로 일반적이었다. 할복이란 말 그대로 배를 직접 가르는 방식인데, 물론 자결이니까 자신의 배를 가르는 것이다. 한 일(一)자로 가르기도 하고, 열 십(十)자로 가르기도 하는 등 그 방법도 여러 가지였으며 할복을 위한 장소가 따로 마련되어 있기도 했다. 배를 가르고 내장을 내어놓느냐, 마느냐의 행위에도 의미가 담겨 있을 정도였다.

　할복 자살을 할 때에는 '가이샤쿠닌(介錯人)'이라는 존재가 따른다. 가이샤쿠닌은 일종의 할복 자결 도우미인데, 할복하는 사람의 고통을 덜기도 하고 할복의 실패로 죽지 못하게 되는 것을 미연에 방지하기 위하여 칼로 목을 쳐 주는 사람이다. 곁에 서 있다가 할복자가 자신의 배를 가르면 고통 없이 한 번에 보내주어야 한다. 드라마나 영화에서도 종종 나오는데, 주로 절친한 사람에게 이를 맡기는 것이 일반적이었다. 물론 처음부터 가이샤쿠닌이 있었던 것이 아니어서 고대엔 할복 후 숨이 끊어질 때까지 고통 속에서 기다려야 했으며 근세에 이르러서야 정착이 되었다.

할복은 주로 무사들에 의해 행해졌다. 배를 가른다는 것은 고통이 심하고 웬만한 정신력으로는 행하기 힘들뿐더러 직접 자신의 배를 갈라 자결에 성공한다는 것은 일반인의 칼 솜씨로는 무리이기도 했다. 때문에 무사들이 주로 썼던 방법이고, 명예로 받아들이기도 했다. 특히 패배한 무사들이 할복을 많이 했다. 치욕적인 삶을 사느니 죽는 것이 낫다는 생각에서, 또는 형벌로써 장렬하게 죽음을 맞이한 것이다.

무사들에게 있어서 할복은 충성심을 나타내는 대표적인 행위이기도 했다. 특히 주군이 죽으면 따라서 죽는 '츠이후쿠(追腹)'가 그 예이다. 후에 이를 폐지할 정도면, 어느 정도로 성행했는지 알 수 있다.

소설가 미시마 유키오는 일본의 서구화 반대를 부르짖으며 장렬하게 할복 자결한 일화로 유명하다. 하지만 그도 무사는 아니었기에, 고작(?) 10cm 정도밖에 가르지 못했으며, 가이샤쿠닌의 역할을 했던 사람도 한 번에 목을 치는 것에 성공하지 못해서 세 번이나 쳤다고 한다.

그밖에 일본에서는 특이하게도 회사가 망하면 회사의 책임자가 아니라 그

미시마 유키오 보도자료

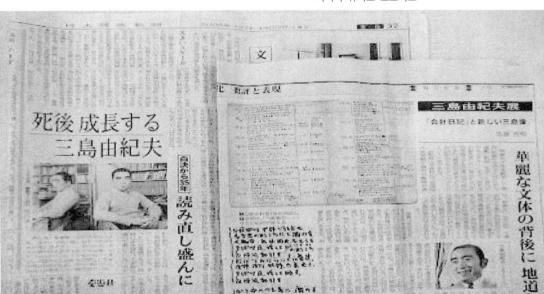

부하직원이 자살하는 경우가 흔하다. 다케시타 노보루 전 수상의 비서가 자살한 사건도 비슷한 경우다. 이는 자신의 책임을 다하지 못했다는 수치심에서 비롯된 것으로, 앞으로의 살길이 막막해져서 목숨을 끊는 경우와는 조금 다르다.

✳ 2. 죽음의 문화 – 그 배경과 원인

위에서 알아본 일본의 독특한 자살 유형들은 꼭 일본에만 있는 것은 아니다. 다만 일본에서 유달리 많이 행해졌고 유행처럼 번졌으며 하나의 문화로 정착하기까지 했던 그 점에 주목해야 한다. 일본인이 죽음이라는 극단적인 방법을 남들에 비해 쉽게 선택하는 이유는 무엇일까?

우선, 이런 현상은 일본인의 양극적인 성향과 일맥상통하지 않을까 생각해 본다. '일본 문화'하면 느껴지는 냄새는 '세카츄'나 '에쿠니 가오리' 등에 드러나는 밍숭맹숭할 정도의 서정성과 '배틀로얄'이나 '자살클럽'과 같은 잔혹·폭력성이다.

연인과의 신주에서 밀려오는 감동과 할복 자결에서 오는 장렬함은 '죽음'이라는 결코 가볍지 않은 주제로 느낄 수 있는 것이며 일본틱하다고 표현해도 과언이 아니지 않은가. 타이타닉이 전세계적으로 인기를 누렸지만, 후반부에 로즈와 잭의 약속 장면에서 잭이 '로즈, 당신은 살아야 해'라고 했을 때 로즈가 '아녜요, 나도 당신의 뒤를 따르겠어요'라고 말한 뒤에 잭을 따라 풍덩 했더라면 아마 일본에서 반응이 폭발적이었을지도 모른다. 그리고 영화 '자살 클럽'은 말도 안 되는 내용이라 일본을 반영한다고 보기엔 무리가 있지만, 어쩐지 일본이 느껴지기도 한다. 웃는 얼굴로 아무렇지도 않게 목을 매달고 친구들과 손에 손을 잡고 뛰어내리는 모습이, 고통 없이 죽기를 원하는 현대인의 껍데기를 쓴 에도 시대의 연인, 가미카제 특공대원들을 보는듯하다.

영화 〈자살클럽〉

일본인은 실패로 인하여 수치심을 느끼게 될 가능성을 최대한 피하려 하는 성향이 있다. 상대도 이를 묵인하는 것이 예의이며, 남의 명예를 깎아 내리는 실수는 하지 않도록 노력한다. 성인이라면 자기 몫을 해야 한다고 생각하는 일본인에게 자신의 역할을 다 하지 못해서 생긴 수치심도 빈번하게 자살을 권하는 요소가 아닐까 한다. 패배한 무사가 할복으로 대가를 치르고, 부도난 회사의 일개 회사원이 목을 매달며, 패전 후에 집단 동반 자살을 하는 것이 그렇다. 씻을 수 없는 수치는 죽음으로 끝을 맺어버린다. 도둑으로 몰려 오명을 뒤집어 쓴 어린 학생이 스스로 목숨을 끊는 경우도 안타깝지만 빈번하다. 어린아이의 경우에도 수치심이란 참을 수 없는 고통으로 작용하는데 하물며 어른은 어떻겠는가?

한가지 더, 일본의 유명한 자살 인사로 예술가들이 많은 비율을 차지하는 것도 자살에 대한 동경을 하게끔 한다. 여러 번 언급했지만 <금각사>의 작가 미시마 유키오, <인간실격>의 다자이 오사무, <설국>의 가와바타 야스나리, 죽음을 찬양한 아쿠타가와 류노스케 등 수많은 소설가가 자살을 했다. 죽음의 원인 또한 탐미적이고 심오한 면이 있어서 이러한 죽음에 대해 환상을 품게 만든 것이다.

종교적인 영향도 있다. 예로부터 각종 종교에서는 자살을 신의 섭리에 반하는 일이라 하여 금기시해왔고, 강력하게 처벌하는 나라도 있었다. 하지만 일본은 종교에서 비교적 자유롭고 여러 가지 종교를 믿기도 하며 크게 얽매이지 않는다. 어쩌면 이런 점들이, 자신들 스스로가 죽음을 결정짓게 하는 요인이 되었을지도 모르겠다.

마지막으로, 아직까지 남아있는 '츠이후쿠(追腹)'의 잔재도 한 몫 한다. 아직도 천황이 죽으면 뒤를 잇는 사람이 있으며 엑스재팬의 멤버 히데의 죽음을 뒤따른 사람도 여럿 있었다.

이와 같이 일본인의 자살의 원인은 서정적이면서 폭력적이며 의미 부여를 좋아하는 성향, 특정 종교에 얽매이지 않는 점, 탐미적인 요소, 和를 중요시하는 사회 관습 등에서 발견할 수 있다.

6. 종교의 천국, 일본

일본인의 종교관에 대한 조사를 보면 어떤 형태의 조사에서도 응답자의 약70%가 무종교라고 대답한다. 그러나 일본 전국에 주지가 거주하는 신사나 사찰 수만 19만개가 넘고 1996년 정월 초하룻날 신사나 사찰을 방문한 참배객은 8,000만을 넘는다. 그리고 신도를 많이 가진 교단이 있는데도 일본인은 스스로 무종교라고 표방하고 있다. 일본인이 스스로 무종교라고 하는 이유는 무엇일까?

❋ 1. 일본 종교의 특성

일본의 종교관 및 종교 분포도는 다른 나라와 큰 차별성을 보이고 있다. 아이가 태어나서 축복을 받거나 새해 첫 참배를 갈 때는 신사로 가고, 결혼식은 교회에서 올리며, 장례식은 절에서 치른다는 것은 일본에서 종교가 어떤 특징을 가지고 있는지 단적으로 보여주는 예라 할 수 있다. 이런 모순적인 행동들을 볼 때 일본인들의 종교관에 대하여 다양한 의견들이 나올 수 있다. 우선, 신사와 절의 행사에 같이 참가한다는 점에서 일본인들의 종교에 대한 태도는 신앙 차원이라기보다는 생활 관습에 더 가깝다고 볼 수도 있고, 종교 면에서도 무엇이든 받아들이기를 좋아하는 그들의 습성이 신도와 불교 그리고 기독교가 한데 어우러진 지금의 기이한 형태를 낳았다는 생각을 가질 수도 있다. 종교 분포도를 살펴보면 일본 불교 교단이 발표한 불교신도의 수가 9천 2백만 명이고 신도에서 발표한 신자수가 8천 5백만 명이었는데 이것은 전체 일본 인구를 넘어서는 수이다. 이렇듯 종교에서 독특한 양상을 보이고 있는 일본 종교의 특징을 정리해보면 다음의 세 가지로 나누어 볼 수 있다.

(1) 무종교성

일본인들은 성탄절에는 케이크를 사 들고 가서 캐럴을 들으며 성탄을 축복하고, 설날에는 신사나 절에 가서 새해의 첫 참배를 올린다. 또, 결혼식은 주로 신사나 교회에서 올리지만, 장례식만큼은 불교식으로 한다. 신도와 불교 신자가 대부분이긴 하나 국교라고 할만한 통일된 종교를 찾아보기 힘들 뿐만 아니라 불교, 신도, 기독교 등이 교묘히 공존하고 있다. 일본인들은 대부분 종교를 가지고 있지 않다고 볼 수도 있고, 또 어떻게 보면 종교를 가지고 있다고 생각할 수 있는데, 정작 종교를 믿고 있다고 주장하는 사람들 대부분에게서 신앙의 깊이를 찾을 수 없다는 특이한 점들이 여러 종교의 공존 현상을 뒷받침한다.

(2) 종교에 얽매이지 않는 일본인

한국인들은 신앙을 결혼의 조건으로 삼기도 하지만 일본인들에게 있어서 종교는 그다지 큰 생활 내용이 아니다. 전국 어디의 아무리 작은 마을에 가도 절이 있고, 반드시 신사가 있으며 그런 곳에 가면 언제나 불교식의 장례식이나 신사의 종교행사를 볼 수가 있다. 그러나 이것들은 표면상의 일이지 내면은 그다지 종교적으로 심각하지 않다. 일본의 불교나 신도에서는 유대교나 크리스트교 또는 이슬람교에서는 볼 수 있는 종교상의 계율이나 가치관, 세계관 등은 거의 찾아볼 수 없다. 다른 나라의 경우 불교에 출가한 사람은 술을 마시지 않는다든지 육식을 금하는 등의 계율을 상당히 엄격히 지키고 있으나 일본의 승려는 계율에 대해 별로 감각이 없으며 철저하게 지키지 않는다. 태평양전쟁이 끝나고 정치와 종교가 분리된 이후 일본에서는 공교육 장에서의 종교교육은 금지되어 있기 때문에 일반사람들은 종교에 대해 배울 기회가 적었고 결과적으로 행사 참여 이외의 종교의 교리에 대해서는 큰 관심을 보이지 않고 있다.

(3) 이중적인 종교 생활

대부분의 지역 사회는 우선 신사에 속한 소속 성원으로서의 신자를 그 주민으로 한다. 이와 동시에 그 지역사회에 존재하는 절의 소속 성원으로 구성되어진다. 이렇게 종교적 이중성을 공유하면서 지역사회가 구성되어 있다. 아이는 태어나면서부터 그 지역사회의 신사에 자동적으로 소속이 결정되고 신사에서 가입을 하는 의식을 행한다. 이 가입식을 거치고 나면 정식으로 그 신사의 구성원에 들어가고, 비로소 지역 사회 주민의 한사람으로서 신과 마을 사람의 공인을 얻게 된다. 이와 같은 관계는 본래 개개인이 가진 종교적 신념과는 아무런 관계가 없기 때문에, 신앙적으로 불교를 믿고 있는 사람이더라도 신사에 참배하고 신사의 제사인 마츠리에 참가하는 데에 아무런 저항감을 느끼지 않게 된다.

일본 종교가 이렇게 독특한 특성을 가지게 된 데에는 다른 나라와 구별되는 일본의 역사적인 측면과 문화 전승의 측면에서 오는 차이로부터 그 원인을 찾을 수 있을 것이다.

2. 일본인이 갖는 종교 - 생활 속의 종교

(1) 생활 속에서의 신도(神道)

신도(神道) 의례를 일본말로 '마츠리'라고 말하며, 크게 3가지로 구별할 수 있다. 첫째로 황실의 마츠리, 둘째로는 신사의 마츠리, 셋째로 가정의 마츠리로 나누어 볼 수 있다.

황실의 마츠리는 '대보율령'(대보 원령 701년에 제정된 율령)에 이미 마츠리에 관

도리이

한 규정이 들어가 있을 정도로 그 역사가 깊다. 그리고 헤이안 시대로 들어서면 967년에 편찬된 '연희식(여러 가지 의식을 행하는 방법과 요리를 만드는 방법, 신에게 공물을 바치는 방법 등이 세밀하게 규정된 책)'에 보다 상세한 마츠리 규정들이 마련되었다.

신사(神社)의 마츠리는 패전 후인 1946년에 새로이 신사본청(神社本庁)이 설치되면서, 이세신궁(일왕의 조상인 아마테라스 오오미카미를 모시는 신사)이든 일반 신사든 구별 없이 일률적으로 대제, 중제, 소제를 행하게 되었다.

한편 각 가정을 중심으로 행해지는 주요한 마츠리로는 정월의 하츠모데, 입춘 전날의 세츠분모데, 하츠우마모데, 오미야마이리 등이 있다. 먼저 정월에는 각 가정의 가미다나(神壇)에 새로운 신찰(神札)을 모시는 한편, 문 앞에는 가도마츠(門松)라는 소나무 장식을 세우고 현관에는 시메나와(連縄 : 신성지역을 나타내는 일종의 금줄로서, 가미시데라 하여 흰 종이를 접을 것을 늘어 뜨린다)를 걸어 가미를 영접한다. 또한 도코노마(床の間 : 거실 윗쪽에 바닥을 약간 높여 만들어 놓은 곳으로 꽃이나 족자 등으로 꾸며 놓은 곳)에는 가미에게 바치는 가가미모치(鏡餅 : 둥글납작한 대소 두 개의 포갠 떡)를 진설(陳設)한다.

설날 아침에는 가족이 모두 모여 도소주(屠蘇酒)를 마시면서 설날을 축하하고 조오니(雜煮 : 떡국)를 먹는다. 또한 하츠모데(初詣)라 하여 영험 있는 신사(神社)를 찾아 참배를 한다.

또한 일본인들은 세츠분(節分) 즉 입춘 전날에 액풀이를 위해 신사(神社)를 참배하는데, 이를 세츠분모데(節分詣)라 한다. 이 날 츠이나사이(追儺祭) 혹은 오니야라이(鬼やらい)라 하여 귀신쫓는 행사가 있는데, 사람들은 이 때 콩을 뿌

리면서 '잡귀는 물러가고 복신은 들어와라'라고 외친다. 근래에는 이 날에 인기 배우나 가수 혹은 스모선수들이 볶은 콩을 뿌리는데 자주 불려 다닌다고 한다.

한편, 하츠우마모데(初午詣)는 원래 교토 후시미이나리(伏見稲荷) 신사의 제신이 내려온 2월 9일 혹은 11일(午日)을 축하하기 위한 신사 참배를 말한다. 이 하츠우마모데는 밭의 신의 사자인 이나리(稲荷)가미가 마을로 내려와 풍요로움과 복을 가져다 준다는 이나리신앙과 결부되어 널리 행해져 왔다.

끝으로 오미야마이리(お宮参)는 일반적으로 아기가 태어난 뒤 일정 기간이 지난 다음에 신사에 참배하는 것을 말한다. 이 때 참배하는 신사(神社)를 우부스나가미(産土神)라 하는데, 일본인들은 이 가미에게 아기의 건강한 발육과 행복을 기원한다. 최초의 오미야마이리는 통상 남아는 32일, 여아는 33일이 되는 날에 모친과 조모가 아기를 안고 신사(神社)를 참배한다. 이 후에도 아이의 성장기에 세 차례 더 오미야마이리를 행하는데, 이를 시치고산노이와이(七五三の祝い)라고 한다. 이런 관습은 에도 시대부터 생겨난 것인데, 남아는 3세와 5세 때, 여아는 3세와 7세 때의 11월 15일에 행한다.

이 밖에 많은 일본인들은 20세를 맞이한 남녀의 성년식 때에도 신사(神社)를 참배하며, 메이지 시대 이후에는 신도식 결혼식이 널리 보급되기 시작했다. 한편 성인이 된 이후 일정한 연령에 이르렀을 때 야쿠바라이(厄払い, 액땜)나 도시이와이(年祝い)를 위한 신사 참배를 하기도 한다. 가령 야쿠바라이는 남자 42세, 여자 33세 때 많이 하며, 대표적인 도시이와이로는 61세 때의 간레키(還暦, 환갑)를 들 수 있다.

이상과 같은 민간의 마츠리는 통상 신사 참배의 형태로 행해지지만, 그와 동시에 많은 일본인들은 각 가정 내에 설치된 가미다나(神棚)에 참배하는 일을 잊지 않는다. 그들은 아침 일찍 일어나 세면을 한 뒤 가미다나를 향해 가미와 조상의 영에게 인사를 올리고 지금까지 무사히 지내온 것을 감사하며 오늘 하루도 무사히 지내게 해 달라고 기원한다. 또한 가족의 입학, 진학, 졸업, 성인식, 취직, 환갑 등의 중요한 매듭 때 뿐 만 아니라, 심지어 자동차를 새로 샀을 경우에도 액땜을 위해 가미다나 앞에서 제사를 올린다고 한다. 이 때 신사를 참배할 때와 마찬가지로 기도문을 올리고 2배 2박 1배를 드린다.

(2) 생활 속에서의 불교

불교는 옛날부터 사람이 태어나면 강제적으로 불교신자로 등록되는 것을 강요받아서 지금도 일본 사람이면 거의 대부분이 어느 절의 불교신자로 등록되어 있어서 죽으면 불교의식의 장례식을 하고 죽은 후에는 불교식 이름을 붙인다고 한다. 또한 일상적으로 불교 신자가 아니더라도 절에 참배를 한다. 그리고 불교의 하나인 선종 중 '선(禪)'이

금각사 란 마음을 가라앉힘으로서 얻어지는 고차원의 종교적 내면적 체험을 뜻한다. 이와 같은 선종은 다도 등에 영향을 끼쳤다.

(3) 생활 속에서의 가톨릭(기독교)

가톨릭(기독교)의 영향으로 교회 신자가 아니라도 결혼식을 교회에서 하며, 발렌타인데이도 일본 상술과 결합되어 큰 행사가 되었다. 그리고 크리스마스도 가톨릭의 영향을 받아서 행해지는 행사이다. 그러나 우리나라와는 달리 일본에서는 크리스마스가 공휴일이 아니다.

발렌타인데이의 유례는 3세기경(269년) 로마시대로 거슬러 올라간다. 당시 결혼은 황제의 허락 하에 할 수 있었는데 발렌타인은 서로 사랑하는 젊은이들을 황제의 허락 없

이 결혼을 시켜준 죄로 순교한 사제의 이름이다. 그가 순교한 뒤 이날을 축일로 정하고 해마다 이 날 애인끼리 사랑의 선물이나 연애편지를 주고받는 풍습이 생겼다고 한다. 지금은 연인들의 날로 알려져 있다. 특히 이날, 일본과 한국에서는 여자가 평소 좋아했던 남자에게 사랑을 고백하는 것이 허락되는 날이다. 사랑을 전하는 매개체로 초콜릿이 이용되고 있다.

(4) 신흥종교

한편 대부분의 일본인들이 종교의 본질에 자각이 없는데도 신흥종교가 유행하고 있다. 신흥종교라 해도 그 대부분은 인생을 사는 일반적인 방법과 인간의 행복을 설명한 것이어서 종교사를 뒤집을 정도의 사상이 제기되어 있는 것은 아니다. 특히 젊은이들은 교리를 설명하는 교조의 목소리에 귀를 기울이고 절대적인 박수를 보내고 있다. 이들에게 신흥종교는 '구원의 신'으로 비치고 있는 것일지도 모른다. 일본에는 18만 3천 이상이나 되는 종교법인단체가 존재한다. 그 중에서 신흥종교로 현재 활발히 활동하고 있는 것만도 2천3백 개정도도 된다. 현재는 신흥종교 붐이라 하여 영매체험이나 초능력 등 아카르트(akarto)적인 요소가 강한 단체가 잇달아 등장하고 있다. 일찍이 신흥종교에 입신하는 이유는 「빈병쟁(貧病争)」이라 했는데, 최근에는 상황이 바뀌어지고 있다. 최근 늘어나고 있는 신흥종교의 경우 「진리추구」와 같은 지적인 요소가 늘고 있다. 그러나 병(病)은 아직 일정한 비율을 차지하고 있다.

▌ 창가학회(創歌学会)

창가학회는 1930년에 마키구치 츠네사부로(牧口恒三郎)가 설립한 초등교육연구단체 창가교육학회에서 비롯된다. 일련정종(日連正宗)의 신자였던 마키구치는 자신의 가치창조 교육프로그램의 마지막 단계에 일련정종의 신앙생활을

창가대학

두었다. 전시 중에는 자신의 교리에 따라 신사참배를 거부하여 학회 회원들이 투옥되기도 했다. 1955년에는 정계방면으로 진출하였고, 1964년에 공명당(公明黨)을 결성하였다. 고도 경제성장기에 시골에서 도시로 이주한 젊은 노동자를 중심으로 교세는 열화와 같이 번져 나갔다. 공식적으로는 약 1천 7백36만 명의 신자가 있다. 일본 최대의 신흥종교단체로 정·재계에 커다란 영향력을 가지고 있다. 마르크시즘적인 유물론과 자본주의 모두를 지양하는 제3문명의 창조를 목표로 하고 있다. 그래서 출판사 이름도 제3문명사이고 창가대학도 있다. 평화운동도 하며 반핵운동도 한다. 우리나라에서는 일반적으로 난묘호렌게쿄라 불리는 종파가 바로 이 창가학회이다.

2. 옴 진리교(オウム眞理敎)

1984년 옴 신선(神仙)회로 시작하여, 1987년에 옴 진리교라 개칭, 창립되었다. 명상과 수행에 의해 초능력이 만들어진다고 한다. 신흥종교 가운데 아주 특이한 존재이다. 광신적 교단, 범죄적 교단이라고 부르는 사람들도 있다. 1989년 교단을 추종했던 변호사 일가족이 실종됨으로써 일약 유명해졌다. 그 후 아사하라쇼코가 중의원 의원선거에 출마하자 독특한 선거활동으로 화제를 불러일으켰다. 신자들은 코끼리 모자를 쓰고 춤을 추거나 교조의 가면을 쓰거나 했다. 1992년에 모스크바 지부가 설립되었고, 1995년에는 지하철 사린가스사건을 일으키는 등 물의를 일

옴 진리교 교주 아사하라

으켰다. 신자수는 1만 여 명이라 하며, 20~30대의 젊은이가 주를 이루고 있었다. 지금은 교주인 아사하라가 투옥되면서 신자들도 차차 사라져가고 있다.

3. 행복의 과학(幸福の科学)

1986년에 설립되어 가장 화제가 되고 있는 신흥종교단체이다. 교조인 오카와류호는 도쿄대학 출신으로 일류회사에 근무했다. 이벤트를 좋아하는 젊은이들의 감성을 잘 파악해 책 출판과 강연회만으로 급성장하였다. 현재의 회원수는 약 1백52만 명이라 한다. 7월 15일에 도쿄 돔구장에서 오카와교조의 탄신축제가 행해져 5만 명의 참가자를 열광시켰다.

행복의 과학본부

4. 예수의 방주(イエスの方舟)

1980년 「예수의 방주」 집단실종 수사 중이었던 경시청은 아타미에서 교조 센고쿠 예수 등 26명을 발견, 가족이 가출인 수색원을 낸 8명의 여성을 보호하였다. 젊은 여성들이 다수 입신하여 집단으로 도피행각을 계속했던 신자들은 센고쿠를 「옷찬(おっちゃん)」이라 부르며 공동생활을 하고 있었다. 그녀들이 육친인 가족들에 대한 불신에서 입신했다고 주장하고 있듯이, 가정의 붕괴가 이를 초래한 것이다. 성서를 배우는 공동생활을 계속하고 있다.

5. 레유카이(靈友会)

1919년 법화경신앙으로 결성, 도쿄에 거대한 회관을 갖고 수백만 신도들을 조직, 운영하고 있다. 릿쇼고세카이, 레유카이 모두 일본에서는 재가(在家)불교라고 한다. 출가해서 심산유곡을 찾아 수도하는 것이 아니라, 세속의 행복과 현세적 이익을 추구하는 것이 일본불교의 특징이라고 한다. 레유카이의 교의는 니시다순조의 불소호념과 선조공양의 교의를 이어받은 것으로 법화신앙과 조상숭배 결합을 중심으로 하고 있다. 레유카이란 명칭은 자신의 영혼과 삼계(三界)의 만령(万霊)이 어어져 있다고 하는 의미로, 가장 가까운 영인 선조를 열심히 공양하면 삼계의 만령에게 공양하는 것과 같다는 것이다. 교의의 이론적 전개가 잘 되지 않고, 오히려 주술과 샤머니즘을 중심으로 나쁜 인연을 끊고 치유, 개운, 가업번창, 가내화합 등 현세이익을 줌으로써 도시의 중소경영자, 가정주부 등의 신자를 얻었다.

6. 천리교(天理教)

1836년 나카야마미키(中山みき)가 개창한 종교이다. 당시에는 안산과 병 치유의 신으로 주위 농민들 사이에 평판을 얻었다. 당시의 포교는 야마토(大和) 농촌을 중심으로 한 작은 종파에 불과했지만, 메이지유신 이후 가와치헤이야 오사카에 퍼져 신정부의 탄압 속에서도 점차로 세력이 커져갔다. 농민생활에 뿌리를 내린 종교로 토착전통에 입각한 「오테부리(おてぶり)」와 교가 「미카구라우타(みかぐらうた)」를 만들어 동신자(同信者)의 공동체의식을 키워 막부 말기의 농민의 불안과 고민을 해결해주고 천리왕명(天理王命)에 의한 「이승의 극락」의 도래를 약속했다. 교의, 인간중심, 현세중심의 휴머니즘, 인간, 남녀의 평등을 주장하고, 민중의 물질적·정신적 구제를 강력히 주창하는 것이 특징이다.

7. 릿쇼고세카이(立正佼成會)

불교단체로 6백만 회원을 거느리고 있다. 도쿄, 오사카 등 대도시에 일류 호텔 규모만한 회관을 만들어 놓고 신도들을 수련시키기도 한다. 회관 안에는 예배당을 비롯하여 호텔 못지않은 숙박 시설, 도서실, 식당 등을 운영하고 있다. 형편에 따라 자진 헌금토록 되어 있으며, 연회비는 기천 엔에서 수억 엔을 내는 사람까지 천차만별이다. 하지만 내는 액수와 관계없이 신도들이 받는 특혜는 고르다.

 ## 3. 일본 역사 속의 종교

현대 일본 종교의 특징은 크게 '종교의 다원적 병존'과 '의례 중심의 집단 종교인 민속 종교의 존속'으로 요약할 수 있다. 그렇다면 일본 종교가 과거에는 어떠한 모습을 띠었으며, 어떻게 일본 종교가 현재와 같은 특징을 지니게 되었는지 보자.

(1) 불교와 신사 신도(神社 神道)의 밀접한 관계

신도(神道)는 일본의 농경문화에서 비롯된 것으로, 자연재해로 인해 농사를 망칠까봐 자연, 조상, 전설적 인물 등 곳곳의 신에게 기도, 제사를 지낸 것에서 유래하였다.

또한 '제정일치'의 정치 형태를 띠었던 고대에는 왕이 곧 종교적 제사장이기도 하였다. 5세기부터는 대륙서 건너온 사람들에 의해 불교가 신앙되기 시작하였는데 6세기에 백제로부터 본격적으로 도입되었다. 이처럼 외부로부터 불교가 받아들여졌지만 불교가 일본 고유의 종교들과 혼합되고 불교 세력과 신도 세력이 타협하는 경우가 많았다. 막부 시대 때는 불교의 선종이 번성하였지만, 여전히 신도(神道)와 같이 믿어졌다. 또한 메이지 유신 때에는 천황을 신격화하고 초기엔 불교를 배척하였으나, 불교가 신사 신도(神社 神道)와 타협함으로 인해 역시 같이 공존하였다.

(2) 일본의 지리적 특성

일본은 지리적으로 대륙과 가까우면서도 떨어져 있는 섬이라, 대륙의 문화를 받아들이면서도 고유의 문화를 버리지 않고 혼합시켜 일본만의 독특한 문화를 발달시킬 수 있었다. 이러한 점은 종교에도 적용되었다. 대륙으로부터 불교, 유교, 도교 등이 전해졌으나 그 중 한가지만을 전적으로 받아들이지 않고 별 거부감 없이 자신들 본래의 종교와 혼합시켰다. 또한 근대화도 대륙보다 빨리 진행되어, 서양 종교도 빨리 받아들였다.

(3) 기독교의 도입

16세기에 포르투갈 인에 의해 처음 기독교가 전래되었다. 처음 들어왔을 때, 일본에선 별 거부감 없이 받아들였다. 그래서 신자가 많았으나, 나중에 기독교가 불교를 비판하고, 피지배층 사이에서 급격히 퍼지자, 지배층에서 위협을 느끼고 박해하였다. 이때 기독교 신자들(기리시탄이라 불림)의 극소수가 숨어서 믿었는데, 숨어서 믿다보니 많은 부분이 일본화 되어 역시 일본 고유 신앙과 많이 섞이게 되었다.

그리고 일본에서 결혼식은 기독교식으로 교회나 채플에서 많이 하는데, 원래 일본에선 전통적으로 종교가 결혼에 별로 관여하지 않았다. 기독교가 들어오면서 결혼식, 장례식을 기독교식으로 거행하는 것이 시작되었고, 이때부터 종교적으로 결혼식을 거행하는 것이 일본에 퍼지게 된 것으로 보인다.

(4) 현세 이익 신앙의 유행

불교와 신도(神道)는 지배층의 통제를 받는 대신 보호와 안정적 지위를 보장 받았다. 그래서 점점 형식과 의식 쪽으로 치우쳐 갔다. 그러나 민중들 사이에서는 개업 운수, 상업의 번영, 가내 안전, 병의 치료, 액 물림 등을 위한 현세 이익적 신앙이 유행하였다. 그에 따라 현세 이익과 관련된 신을 모시는 사원과 신사(神社)도 번영하였다.

또한, 종교가 민중 생활에 밀착되어있었다. 불교와 신도(神道)의 세력이 컸지만, 예부터 일관된 종교가 아닌 현세 이익과 관련된 여러 가지 다양한 형태의 종교가 존재해 왔다.

(5) 1868년 메이지 유신과 국가 신도(神道)의 국교·통일화

일본에서도 종교가 거의 통일된 적이 있었다. 1868년 메이지 유신은 왕정을 복고하였고, 일본의 전 종교를 하나로 합한 새로운 국교로서 국가 신도(神道)를 만들었다. 이로써 정치의 기본 이념을 제정일치로 하였다. 막부 때의 불교 힘을 약화하고 신도(神道)를 강화하였으며, 황실 신도(皇室 神道)와 신사 신도(神社 神道)를 직결시켜 황실 제사를 기준으로 제사를 획일적으로 재편성하였다. 1889년 황실 전범과 대일본제국 헌법을 제정하여 근대 천황제 국가를 확립하였다. 천황은 정치상의 주권자이고 군사상의 통수권자임과 동시에 국가 신도(神道)의 최고 제사를 행하는 신성불가침의 현인신이라 하였다. 이에 따라 다른 종교는 탄압을 받았다. 불교도 처음엔 탄압을 받았으나, 국가 신도(神道)를 보급·확립하는 과정에 승려들이 개입되면서 불교가 국가 신도에 예속되는 호국 불교의 형태로 존재 하게 되었다.

이것은 종교로 국민들을 통일하여 전쟁을 일으키려 한 것으로, 전쟁을 하려면 통일된 민족의식이 필요했기 때문인 것으로 보인다.

(6) 태평양 전쟁 패배 후의 변화

태평양 전쟁에서 패배한 일본은 민주주의 국가로 재생하면서 종교의 자유를 중시하게 되었다. 연합군 점령 하에서 국가 신도(神道)는 해체 되었고, 모든 종교는 정치와 분리되었다. 1946년 1월 1일, 천황은 신년을 맞아 스스로 현인신임을 부정하였는데 이는 '천황의 인간 선언'이라고도 불린다. 이 선언은 천황을 신으로 믿고 천황에게 충성을 다하는 것이 '신민'으로서의 의무이고 그 이상 영예스러운 것이 없다고 배워 온 국민들에게 큰 충격을 안겨 주었다고 한다. 그해 11월엔 국민 주권, 민주주의, 전쟁 포기를 기조로 한 헌법이 공포되었고, 다음해 5월에 시행되었다. 이 헌법은 국민의 기본권으로서의 종교의 자유를 무조건 보장하였다.

* 제 20조: 종교의 자유는 누구에 대해서도 이를 보장한다. 어떠한 종교 단체도 국가로부터 특권을 받거나 정치상 권력을 행사해선 안 된다. 누구도 종교상 행위, 축전, 의식 또는 행사에 참가하도록 강요하지 않는다. 국가 및 그 기관은 종교 교육 등 기타 여하한 종교적 활동도 해서는 안 된다.

* 제 89조: 공금 기타 공적 재산은 종교상 조직 혹은 단체의 사용, 편익 또는 유지를 위하여, 또는 공적 지배에 속하지 않는 자선, 교육, 또는 박애 사업에 대해서 이를 지출하고 또는 그 이용에 바쳐서는 안 된다.

이처럼 천황제 아래에서 국민들에게 강제되었던 국가 신도(神道)가 해체되었고, 종교 탄압이 해제 되었다. 또한 전쟁에 협력해온 신사 신도(神社 神道)와 불교의 권위는 많이 실추되었고 신흥 종교와 탄압 받던 여러 종교들이 활발히 일어났다. 1950년대에는 불교 각 종파와 신사 신도(神社 神道)가 부흥을 위해 다시 일어나, 국민들의 생활과는 계속 밀접한 관련을 갖게 되었으나, 사람들에게 종교로서 큰 중요성을 갖진 못했다.

4. 종교와 일본의 국민성

(1) 화(和)의 사상

화(和)는 일본인의 특징을 가장 잘 나타내 주는 말이고, 일본인의 잠재의
식 속에 자리 잡고 있는 일본인의 가장 핵심적인 사상이다. 화(和)는 사람과
사람이 조화를 이루고 화합하여 안정된 사회를 이루게끔 하는 사상이다. 섬
나라의 특성상 제한된 영토 안에서 모든 사람들이 평화롭게 살기 위해선 화
합과 조화가 필요하다. 사방이 막힌 섬나라에서 전쟁이 계속 일어난다면, 모
두에게 다 피해가 미치기 때문이다. 화(和)의 사상은 사람과 사람의 조화를
강조하는 것이며, 서로 화합하여 안정된 사회를 만들어 가는 것을 목표로 하
고 있다. 이러한 화(和)의 사상은 일본을 철저한 계급사회로 만들었고, 모든
사람이 자신의 위치를 정확히 아는, 즉 '분수'에 어긋나지 않는 행동을 하게
했다. 이로 인해 일본인은 자신의 영역을 매우 중시하고, 또한 상대의 영역
도 존중하게 되었다. 일본인의 대화가 직선적이지 않고 돌려 말하거나, 쉽게
거절의 표시를 하지 않는 것, 은혜에 대해 답례를 꼭 하는 것도 화(和)의 사
상 때문이다. 이는 일본인의 종교 생활에도 큰 영향을 끼쳤다. 다음에 나오는
것들이 모두 이 화(和) 사상의 영향 때문에 발생한 것이라 할 수 있다.

(2) 다양성

일본 문화에서 두드러진 점 중의 하나가 다양성이다. 이는 문화, 종교, 예
술, 사상, 경제, 정치 거의 모든 분야에 걸쳐서 나타나고 있다. 화(和)의 사상
을 유지하고 집단의 안정을 위해 일본인들은 서로의 구역을 인정할 뿐 간섭
하거나 침범하려하지 않는다. 그냥 상대를 그대로 인정하는 것이다. 이는 일
본에 우리나라와 같은 열렬한 종교의 전도 활동이 나타나지 않는다는 것으로

증명된다.

종교 분야에서는 토착 신앙의 '만물에 신이 깃들어 있고 신의 종류가 수천이 넘는다'라는 범신론에 기반을 두고 있어서, 지금의 일본의 다양한 종교가 사람들에게 믿어 질 수 있는 기반을 마련한 것으로 보인다. 일본인들은 상대방의 신을 꺾고 자신의 신을 일으키는 것이 아니라, 서로의 신을 인정하고 이해해왔다. 예전부터 일본에서는 많은 신들을 섬기어 왔다. 이러한 전통이 태어나서는 신도 의식을 치르고, 결혼은 크리스트교 의식으로, 장례는 불교의식으로 치를 수 있는 밑바탕이 된 것이라 할 수 있다. 초월적인 신이 없고 무수한 신이 공존하는 일본의 신도가 보여주듯, 외래에서 들어오는 신앙의 초월적인 가치는 일본 안에서 해체되어 구체적이고 현실적인 면만이 남겨졌다. 또한 기독교가 일본에 들어온 과정을 보면 이것을 더욱 잘 알 수 있는데, 기독교는 초월적인 신을 바탕으로 하는 종교이기 때문에 일본인들의 전통적 사상과는 맞지 않는다. 하지만 일본은 그러한 사상적인 면보다는 기독교와 함께 들어오는 서양문물에 더 관심이 있었기 때문에 기독교가 일본에 진출할 수 있었던 것이다.

(3) 집단주의 - '혼네와 다테마에(本音と建て前)'

일본 말 중에 '혼네와 다테마에'는 일본사회의 집단성을 말해주는 대표적인 단어중의 하나이다. 집단이 어떤 것을 해 나가는데 있어서 자신의 의견을 명확하게 내어 놓을 수 없었던 일본인들은 자신의 진정한 생각, 즉 혼네를 감추고 자신이 속한 단체의 의견(다테마에)을 좋든 싫든 따를 수밖에 없었다. 이러한 집단성에서 나오는 사상이 자신이 속한 '무라(村 : 마을)'에 대한 화합과 통합이고, 다른 무엇보다 그것을 중요하게 여겨왔다.

종교는 지극히 개인적인 것으로 서구나 대부분의 나라에서 종교 활동은 개인적 단위로 이루어진다. 종교의 목적도 개인의 구원이나 안정 등을 위한 것이다. 하지만 일본에서의 종교 활동은 집단적으로 이루어지고, 대표적인 종교 활동 중 하나인 새해에 하는 신사참배도 가족 단위로 이루어진다.

(4) 실용주의 - '좋은 것만 취한다'

일본인은 내세의 평안을 기원하기 보다는 현세에서의 자신들의 부와 건강 등 개인적인 이익을 위해 신을 섬긴다. 때문에 자신은 종교가 없다고 하면서도 필요에 따라 신사나 절에 나가기도 한다. 새해를 시작하며 신에게 기원하는 의식은 신사에 가서 하고, 결혼식은 교회에서 올리며, 죽으면 불교식으로 장례를 치르고 불교사원 묘지에 안장되는 식이다. 이처럼 일본인은 자신의 이익에 맞는 것이라면, 가리지 않고 이용하는 실용적인 면을 가지고 있다. 대부분의 나라에서는 종교인들이 종교적 이상을 위해 자신의 생명까지 바칠 생각을 할 수 있다는 것에 비하면 상당히 대조적인 모습이라고 할 수 있다. 대부분의 일본인들은 헌신적인 종교생활을 거의 하지 않는다고 할 수 있다. 오히려 종교를 이용하는 듯한 인상마저 준다. 좋은 것이라면 다 취하는 일본인의 성격이 현재와 같은 모든 종교가 융합된 모습을 나타나게 만들었다고 할 수 있다.

(5) 폐쇄성 - '일본은 섬나라'

일본의 종교는 어느 나라와도 견줄 수 없을 정도로 특이한 형태로 발전해 왔다. 이는 일본이 섬나라라는 특성이 설명해 준다. 과거 일본은 다른 나라와는 전혀 교류가 없이 자신만의 독특한 문화를 발전시켜왔다. 우리나라와 중국만이 몇 년에 한번씩 일본과 사신을 주고받았을 뿐, 이천년 가까이 일본은 일본인끼리만 살아 왔다. 이러한 일본의 폐쇄성이 일본만의 특색 있는 종교관을 만들었다고 할 수 있다.

　이와 같은 다양한 일본만의 특성들이 일본의 종교를 지금의 모습으로 만드는데 많을 역할을 해왔다. 하지만, 이러한 특성들은 '화(和)'라는 일본인만의 국민성으로부터 시작된다고 할 수 있다. '화(和)'는 일본 정서의 가장 근본이 되는 것으로 이것을 이해해야만, 일본의 모든 문화, 사회, 종교 등을 이해할 수 있다.

7. 개인주의 사고, 와리깡문화

우리는 일상생활 속에서 알게 모르게 사용하고 있는 일본어들이 많다. 그 중 고유 일본어를 직접 차용한 대표적인 것 중 '쓰키다시, 시다, 이빠이, 오뎅, 모찌, 찌라시, 다마네기, 사라, 사시미, 쓰리, 구루마' 등 다수의 언어를 무차별적으로 사용하고 있다. 그 속에서 일본인의 습성을 가장 두드러지게 표현하고 있는 '와리깡'은 현대 일본사회를 이해하는 단서가 될 것이다.

'와리깡'의 방식은 상대와의 관계를 크게 반영하고 있다는 점, 그래서 그 안에는 몇 가지의 규범이 존재한다는 점이 있다. 그리고 일상생활에서 '와리깡'이라고 하는 행위가 어떻게 행해져야만 하는지, 또 한편 실제 어떻게 행해지고 있는지에 대해서 살펴보자.

❈ 1. '와리깡'의 의미

'와리깡'은 '割前勘定(와리마에 칸조)'의 준말이다. 일본의 대표사전 広辞苑(고지엔)에 의하면 '割前勘定'이란 '몇 사람이 금액을 등분하여 같이 부담해서 셈을 치르는 것'으로 되어 있다. 금액을 '등분하여', '같이 부담해서'라는 점이 중요하다.

그러나 한국의 일한사전에는 이와 다른 뜻으로 설명되어 있다. 대표적 엣센스日韓辞典을 보면 '와리깡'은 '각자부담'으로 설명되어 있다. '割勘で飲もう'라고 하는 예문은 '각자 부담으로 마시자'로 번역되어 있다.

양국의 사전에는 '와리깡'이 서로 다르게 설명되어 있음을 알 수 있다. 일본어로 '각자부담'이라고 하는 경우에는 '자기 계산은 각자 자기가 부담한다'라고 하는 의미로 통한다. 그렇지만 '자기 계산은 각자 자기가 부담하는 것'

과 '몇 사람이 금액을 등분하여 같이 부담해서 셈을 치르는 것'은 본질적으로 다르다. 따라서 '자기 계산은 각자 자기가 부담하는 것'을 '각자부담'으로, '몇 사람이 금액을 등분하여 같이 부담해서 셈을 치르는 것'을 '공동적 균등부담'으로 구별하여 사용해야 할 듯하다. 広辞苑(고지엔)에 실려 있는 의미를 기준으로 본다면, '와리깡'은 '각자부담'이 아니고, '공동적 균등부담'을 의미한다.

일본 사람에게 있어서 '와리깡'이란 극히 당연한 일이며, 일상생활화 되어 있으며, 상당히 좋은 이미지를 가지고 있다. '와리깡'은 부담스럽지 않고, 당연한 것이 되어 있으며, 서먹서먹하다거나, 치사하다라는 인상을 가지는 사람은 적다. 또 '와리깡'으로 하는 것을 좋아하는지 물어보면 좋아한다는 대답이 대다수를 차지한다.

'와리깡'으로 하는 것을 좋아하는 이유는, '평등하니까', '대등하니까', '부담스럽지 않으니까'와 같은 것이 대부분이다. 또 '다 같이 즐긴 대금을 다 같이 치르니까', '친구의식이 생기니까', '서로 부담을 공유하니까'와 같은, '와리깡'이 지니는 '공동'의 측면을 강조한 의견도 적지 않게 볼 수 있다. '와리깡'은 때로는 연대감의 표현이 될 수도 있는 것 같다.

✣ 2. 와리깡의 방식

그럼, 과연 일본인들은 어떤 상대와 '와리깡'으로 하고, 어떤 상대와는 하지 않을까?

첫째, 상대가 가족, 친족인 경우이다. 부모, 형, 언니, 조부모, 자기보다 나이가 많은 친척에 대해서는 '상대방이 다 치르면 좋겠다'는 편이 많으며, 같은 연령의 친척과는 '각자부담' 또는 '공동적 균등부담', 그리고 동생이나 연하의 친척에 대해서는 '자기가 다 치르고 싶다' 또는 '자기가 조금 많이 치르고 싶다'가 많다.

둘째, 상대가 애인인 경우이다. 현재의 애인과는 '공동적 균등부담'의 경우가 많은데, 이미 헤어진 애인과는 '각자부담'이 많다. 짝사랑의 경우, 자기가 짝사랑하고 있는 경우에는 '자기가 다 치르고 싶다'가 많으며, 상대방이 자기를 일방적으로 좋아하는 경우에는 '각자부담'의 경우가 많다.

셋째, 상대가 친구인 경우이다. 친구인 경우에는 '각자부담'과 '공동적 균등부담'이 압도적이다. 친구가 동성인 경우와 이성인 경우를 비교해 보면, 이성 친구가 상대인 경우에는 '공동적 균등부담'이 적고, 한편 '공동적 불균등부담'이 많다. 또 상대가 언제나 같이 있는 친구인 경우와 가끔씩 만나는 친구인 경우를 비교해 보면, 전자의 경우는 '공동적 균등부담'이 많고, 후자의 경우는 '각자부담'이 많다.

넷째, 상대가 선배, 후배인 경우이다. 선배에 대해서는 '상대방이 다 치르면 좋겠다', '상대방이 조금 많이 치르면 좋겠다'가 많고, 후배에 대해서는 '자기가 조금 많이 치르고 싶다', '자기가 다 치르고 싶다'가 많다.

다섯째, 상대가 교수인 경우이다. 학생들은 교수에 대해서 '상대방이 다 치르면 좋겠다'라는 생각이 강하다. 그렇지만 그다지 친하지 않은 교수에 대해서는 '상대방이 조금 많이 치르면 좋겠다', '자기 것은 자기가 치르고 싶다'가 많다.

여섯째, 상대가 직장 동료인 경우이다. 상대방이 상사인 경우 '상대방이 다 치르면 좋겠다'가 많고, 동료인 경우에는 자기보다 나이가 많으면 '상대방이 다 치르면 좋겠다', '상대방이 조금 많이 치르면 좋겠다', '자기 것은 자기가 치르고 싶다'가 많고, 같은 연령이면 '자기 것은 자기가 치르고 싶다'가 많다.

이와 같이 상대방의 관계에 따라서 셈을 치르는 방식이 크게 다르다는 사실을 알 수 있다. 그 결과를 다시 한번 정리하면 다음과 같은 규범이 있다.

와리깡 방식

첫째, 상대방과 사회적 지위에 있어 차이가 있다고 간주되는 경우, '공동적 불균등부담'으로 한다. 사회적 지위가 높은 사람은 많게, 낮은 사람은 적게 치른다.

둘째, 사회적 지위가 동등하다고 간주되는 경우, '공동적 균등부담' 또는 '각자부담'으로 한다.

셋째, 그다지 친하지 않는 사람이나 싫어하는 사람과의 사이에는 '각자부담'으로 한다.

이렇게 일본 사회에 있어서 셈을 치르는 방식은 상대와의 관계를 크게 반영하고 있다. 그러므로 셈을 치르는 방식을 통해서 그 때마다 서로의 관계가 재확인되고, 고정화된다고 할 수 있다.

✳ 3. 와리깡 속의 일본문화

다음으로는 '와리깡' 속에 깃든 다양한 일본의 문화에 대해 서술해 보자.

첫째, 일본인이 잘 쓰는 말에 '의리(義理)처럼 쓰라린 것은 없다'는 말이 있다. 일본인은 누구나 행위의 동기나 명성 혹은 사람들이 맞닥뜨리는 여러 가지 딜레마에 관해 이야기할 때는 반드시 의리(義理)를 입에 담게 된다.

일본 속의 의리(義理)는 자신이 받은 은혜와 같은 수량만을 갚으면 되고, 또 시간적으로도 제한된 부채를 뜻한다. 즉, 올바른 도리, 사람이 좇아야만 할 길, 세상에 대한 변명 때문에 본의 아니게 하는 일 등을 일컫는다.

또한 누군가가 이런 말을 하는 사람에게 전에 이러이러한 은혜를 베풀었으니 당연히 그 은혜를 갚아야 한다고 말하면서, 그 사람이 원치도 않는 또는 할 생각이 없는 일을 무리하게 하도록 하는 것을 의미한다.

의리의 규칙은 엄밀히는 어떻게 해서든 지켜야 하는 갚음의 규칙이다. 의리로 강요되었을 경우 자신의 정의감을 무시하기도 한다. 그래서 의리로 강요당하고 의리로 압력을 받는다.

일본인은 사람들이 진심에서 자발적으로 관대한 행위를 하는 것을 요구치 않는다. 그들은 사람이 의리를 지켜야 하는 까닭을 '만일 그렇게 하지 않으면 사람들로부터 의리를 모르는 인간이라 불리고, 세상사람 앞에서 수치를 당하게 될 것'이라고 말한다.

일본인은 어떤 사람이 의리를 갚을 수 없을 때, 그 사람은 파산하였다고 여긴다.

의리를 갚을 때는 정확히 같은 양이어야 한다고 생각하는 것이다. 만일 갚는 일이 기한보다 늦어지면 마치 이자가 느는 것처럼 커진다고 한다.

또한 상대편에서 받은 선물보다 더 큰 선물을 보내는 것을 금기시 한다.

선물에 대해서 말하는 가장 심한 욕은, 주는 사람이 '피라미 한 마리를 도미 한 마리로 갚는다'고 하는 것이다.

둘째, 일본 속에서의 은혜(恩)는, 부모가 아이들에 대해서 그토록 권위적이고 중요한 지위를 차지하는, 동양의 유명한 효행의 기초이다. 그것은 아이들이 부모에게 빚을 지고 있으며, 그것을 갚기 위해 노력해야 하는 부채라는 말로 표현되고 있다. 따라서 아이들은 부모에게 복종하도록 노력해야 한다.

교사와 주인에 대해서도 특수한 은혜(恩)를 느낀다. 그들은 모두 무사히 세상살이를 할 수 있도록 원조해 준 은인들이기 때문에, 장래 언젠가 그들이 어려워져서 무엇이고 부탁하면 원하는 것을 듣고 해결해 주어야 하고, 또한 그들이 죽은 후에라도 어린아이를 보살펴 주어야 한다.

일본인이 잘 쓰는 표현 중 '사람은 은혜(恩)의 만분의 일도 갚을 수 없다'는 말이 있다. 그것은 대단한 짐이다. 또한 '은혜(恩)의 힘'은 항상 단순한 개인적인 기호를 짓밟을 수 있는 정당한 권리를 가진 것으로 여겨지고 있다.

더불어 일본인이 잘 쓰는 속담 중 '은혜(恩)를 받는 데에는 더없이 타고난 너그러운 마음이 필요하다'가 있다.

사랑, 친절, 너그러운 마음 등은 반드시 대가가 따르게 마련이다. 그리하여 그런 행위를 받은 사람은 채무자가 된다.

셋째, 와리깡과 관련된 음식문화는 어떠한가.

식사비용의 와리깡은 때때로 굉장한 문화적 차이, 심할 경우엔 충격으로 피부에 와 닿기도 한다. 식사가 끝난 후 그 식사비용을 마지막 1엔까지 꼼꼼하게 계산해서 돈을 지불한다.

하지만, 남녀 관계에서는 좀 더 다른 양상을 볼 수 있다.

합리적인 계산법 위주의 일본에서도 남자가 여자에게 한턱내는 습관은 물론 존재한다. 경제력이 없는 학생의 경우는 별도로 하더라도 사회인인 남녀의 경우 남자가 여자에게 한턱을 내는 관계가 성립한다. 남자가 여자에게, 데이트를 신청한 사람이 신청 받은 사람에게도 성립된다.

넷째, 일본 직장에 대해 알아보자.

일본 직장인들은 회사 생활은 공적이고, 개인생활은 사적이라고 생각하기에 회사와 사회생활을 전혀 결부시키지 않으며, 사생활을 철저히 보호 받고 싶어 하는 개인주의가 서구국가 못지않게 팽배해 있다. 또한 업무시간 안에는 절대로 사적인 업무를 하지 않을 뿐더러, 사적인 업무를 볼 때면 반드시 개인의 휴가 등을 써가면서 일을 처리하고 있으며, 이것은 아주 철저하다.

일본인들의 타고난 친절함과 남을 배려하는 정신은 어디에서든지 민원인에게 혹은 같은 직원들에게도 최선을 다하여 대면하고, 상사와 부하 사이와 동료와 동료 사이에도 정말로 부러울 정도로 상대방을 존중하면서 공손해 지려고 한다.

와리깡 문화가 발달된 일본은 직장에서도 그 모습이 쉽게 나타난다. 대체적으로 40대 후반까지의 젊은 사람들 사이에는 각자부담 의식이 팽배하여 특별한 경우를 빼놓고는 음식을 먹을 경우에나, 술을 마실 경우에 함께 계산하여 분배 후 부담하는 와리깡 문화가 발달된 편이다. 어느 한 사람에게 크게 부담을 주지 않으며, 가끔은 나이 지긋한 상사와 같이 술을 마실 경우에는 윗분들이 술값을 지불하는 미덕도 볼 수 있다.

8. 벤토(도시락)의 천국, 일본

 1. 벤토(도시락)의 천국, 일본

일본인이 가장 좋아하는 것 3가지로 '교진(巨人)', '다이호(大鵬)', '다마고야키'(달걀 프라이)를 꼽을 수 있다. 교진은 일본 프로야구팀이고, 다이호는 역대 가장 유명한 일본 스모선수이며, 다마고야키는 도시락 반찬이다.

일본인이 프로야구와 스모에 열광하고, 여성들은 야구선수와 스모선수를 최고의 신랑감으로 여긴다는 것은, 일본을 조금이라도 아는 외국인에게조차 그다지 새로운 사실은 아니다. 하지만 도시락 속의 달걀프라이를 가장 좋아하는 리스트에 올린다는 것은 다소 의외일 것이다. 하지만 일본인들이 도시락을 얼마나 좋아하며, 또 도시락이 일본인의 생활 속에 얼마나 깊숙이 자리잡고 있는지를 알면 충분히 납득이 갈 것이다.

어쨌든 가장 좋아하는 벤토를 먹으면서 가장 좋아하는 스모를 보는 기분은 말로 다 표현할 수 없으리라. 스모 경기장의 VIP석 티켓을 사면 도시락이 나오는데, 요금은 상당히 비싸다. 전통극 가부키를 구경할 때도 벤토는 필수다. 막간에 벤토를 먹는 시간이 따로 있는데 고급 기모노를 입고 벤토를 먹으며 즐거워하는 일본인들의 모습은 외국인의 눈에는 다소 기묘하게 보일 수도 있다. 가부키 매니아 중에는 벤토를 먹는 즐거움을 손꼽아 기다리는 사람이 많다.

이렇듯 일본인들에게 도시락은 즐거움과 기쁨의 상징이다. 그래서 속어로 집행유예를 '벤토모치'(도시락을 가지고), '벤토오모랏타'(도시락을 받았다)라고 하기도 한다. 이는 도시락처럼 좋은 것을 받아서 기쁘다는 의미에서 생긴 말이라고 한다.

일본인들에게 '벤토 하면 무엇이 떠오르는가?'고 묻는다면 열에 아홉은 '하나미'(꽃놀이)와 '히노마루 벤토'(일장기 도시락)라고 대답할 것이다.

일본에서는 봄이 되면 국민 모두가 벚꽃놀이를 간다. 이때 벤토는 필수품인데, 벚꽃나무 밑에서 벤토를 먹으면서 이야기꽃을 피우는 것이 하나의 의식처럼 되었다.

도시락이 발달되지 않았던 옛날, 여행자나 바깥에서 일하는 사람들은 오니기리(주먹밥)를 가지고 다니다가 먹었다고 한다. 오늘날의 도시락과 비슷한 형태가 나타난 것은 에도시대인데, 꽃구경이나 뱃놀이, 연극구경 등을 갈 때 칠기로 된 찬합에 음식을 넣어 가지고 가서 먹은 것이 시초라고 한다.

일본의 대표적인 옛 이야기인 모모타로(복숭아 아이)에도 모모타로가 오니섬으로 도깨비를 정벌하러 갈 때 할머니가 만들어주신 수수경단을 가지고 가는데 이것도 도시락의 전신인 오니기리의 일종인 것이다. 모모타로는 수수경단을 주고 개, 원숭이, 꿩을 부하로 얻어 도깨비징벌에 성공한다. 그러므로 벤토는 일등공신이라고 할 수 있다.

일본의 도시락은 실로 다양해 종류도 셀 수 없이 많으며, 가격도 4~6백 엔의 중저가에서부터 2~3천 엔의 고가품까지 천차만별이다. 또한 백화점이나 편의점, 격 구내나 기차 안 어디에서나 부담 없이 살 수 있다는 것에서부터 가이세키(한 가지씩 내는 코스식 요리)와 같은 고급요리를 담은 것까지 있으며, 호카벤이라고 해서 따뜻한 도시락을 파는 전문점이 어느 지방이나 있다. 요즈음은 한국식 비빔밥과 불고기 도시락이 가장 인기 있는 상품이라고 한다.

일본은 가히 도시락의 천국이라고 할 수 있다. 그 종류도 무척이나 다양하며, 심지어 도시락을 싸는 보자기만 해도 여러 가지가 있다. 도시락 반찬을 만드는 방법을 내용으로 한 책도 많고, 더욱이 밥에 뿌려 먹는 후리카케도 여러 가지여서 특별한 반찬이 없어도 맛있게 도시락을 먹을 수 있다.

오늘날처럼 외식업이 번창하기 전 대부분의 근로자들은 집에서 싸 온 도시락을 먹었다. 지금은 도시락조차도 사서 먹게 되었기에 향수 어린 말이 되어버린 '도카벤'(육체노동자인 도카타의 양 많은 도시락), 전시체제에서 물자가 부족한 중에 애국심을 고취시키려는 의도의 '히노마루벤토', 점심 때 나가지 않고 도시락을 펼쳐드는 동료에게 농담으로 던지는 말이 되어버린 '아이사이벤토'(사랑하는 아내가 싸준 도시락)와 같은 관련어들은 한때 도시락이 만들어 냈던 식문화의 일단을 말해주는 것들이다. 오피스거리의 붐비는 음식점의 틈새에서 도시락은 사람들 손에 들려 함께 나들이를 간다.

✳ 2. 일본 도시락 문화의 발달이유

그러면 일본에서 이렇듯 도시락 문화가 발달한 이유는 무엇일까? 우선 일본은 더운 기후 탓으로 찬 음식을 먹는 문화가 발달했다. 우리나라나 중국에서는 음식이 따뜻해야 맛있다고 생각한다. 그러므로 한국에서는 식사를 대접할 때 반드시 '식기 전에 드세요'라는 말을 한다. 일본에는 이런 표현이 없다. 또한 중국인이 일본인의 초대를 받아 고급요리를 대접받았음에도 불구하고, 음식이 모두 차가웠던 탓에 몹시 화를 냈다는 일화가 있다.

또 다른 이유로, 일본인들은 우리처럼 음식을 한 그릇에 담아 함께 먹지 않고 따로 먹기 때문에 혼자 먹는 벤토를 선호하는 것이 아닌가 싶다. 우리는 한상에 가득차려서 모두 함께 먹지만 일본은 한 사람씩 상이 따로 차려져 나온다. 함께 먹는 음식이 있을 경우 개인용 접시에 덜어 먹으며 그를 위한 젓가락도 따로 있다. 젓가락이 없을 경우에는 상대에게 양해를 구하고, 자기 젓가락을 거꾸로 잡아 사용한다.

마지막으로 일본인들은 먹는 데는 그다지 돈을 많이 쓰는 편이 아니므로, 벤토가 비교적 값이 싸기 때문에 사랑을 받는다고 할 수도 있다.

우리나라의 남자들은 직장에서 도시락 먹는 것을 불편하고 쑥스러워 한다. 그러나 일본에서는 혼자 도시락을 먹는 직장인들을 많이 볼 수 있다. 앞에서도 언급했듯이 이 도시락을 '아이사이 벤토'라고 한다. 늘 데리고 다니는 애첩(愛妾)을 속어로 '오벤토'라고 하는데, 이와 같이 일본인에게 벤토는 항상 지니고 다닌다는 의미가 있다.

 ## 3. 현대 일본인들의 도시락문화

일본이 2차 대전에 패전한 이후 자신들의 패전 이유를 분석하던 중 전시의 음식문화에 문제가 있다고 분석하고 도시락에 더운물을 먹는 문화가 편하고 전투에 이동성이나 유동성을 확보 할 수 있다는 것을 알고는 도시락 문화의 발전을 위해 힘을 쓴 결과 현재와 같은 도시락 문화의 발전이 이루어졌다고 한다.

물론 요즘은 도시락 문화가 주머니 가벼운 월급쟁이의 호주머니 돈을 꺼내기 위한 수단으로 비싼 식당밥값에 비해 상대적으로 비교우위의 저렴한 도시락으로 승부를 한 덕분에 도시락이 붐이 된 것도 하나의 원인이기도 하다. 그만큼 일본의 월급쟁이들은 가난하다. 하루 용돈 1000엔의 월급쟁이가 대부분이다. 일본에 있는 편의점으로는 세븐일레븐, 로손, 패밀리마트 등이 있는데 텔레비전의 편의점 광고를 보면 전부 도시락이나 어묵(오뎅) 선전이다.

편의점의 도시락 가격은 300엔대부터 500엔대 정도로 저렴한 편이다. 보통 도시락하면 생각나는 밥과 반찬이 든 도시락은 물론이고 스파게티, 중화요리, 규동(일본식 불고기덮밥), 오니기리(주먹밥) 등 종류가 다양하고 그 외에도

야채나 참치, 옥수수 등이 든 샐러드와 샌드위치 등 즉석에서 먹을 수 있는 먹거리가 차지하는 비율이 높다. 세븐일레븐에는 우리나라의 포장마차처럼 오뎅을 끓여 놓고 파는데 가게 가득한 오뎅 냄새가 배고픈 사람들을 유혹한다. 또 일본에서는 도시락만을 전문적으로 만들어 파는 가게를 동네에서 볼 수 있다.

4. 에키벤 – 가장 널리 사랑 받는 도시락, 여행의 또 다른 재미

(1) 에키벤(駅弁)이란?

특히 일본의 수많은 도시락 중에서도 가장 널리 사랑받는 것 중의 하나가 에키벤(駅弁)이다. 에키벤은 기차역에서 판매하는 도시락으로, 역과 벤토의 합성어이다.

일본 최북단 홋카이도의 와카나이 역에서 최남단 가고시마의 야마카와 역까지 2,678km 철도에는 각 역마다 그 고장의 향기가 배어 있는 색다른 도시락을 판다. 삿포로 역에서는 야마베 사케즈시(연어초밥), 치바역에서는 아키하나 벤토(가을의 대합구이), 나고야 역에서는 나고야 잔마이(닭찜), 도야마역에서는 마스노스시(송어초밥)가 유명하다. 시골 역에 가보면 기차가 서는 시간마다 '에키벤' 장수가 그 지방의 특산품을 '내 고향 진미의 도시락'으로 내세워 호객을 한다. 그냥 흔하게, 어디서나 파는 도시락은 그냥 '벤토'라고 하지 에키벤으로 부르지 않는다. 역에서 팔더라도 말이다. 그 지역의 특색을 띄고 있고, 그 지역에서만 살 수 있는 벤토를 에키벤이라고 한다.

에키벤은, 일본 전역에 깔려 있는 철도(JR같은 국유 철도에서부터, 여러 가지 철도 회사들의 사철까지)의 수많은 역에서 몇 종류씩 판매 되고 있으며, 그 종류는 수천 가지에 이른다. 일본의 각 지역의 철도 이용시에 판매되는 열차 시간표책

을 보면, 그 시간표의 맨 아래란에 에키벤에 대해 설명이 따로 실려 있을 정
도이다. 일본의 어느 버라이어티 방송에서, 일정 지역을 돌며 두 명씩 한조
가 되어 정해진 시간동안 어느 팀이 얼마나 더 많은 에키벤을 사 모으느냐
로 시합을 한 적이 있는데, 두 팀 다 열두시간만에 수 십 개를 사 모았다고
한다.

(2) 에키벤의 역사

에키벤이 언제부터 판매되었는지는 정확한 기록이 없으며, 에키벤
제1호는 의견이 분분하지만, 1885년 7월 도쿄의 우에노와 우츠노미야
사이에 철도가 처음 개통되었을 때 우메보시가 든 주먹밥과 죽순에 싼
단무지를 5전(錢, 엔의 백분의 일)에 판매한 것이 효시라고 한다. 메이지 ·
다이쇼시대에 들어 철도망의 확충과 사철(私鉄)이 등장함으로서 1899년에는
최초의 식당차가 등장하였지만 각 지방의 특색을 살린 에키벤이 대거 발달하
였다.

계속되는 전쟁으로 인해 의식주의 악화로 에키벤도 밥은 외국의 수입쌀이
이용되고 전쟁의 막바지에 이르러서는 쌀이 없어서 잡곡을 이용하거나 국수
를 만들어 「대용식사 도시락」이 등장하였다. 1945년에는 공습으로 인해 철
도망이 폐허가 되어 결국 에키벤의 모습은 사라졌다.

1952〜1953년에 조금씩 저장미와 오래된 쌀을 이용한 에키벤이 등장하여
에키벤 부활이 시작되었다. 1956년 전후의 궁핍함을 벗어 던진 일본은 다수
요, 다품목의 시대를 맞이하여 에키벤 붐의 시대가 펼쳐졌다. 1964년 10월 1
일에 도쿄올림픽을 앞두고 도쿄와 신오사카를 잇는 고속열차(신칸센)의 개통과
더불어 에키벤에도 고속화의 열기가 몰아쳤다. 예전과 같이 역에서의 정차시
간이 짧다보니 역에서의 에키벤의 구입은 어려워지게 되어서 승차 때에 에키

벤 구입이 가능하게 되었다. 그 바람에 재래선 역의 에키벤 판매는 고전을 면치 못하였다. 최근 에키벤은 전쟁전의 모습과는 달리 소비자의 요구에 맞춰 건강 소재를 사용한 것이 많다.

(3) 에키벤의 특징

4개의 큰 섬으로 이루어진 일본은 지리적 특성으로 인해 생선류의 음식이 많다. 특히 어패류를 날로 먹는 사시미 요리가 발달하게 되었고 이러한 일식의 경향은 재료의 담백한 맛을 최대한 살려 먹는 즐거움을 제공한다. 일식은 시각적인 면을 부각시킨다. 시각적인 면은 식기와 공간에 있는데 일본의 식기는 재질도 다양하고 형태도 다양해 음식을 연출하는데 있어 장점을 가지고 있다. 음식을 담을 때도 공간의 미를 충분히 고려 색과 모양을 보기 좋게 다소곳이 담는 것이 일본요리의 특징이다. 한국에도 각 지방별로 음식 맛이 다르듯이 일본에도 지방특유의 향토음식이 존재한다. 더욱이 일본은 국토가 남북으로 길게 뻗어있는 탓으로 그 차이는 한국을 능가한다. 일반적으로 도쿄를 중심으로 관동지역은 설탕과 간장을 써서 요리의 맛을 진하게 낸다. 이 때문에 짭짤하므로 국물이 적다. 또한 예로부터 일본의 정치적 경제적 중심지이다 보니 무가 및 사회적인 지휘를 나타내는 요리들이 많이 발달(의례요리)하였다. 이로 인해 관동지방의 에키벤은 화려함이 돋보이고 또 대도시에 중국에서 이민온 사람들로 인하여 중화(中華)풍의 에키벤도 다양하게 있다. 오사카를 중심으로 하는 관서지역은 전통적인 일본요리가 발달한 곳으로 소금으로 맛을 내는 음식이 많기 때문에 담백하면서도 자연스러운 맛을 살리고 있다. 이 때문에 요리의 맛은 연하면서 국물이 많고 재료의 색과 형태를 살릴 수 있다. 에키벤의 종류에도 어패류를 많이 이용하여 초밥 종류가 많이 발달하였고 깔끔한 모양의 에키벤이 많이 있다. 대개 관동지방음식은 한국인의 입에 잘 맞지 않는 편이지만 관서지방의 음식은 한국인의 입맛에 어울리는 음식이 많다. 홋카이도지역은 해산물과 농산물이 풍부한 지역이다. 홋카이도 지방의 에키벤은 해산물을 이용한 것이 많다.

(4) 에키벤의 현실

역에 진출하는 편의점과 대기업체인 음식점으로 인해 대단한 타격을 받아 인기 있는 에키벤 업자도 폐업하거나 판매 메뉴를 격감시킨 사례가 있으나 새로운 메뉴를 고안하거나 에키벤대회에 나가서 실력을 발휘 인기를 얻는 경우도 많다. 한편 대도시의 백화점에서는 자주 전국의 에키벤을 한자리에 모은 판매전이 열리고 있다. 도쿄 신주쿠(新宿)의 게이오 백화점의 행사에서는 약 130종의 에키벤이 진열되어 2주 동안 18만개 이상의 에키벤이 팔렸다. 「여행지에서의 맛을 잊을 수가 없다. 또 가만히 앉아서 일본 전국의 맛과 여정을 즐기고 싶어하는 손님이 많이 계십니다」라고 게이오 백화점 홍보담당자는 말한다. 에키벤의 매력은 여행과 별개로 사람들의 마음을 사로잡고 있다.

(5) 에키벤에 대한 사랑

에키벤은 그 가게의 창의, 전승의 맛을 즐기기도 할 수 있다. 어떤 지역을 가던지 간에 특징이 바뀌지 않는 대량생산으로 인해 손맛을 느끼지 못하는 편의점 도시락을 먹는 것과 지역 특산물을 이용, 계승해 내려오는 에키벤과는 많은 차이가 있을 것이다.

일본에서는 철도 여행을 할 때 대부분 기차 안에서 우롱차나 오차와 함께 에키벤을 먹는데, 에키벤이 워낙 지역별로 다양해 이를 여행의 또 다른 재미로 꼽는 사람들이 많다. 일본인들 중에서는 에키벤에 심취된 나머지 '행선지의 역에서 사서 차내에서 먹는 에키벤은 단지 도시락이라는 차원을 넘어서

하나의 풍물이자 여행의 친구인 동시에 인생의 추억이기도 하다'라고 이야기
하는 사람도 있다. 심지어 에키벤의 맛을 음미하기 위해 일본 전역을 돌아다
니는 '에키벤 매니아'도 상당수에 이른다. 현재 「일본 철도 구내영업 중앙회」
가 밝힌 에키벤의 종류는 2200여 개에 이른다고 한다. 판매량도 대단하여 도
쿄역 연간 600만개, 우에노(上野)역 480만개, 나고야(名古屋)역 290만개, 신 오
사카(新大阪)역에서 240만개를 판매하고 있다. 정말 에키벤에 대한 일본인의
사랑은 대단하다고 할 수 있다.

(6) 에키벤의 날 : 4월 10일

에키벤의 날을 정하려면 처음 역에서 에키벤을 발매한 날로 정해야 되는
것이 최적이겠지만 처음 에키벤을 발매한 날이 위에서도 살펴보다시피 문헌,
식자에 따라 다양한 설이 있어서 불가능하다. 그래서 간단하게 알기 쉬운 날
짜, 선전광고활동에 어울린 행락 계절, 역의 에키벤 대회와 기념행사가 행해
지기 쉬운 시기, JR 발족일이 4월인 것을 염두에 두고 1993년에 4월 10일로
정했다. 에키벤의 날을 정한 것은 에키벤에 대한 지속적인 관심을 갖기 위해
서 홍보차원으로 만들었다. 그러므로 에키벤의 새로운 부흥을 꿈꾸고 있으며
현재 에키벤은 일본의 독특한 식사문화로 정착되고 있으며 패스트푸드화, 기
념품화 되고 있다. 또한 인터넷을 이용한 PR과 판매까지 이루어지고 있다.

(7) 에키벤 마크

이 마크는 역구내에서의 판매가 허가가 된 업자 제조의 에키벤이라는 것
을 알리고 품질과 위생면에서 안심할 수 있다는 것을 알리기 위해서 1988년
에 제정 등록 상표화 하였다. 또한 좋은 에키벤을 만들기에 힘쓰겠다는 것과
업자 서로가 정보를 교환하면서 절차탁마 하겠다는 의지를 확인한 통일 이미

지이다.

이 마크는 일본적 정서가 강하게 느껴진다. 도시락 상자 그대로를 떠올리는 십자의 도시락 경계는 「화(和)」의 상징을 나타내고 있다. 붉은 동그라미는 히노마루 도시락(맨밥에 '우매보시'. 즉 절인 매실을 가운데 박아놓은 도시락)이 연상되지만 여행과 사람과의 교류가 따뜻해지길 부탁하고 있다. 에키벤의 문자는 가부키(歌舞伎, 일본의 대표적인 고전연극)의 서체중 한가지를 사용하고 있다. 이것은 깨를 뿌린 주먹밥도시락이 가부키에서 유래된다고 알고 있기에 사용하게 되었다.

(8) 현재 에키벤의 모습

하마마츠역 - 우나기 벤토 1050엔

보온기에 넣어 팔고 있기 때문에 따끈따끈하게 먹을 수 있다. 비장의 타레를 묻혀 잘 구워낸 두툼한 장어(우나기)를 꼬들꼬들한 밥 위에 얹고, 다시 한번 다레(소스)를 뿌려주면, 꿈에서 그려본 하마마츠 우나기 벤토가 완성된다. 입에 넣으면 향긋한 우나기와 밥의 하모니! 취향에 따라 산초가루를 뿌려 먹기도 한다.

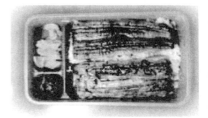

우나기 벤토

나고야역 - 미소카츠 벤토 850엔

나고야 명물인 미소카츠 벤토에는 나고야산 흑돼지로 만든 돈카츠와, 매콤 달콤한 특제 미소타레(된장소스), 그리고 온천 달걀이 들어간다. 따로 따로 먹어도 맛있겠지만, 반숙의 온천 달걀에 미소타레, 겨자소스를 섞은 후, 돈카츠에 뿌려 먹는다. 반숙 온천 달걀이 입안에서 사르르 녹는다. 매콤 달콤한 미소타레

미소카츠 벤토

와 반찬으로 나오는 마카로니 샐러드도 잘 어울린다.

요코하마 역 - 슈마이 벤토

슈마이 벤토

저녁 늦게 도착하면 슈마이 벤토는 벌써 품절! 슈마이 단품을 구입한다. 포장을 열어보니 '전자렌지에서 2분 동안 조리', '개봉 시 화상 주의' 안내가 적혀 있다. 집까지 가져와서 '2분간' 조리 해서 먹는다. 따끈따끈한 슈마이를 간장겨자 소스에 찍어 먹는 맛이 역시 기대를 저버리지 않는다. 도자기로 만들어진 간장통 역시 좋은 기념품이 될 듯하다.

오오미야 역 - 야키소바 벤토 600엔역

야키소바 벤토

건물 지하에서 구입할 수 있는 야키소바 벤토. 에키벤도 뭐도 아닌, 이름 그대로의 도시락. 하지만 쫀득하게 지어진 밥과 양념 이 알맞게 밴 닭강정에, 야키소바도 끈적이지 않고 정말 맛있다. 일본인들은 이런 자그마한 것에도 정성을 다해 놀라곤 한다.

다카사키 역 - 헬로키티 달마 벤토 900엔

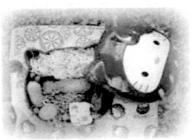

헬로키티 달마 벤토

역 구내에서 빠알간 벤토가게 발견! 귀여운 달마상 모양의 키 티가 인쇄된 주머니를 열면 똑같이 달마 모양의 키티 벤토 등 장! 귀엽다! 내용물은 소보로, 계란, 비엔나 소세지 등 아이들이 좋아하는 메뉴로 구성되어있다. 카마보코랑 소세지에도 키티 얼 굴이...여기에서도 일본인의 섬세한 서비스 정신을 볼 수 있다. 맛도 좋아서 대만족! 벤토가 의외로 깊어 아이들이 먹기에는 양 이 좀 많지 않나 싶다.

다카사키역 - 달마 벤토 900엔

성인용의 스탠다드 '달마 벤토'! 벤토 상자의 달마는 무서운 얼굴이지만, 사실 이쪽이 훨씬 맛있다.

치바역 - 하마구리동 1050엔

한국 포장마차의 명물 '대합탕'을 연상시키는 귀여운 조개모양을 한 도자기 벤토 그릇은 다 먹고 나서도 쓸모가 있을 듯... 하얀 망으로 정성스레 싸여있어 먹기 전부터 꼼꼼함이 느껴진다. 벤토의 내용물을 설명하자면, 이름 그대로 하마구리(조개)와 벤토(밥)다. 밥 위에 간장에 조린 전복, 꼬막, 소라의 슬라이스가 올려져 있다. 양은 좀 적지만, 알맞게 조려져 쫄깃하게 씹히는 조개의 맛과 싱겁지 않게 조미된 밥과의 조화는 가히 예술적이다.

달마 벤토

하마구리동

(9) 기타 에키벤에 대하여

Tip 에키벤 대학(駅辯大學)이란?

역에서 파는 도시락인 에키벤 때문에 만들어진 말이 있다. '에키벤 대학'이라는 말이다. 이 말뜻은, 에키벤을 팔고 있는 역의 모든 도시에는 반드시 대학교가 있다는 것이다. 제 2차 세계대전 이후에 일본에는 갑자기 여기저기서 우후죽순처럼 대학이 들어섰다. 이것을 비꼬아서 여기저기 역마다 에키벤을 파는 곳이 있듯이 전국곳곳에 대학이 세워지는 것과 급하게 설립된 시설 등이 부실한 이른바 '날림대학'을 빈정대는 말이다. 이 말은 일본의 저명한 사회평론가인 오야 소우이치(大宅壯一, 1900~1970)가 만든 조어이다.

□ 참고문헌 ─────────────────────────────

<일본문화와 예술>   박전열외, 한누리미디어, 2000년
<일본문화속으로>   박화진 김병두, 일본어뱅크, 2002년
<일본문화백과>   홍윤기, 서문당, 2000년,
<기본 일본요리>   박병학, 형설출판사, 2000년
<日本, 키워드77 이것이 일본이다.>   조양욱, 고려원
<일본과 일본인>   정인문, J&C, 2003년
<스모남편과 벤토부인>   한국일어일문학회, 글로세움, 2003년
<한국인이 모르는 일본, 일본인이 모르는 한국>   이승영, 무한, 1999년
<천황제 50문 50답>   김현숙, 혜안, 2001년
<일본인과 천황>   서현섭, 고려원, 1997년
<일본 문화의 산책>   김태영, 보고사, 2005년
<목욕도 관광상품이다>   한영준, 집사재, 1999년
<오늘의 일본 내일의 일본>   조헌주, 장문산, 2003년
<일본인의 생활>   우에사오다다오 編著, 혜안, 2001년
<일본문화의 수수께끼>   쩐원쉐외, 宇石출판사, 1998년
<일본인들의 무사도정신>   니토베 이나조 원저, 학문사, 2002년
<일본과 일본인>   동양문고, 1980년
<이해하기 쉬운 현대사회>   오오노 렌타로 저, 문영사, 1994년
<새로운 일본의 이해>   최장근 외, 다락원, 2002년
<일본사회개설>   한영혜, 한울아카데미, 2001년
<새로운 일본의 이해>   공의식, 다락원, 2002년
<일본인의 생활 365일>   시사일본어, 1994년

☐ 참고사이트 ──────────────

* http://www.itourlove.com/tour/japan/jp-food-bento.htm
* www.ekiben.or.jp
* http://www.kr.emb-japan.go.jp/
* http://www..asahi-net.or.jp
· http://imagebingo.naver.com/album/image_view.htm
· http://www.cwd.go.kr/korean/diplomacy/japan2002/data
· http://210.96.90.186/~watari/j4.htm
· http://myhome.naver.com/dangunkwon/history/tennou/ailo.htm
· http://www.jls.co.kr/japan/information/jpn1_0_1.htm
· http://www.magazinegv.com/news/News0201/0201-history1.htm

저자 ● 김 영

성신여자대학교 일어일문학과 졸업
일본문부과학성 초청 일본어일본문화연수생(일본 와세다대학교 일본어별과 수료)
국립 오차노미즈여자대학교대학원(お茶の水女子大学) 일본문학전공(석사)
국립 오차노미즈여자대학교대학원(お茶の水女子大学) 비교문화학전공(박사)
현재 성신여자대학교 인문과학연구소 연구원
　　　협성대학교 교양학부 강의교수
　　　서울 디지털대학교 초빙교수

【대표 논문 및 저서】
· <한일 양국의 궁중문학에 나타난 여성상 연구> 일본학보65호(2005.11)
· <일본고대문학에 나타난 연애편지와 후미쯔께에다> 일어일문학연구55호(2005.11)
· <후미쯔게에다의 메시지> 일어일문학연구48호(2004.2)
· <마쿠라노소시 서간문의 성격> 한국일어일문학연구44호(2003.2)
· <일본고대의 풍속사> 제이앤씨(2005)
· <일본왕조시대의 서간문화> 제이앤씨(2005)
· <스모남편과 벤토부인> 공저, 글로세움(2003)

개정판 **일본 문화의 이해**

초판1쇄 발행 2006년 8월 30일
2판2쇄 발행 2008년 3월 30일

저　　자 ● 김영
발 행 처 ● 제이앤씨
등록번호 ● 제7-220호
주　　소 ● 서울시 도봉구 창동 624-1 북한산 현대홈시티 102-1206
TEL 02)992-3253 ● FAX 02)991-1285
jncbook@hanmail.net ● http://www.jncbook.co.kr ● 한글인터넷주소//제이앤씨북

ISBN 978-89-5668-536-6 93980
정가 15,000원